대중을 읽고 기획하는 힘

트렌드
2021
모니터

대중을 읽고 기획하는 힘

트렌드
2021
모니터

마크로밀 엠브레인
최인수·윤덕환·채선애·송으뜸 지음

타인으로부터의 자유, 다시 '나'를 찾는 여행

시크릿하우스

2021
TREND
MONITOR

타인으로부터의 자유,
다시 '나'를 찾는 여행

나는 어떤 사람인가? 비언어적 소통의 결핍과 개인의 정체성 찾기

선형적^{Linear}으로 변화하던 세계가 흔들리고 있다. 모든 계획이 붕괴되고 일상의 불확실성이 최고조가 되었다. 난세^{亂世}다. '이전과는 다른 세상'을 얘기하는 전문가들이 쏟아진다. 하지만 자세히 들여다보면 규칙이 있다. 어려운 세상을 헤쳐 나아가고, 적응해나가고 있는 사람들의 삶에 대한 태도다. 상황을 인위적으로 변화시킬 수 없을 때, 사람들은 자신의 태도를 바꾼다. 어려운 상황이 오래갈 것이라고 생각될 때, 사람들은 자신의 기대 수준을 변경한다. 현실에 적응하기 위해서다. 외부 환경 변화의 추이나 트렌드를 전망하는 것은 거의 무의미해졌다. 통제 가능하고, 예측 가능한 외부 환경이라는 것이 존재하는가에 대한 질문들이 쏟아진다. 그래서 《2021 트렌드 모니터》에서 집중한 것은 현재를 살아가는 대중들의 삶에 대한 태

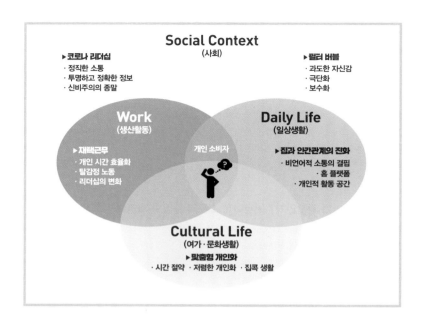

도다. 만약 희망과는 달리, '포스트Post 코로나'가 아니라 '위드With 코로나'가 된다면, 대중 소비자들이 현재를 살아가는 이 태도는 향후를 전망하게 하는 강력한 변수가 되기 때문이다. 이 관점에서 《2021 트렌드 모니터》는 대중들의 일Work, 일상생활Daily Life, 문화생활Cultural Life 등에 초점을 두고 분석했다.

코로나 시대, 〃
'손권' 리더십의 재발견

가장 눈에 들어오는 것은 리더십의 변화였다. 리더십은 사람들의 행동 변화에 가장 직접적으로 영향을 주는 변수다. 역사적으로 난세에는 카리스마가 강한 리더가 늘 주목을 받아왔다. 그래서 많은 사람들은 조조나 유비와 같은 리더를 흠모했었다. 이들의 강력한 리더십이 상황의 불확실성을 낮춰주는 역할을 해왔던 것이다. 하지만 2020년 코로나19의 시대에 대중이 원하는 리더십은 달랐다. 큰 야망은 없지만 주변 사람들에게 배우려 하고, 신중하고 겸손한 리더십을 원하고 있었다. 마크로밀 엠브레인이 진행한 '《삼국지》 리더십'에 대한 조사 결과를 보면, 이런 변화가 그대로 관찰된다. 등장인물의 이름을 가리고Blind, 리더십 스타일을 크게 3가지 세력(위나라-조조, 촉나라-유비, 오나라-손권)으로 구분한 이 조사에서 응답자들은 가장 선호하는 리더 스타일로 '손권' 스타일의 리더십을 꼽은 것이다(1순위: 손권 리더십 스타일 36.4%, 2순위: 조조 리더십 스타일 31.9%, 3순위: 유비 리더십 스타일 31.7%).[1]

　이 조사에서, 리더십은 A, B, C 타입으로 구분했고, 유비 스타일 리더십(A)은 '사람이 좋고, 정이 있으며 도덕적인 감수성이 높으나, 가끔은 정에 이끌려 실리보다 명분을 앞세우기도 하며, 일을 크게 벌리기도 함. 자신의 부족함을 깨닫고 주변에 실력과 능력을 갖춘 인재들을 잘 대우하고 조언을 귀담아듣는 리더'로 설명했다. 조조 스타일 리더십(B)은 '야망이 크고 냉철하며, 분명한 원칙과 질서를 중요하게 생각함. 지적 수준과 예술적 재능이 매우 높고, 항상 해야 할 일을 분명히 알고 있으며, 주변에 인재를 잘 발굴하나 자신의 목표와 전략하에서만 인재를 활용하는 리더'로 설명했다. 손권 스타일 리더십(C)은 '주변 사람들에게 항상 배우려 하고, 신중하고 겸손한 스타일이며, 야망을 크게 펼쳐 일을 벌이기보다는 기존에 자신이 가지고 있는 것을 잘 지키는 스타일. 가끔은 신중하다 못해 우유부단하게 보이기도 하지만 반면에 안정감이 있는 리더'로 설명했다.

조사 결과, 가장 선호하는 리더 스타일로 손권을 꼽은 것은 《2021 트렌드 모니터》가 일의 영역과, 일상생활의 영역, 사회적 이슈에 대한 판단 등 대부분의 영역에서 관찰한 발견을 그대로 대변한다. 사람들은 지금의 난세를 카리스마가 있는 신비주의적 리더십으로 해결할 수 있다고 생각하지 않는다. 지금의 일상적인 불확실성은 '나를 따르라'는 방식이 아니라, 정확한 정보와 믿을 수 있는 소통 과정을 통해 낮출 수 있다고 생각하기 때문이다. 이 정확하고 믿을 수 있는 정보를 탐색하는 과정이 바로 리더십의 방향을 바꾸고 있다.

비대면 시대, 〞
'자기 정체성 찾기' 과정에서 파생되는 문제들

리더십에 대한 태도 이외에도 향후를 전망하게 해주는 중요한 변수는 하나 더 있다. 사람들이 자기 정체성을 찾는 과정이다. 현재 많은 사람들은 '자신이 어떤 사람인가?'에 대한 질문을 일상적으로 던지고 있다(스스로에게 '나는 어떤 사람인가?' 하는 질문을 자주 한다: 동의 49.0% vs 비동의 35.5%).[2] 평생을 거쳐 확인하는 정체성 찾기의 과정은 통상 타인과의 상호작용을 통해 이루어져왔다. '나'라는 개념은 누군가 나를 향해 제공해주는 '반응'을 통해 만들어지는 것이기 때문이다. 사람들은 타인의 인정과 칭찬, 때로는 비판과 조언을 통해 자신이 잘하는 것과 부족한 부분에 대한 피드백을 받고 동시에 균형 감각을 찾아왔다. 하지만 이제 대부분의 일상이 비대면으로 전환되었거나 전환되고 있다. 자신과 타인의 안전을 보호하기 위해 자기 정체성 찾기에 결정적인 영향을 주는 타인을 '덜 만나는 것'이 권장된다. 앞으로 온라인 중심의 인간관계는 더 강화될 것이다. 이렇게 되면 인간관계는 '온라인 필터'의 영향을 많이 받게 될 가능성이 크고, 비판과 조언이라는 균형 감각을 잃어버릴 수 있다. 여기에 '취향 존중' 사회 분위기와 정체성 찾기 과정이 더해지면서 개인의 의사 결정과 표현이 더욱 극단적 차별화를 지향할 가능성도 덩달아 커졌다.《2021 트렌드 모니터》는 이 부분도 심도 있게 다루고 있다.

2020년의 대표적 정서, 답답함 "
그리고 높아지는 인지적 욕구

2020년 대중들의 일상적 감정은 '답답하다'였다.[3] 답답하다는 감정은 걱정거리는 많고 불안하기도 하지만, 집 밖으로 나서는 것이 꺼려지는 일상을 그대로 담는 감정이었다.

그런데 대중적 정서의 방향과는 달리 대중이 느끼는 욕구는 예상과는 다소 다른 방향으로 움직이는 듯 보인다. 사람들은 기본적인 욕구인 안전과 생리적 욕구에 대한 결핍을 예상보다는 덜 느끼고 있었다(안전에 대한 욕구 583.93점(2019) → 571.12점(2020), 생리적 욕구

순위	2013(N=14,950)		2014(N=15,000)		2015(N=2,000)		2017(N=10,000)		2018(N=10,000)		2019(N=10,000)		2020(N=10,000)	
1	답답하다	42.3	근심 걱정	42.9	근심 걱정	45.2	근심 걱정	46.6	귀찮다	44.2	근심 걱정	43.3	답답하다	44.7
2	근심 걱정	40.4	답답하다	42.8	답답하다	44.3	답답하다	45.2	답답하다	43.9	답답하다	41.3	근심 걱정	43.9
3	귀찮다	36.2	귀찮다	38.2	귀찮다	41.3	귀찮다	41.4	근심 걱정	43.5	귀찮다	40.1	귀찮다	37.8
4	심란하다	36.0	심란하다	37.5	심란하다	39.0	심란하다	39.2	심란하다	36.6	심란하다	35.9	심란하다	36.3
5	행복하다	29.3	불안하다	31.1	불안하다	34.9	불안하다	34.7	불안하다	34.1	불안하다	33.7	불안하다	36.0
6	불안하다	29.0	우울하다	29.6	우울하다	31.2	우울하다	31.6	지겹다	31.1	지겹다	28.3	지겹다	31.2
7	우울하다	28.3	행복하다	29.2	외롭다	29.5	지겹다	31.1	좋다	28.8	좋다	28.2	우울하다	28.1
8	지겹다	28.2	고맙다	28.1	허무하다	29.4	고맙다	28.4	행복하다	28.7	행복하다	28.1	행복하다	25.7
9	즐겁다	27.7	지겹다	28.1	지겹다	28.5	행복하다	28.3	우울하다	28.0	우울하다	27.9	허무하다	24.2
10	좋다	26.8	좋다	27.5	고맙다	27.0	허무하다	28.2	고맙다	27.3	즐겁다	26.9	고맙다	23.9
11	재미있다	26.5	외롭다	27.4	행복하다	26.7	외롭다	28.1	재미있다	27.1	재미있다	26.4	편안하다	23.9
12	허무하다	26.2	숙성하다	26.8	숙성하다	26.5	좋다	27.0	즐겁다	27.1	편안하다	25.8	좋다	23.2
13	외롭다	26.1	허무하다	26.7	화나다	26.2	숙성하다	27.0	허무하다	27.0	허무하다	25.8	숙성하다	23.1
14	고맙다	26.0	즐겁다	26.2	후회하다	26.2	재미있다	26.4	외롭다	26.1	고맙다	25.8	아쉽다	23.1
15	숙성하다	25.1	화나다	25.5	아쉽다	26.0	즐겁다	26.1	편안하다	26.1	아쉽다	24.7	초조하다	22.7
16	후회하다	24.3	재미있다	25.3	좋다	25.9	화나다	25.9	숙성하다	25.9	외롭다	24.5	외롭다	22.6
17	편안하다	24.2	아쉽다	25.2	재미있다	25.8	아쉽다	25.8	화나다	25.5	숙성하다	24.4	화나다	22.3
18	아쉽다	24.2	후회하다	24.6	초조하다	25.5	후회하다	25.8	후회하다	25.0	후회하다	23.9	불편하다	22.2
19	사랑스럽다	23.7	사랑스럽다	24.3	즐겁다	25.4	초조하다	24.7	아쉽다	24.8	초조하다	23.8	즐겁다	22.0
20	화나다	23.5	편안하다	24.0	편안하다	22.5	편안하다	24.2	초조하다	24.4	화나다	22.3	재미있다	22.0

652.06점(2019) → 647.24점(2020)).[4] 반면 2019년에 비해 성장 욕구, 특히 타인을 돕고 연결되고자 하는 자기 초월 욕구가 크게 높아진 점이 눈에 띈다(516.91점(2019) → 557.91점(2020)). 여기에 무언가를 알고 이해하고자 하는 욕구인 인지 욕구가 크게 증가한 것을 보면, 전반적으로 현재의 사람들이 가지고 있는 '답답함'의 대부분은 '불확실성'이라는 것이고, 이를 '정확하고 충분한 정보'를 찾아나가고 얻는 과정에서 해소하거나 낮추려는 대중들의 의지(욕구)가 그만큼 강하다는 것이라 보인다.

		2016년	2017년	2018년	2019년	2020년
성장 욕구	자기 초월 욕구 (타인을 돕고 자기 외부의 무엇과 연결되고자 하는 욕구)	495.84	514.98	504.34	**516.91**	**557.91**
	자아실현 욕구 (자기 잠재력 발휘)	488.69	490.51	492.04	**497.55**	519.08
	심미적 욕구 (질서, 아름다움, 균형 추구)	535.59	556.27	545.82	545.32	564.56
	인지적 욕구 (얻고 이해하고자 하는 욕구)	576.48	580.57	577.13	**584.12**	**603.58**
결핍 욕구	자존에 대한 욕구 (성취, 인정, 존경, 능력에 대한 욕구)	**652.91**	647.60	645.15	633.11	623.37
	사회적 욕구(소속에 대한 욕구) (수용, 우정, 친밀감, 관계에 대한 욕구)	573.57	565.67	571.37	562.24	**556.20**
	안전에 대한 욕구 (보안, 안정감, 건강, 집, 돈, 일자리에 대한 욕구)	623.43	608.36	585.72	583.93	**571.12**
	생리적 욕구 (공기, 음식, 물, 잠, 온기, 운동에 대한 욕구)	641.01	**651.94**	**658.10**	652.06	**647.24**

《2021 트렌드 모니터》는 기본적으로 대중 소비자들이 코로나19 팬데믹을 어떻게 경험하고, 살아내고 있는가에 집중해서 분석했다. 이 과정에서 사람들은 자신이 가지고 있는 '시간'과 '돈'이라는 자원을 소비하고 있다. 전체적인 분석은 소비자들의 태도에 집중했으나, 이번 책에는 특별한 데이터를 추가했다. 바로 '엠브레인 패널 빅데이터'다. 기존의 빅데이터들이 특정 키워드를 중심으로 연합된 이

미지를 분석하는 것에 비해 '엠브레인 패널 빅데이터'는 패널의 프로파일과 다양한 소비 패턴, 앱App 이용 패턴의 교차 분석이 가능하다는 큰 장점이 있다. 이 분석은 실제 소비자들이 보여주는 소비의 방향이 어디 있는가를 예상하는 데 시사점을 제공할 것이다.

[위드(with) 코로나, 집과 인간관계의 진화] 편에서는, 갑작스러운 비대면 상황에서 크게 증가한 집에 대한 관심과 이어지는 소비 현상을 설명한다. 그리고 가장 중요하게는 코로나19로 가장 크게 영향을 받는 한국 사회의 인간관계의 변화를 집중적으로 분석하고 있다. (Keyword: 비언어적 소통의 결핍, 두 번째 율로는 없다, 홈 플랫폼, 개인적 활동 공간)

[맞춤형 개인화, 포스트 코로나 시대의 소비 생활] 편에서는, 집을 중심으로 소비하는 문화 콘텐츠의 소비 패턴과 앞으로 구독 경제에 기대하는 소비자들의 핵심적 니즈가 어디에 있는지를 다룬다. (Keyword: 시간 절약, 저렴한 개인화, 집콕 생활, 동네의 재발견)

[재택근무, 돌아올 수 없는 선을 넘다] 편에서는, 재택근무가 일으키는 변화를 중심으로 향후 벌어지게 될 5가지 일의 과정을 집중적으로 분석한다. (Keyword: 개인 시간 효율화, 업무 내용의 명확화, 탈감정 노동, 성과 중심주의, 전문적·참조적 리더십의 부상)

[코로나 리더십, 대중이 아닌 개개인을 소중히 대하는 능력] 편에서는, 사회적으로 큰 변화의 기저에 있는 리더십의 형태가 변화하는 것에 중심을 두고 분석한다. 지금 사람들은 카리스마적 리더보다는 답답하더라도 정직한 리더를 선호하고 있다. (Keyword: 정직한 소통, 투명하고 정확한 정보, 신비주의의 종말, 일대일 소통)

[필터 버블, 과잉 신념의 사회] 편에서는, 의사 결정 상황에서 극단화, 편견 등이 강화되는 현상의 이면에 필터 버블이라는 알고리즘이 존재하는 것을 다룬다. 개인 취향이 존중받아야 한다는 사회적 분위기와 개인의 정체성에 대한 욕구가 크게 높아지면 사람들의 자기중심적 사고는 더욱 강화되고 이는 사회적으로 문제를 일으킬 수 있다. (Keyword: 과도한 자신감, 극단화, 보수화)

원래는 원대한 계획이 있었다. 코로나19라는 '한 방'을 맞기 전까지는. 2020년에 들어서기 전 이 책은 2010년과 2020년을 비교한 10년의 거창한 변화를 추적하는 책이 될 예정이었다(T.T). 하지만 계획은 당연히 엉망이 되었고, 과거에 기반한 미래의 예측은 거의 쓸모가 없어졌다. 이제 세상은 선형적으로 움직이지 않게 되었다. 전혀 엉뚱한 데에서 갑작스럽게 수요가 폭발하거나, 대중적 니즈가 움직인다. 급변하는 세계에서 외부 변수를 다 지우고 나면 남겨지는 데이터는 분명해진다. 코로나를 겪고 있는 현재 대중들의 일상에 대한 태도라는 변수다. 만약, 코로나19가 상당 기간 인간의 통제권 밖에 존재한다면 현재 사람들이 경험하고 있는 태도는 상당 기간 지속될 것이고, 고정된 생활 패턴 속에 머물 가능성이 높다. 이제 과거 데이터에 기반한 미래의 예측은 한계를 가질 수밖에는 없다. 좀 더 면밀하게 데이터의 적용 여부를 판단해야 할 시기가 된 것이다.

열두 번째로 한국 사회를 치열하게 살아간 대중들의 삶의 기록을 내어놓는다. 코로나19가 던진 미래에 대한 방정식은 여전히 해를 구하기가 어렵다. 하지만 매년 대중 소비자의 삶의 기록을 내어놓는다는 우리들의 초심만은 예전 그대로다. 그리고 우리는 '내가 생각하는 모든 판단은 옳다'는 과잉 신념의 시대에 대중적 감각을 얻는 첫발은 '타인의 생각'을 읽는 노력에서 시작된다고 믿는다. 이 책의 지향점은 바로 여기에 있다.

작년에 《2020 트렌드 모니터》가 '2020 세종도서'로 선정되는 등 독자들로부터 차별적인 트렌드 서적으로 큰 사랑을 받아서인지, 올해 내어놓는 이 책은 부담감이 그 어느 때보다 크다. 하지만 항상

뜨거운 관심과 지지를 보내주는 마크로밀 엠브레인 가족에게 감사의 마음을 전한다. 특히 '패널 빅데이터 분석'이란 어려운 미션을 잘 수행할 수 있도록 물심양면 도움을 준 엠브레인의 숨은(?) 조직, 패널 빅데이터 센터 데이터사이언스 팀(손희섭 부장, 김영환 차장, 한다정 연구원, 이슬아 연구원)에도 특별히 감사 인사를 전하고 싶다.

여전한 전우, 시크릿하우스의 전준석 대표와 황혜정 부장께는 언제나 마음 깊은 감사와 의리의 인사를 전한다. 마감 일주일 전, 이틀 전, 하루 전 친절하게(?) 전해주시는 알람은 수년간 책의 마감 일정을 지키게 해준 일등 공신이다.

그리고 우리 컨텐츠사업부의 속 깊은 막내, 이진아 대리에게도 특별한 감사를 전한다. 작년의 꼼꼼함에 더해 훌륭한 대안까지 제시해줘서 선배들은 늘 감사하다(방역 수칙 지키면서 술 사줄게).

특히 무엇보다도 올해와 같이 불확실성이 커진 시기에 책을 기다려온 독자분들께 마음 깊은 감사를 드리고 싶다. 이 책에서 제시한 고민이 독자들이 현재 가지고 있는 삶의 고민을 한 줌이라도 나눌 수 있는 도구가 된다면 더 바랄 것이 없겠다.

2020년 10월
㈜마크로밀 엠브레인 컨텐츠사업부 저자 일동

앞으로 온라인 중심의 인간관계는 더 강화될 것이다.
이렇게 되면 인간관계는
'온라인 필터'의 영향을 많이 받게 될 가능성이 크고,
비판과 조언이라는 균형 감각을 잃어버릴 수 있다.

CONTENTS

PART 2

맞춤형 개인화,
포스트 코로나 시대의 소비생활

PART 3

재택근무,
돌아올 수 없는 선을 넘다

포스트 코로나 시대의 일은 어떻게 변할까? ... 135
개인 시간 효율화, 업무 내용의 명확화, 탈감정 노동,
성과 중심주의, 전문적·참조적 리더십의 부상

PART 4

코로나 리더십,
대중이 아닌 개개인을 소중히 대하는 능력

PART 5

필터 버블,
과잉 신념의 사회

PART 1

위드(with) 코로나,
집과 인간관계의 진화

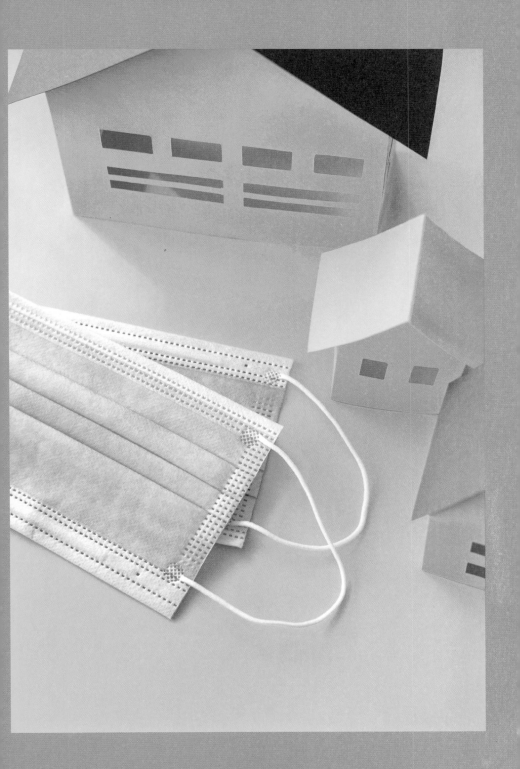

당신을 만난 건
나의 순수한 동기였을까?

비언어적 소통의 결핍, 두 번째 율로는 없다, 홈 플랫폼, 개인적 활동 공간

2021년은 2016년이 될 수 있을까? "

옛날에도 요즘과 비슷한 때가 있었을까? 집단적으로 낯선 경험을
하게 되면 사람들은 과거를 뒤돌아보고, 역사책을 뒤진다. 100년
전에도 코로나19와 비슷한 대규모의 전염병이 있었다. 1918년부
터 1920년까지 전 세계를 뒤흔든 스페인 독감이다. 후에 밝혀진 바
로는 독감의 최초 보고는 사실 스페인이 아니라 미국 시카고였다
고 한다(그래서 스페인 사람들에게 '스페인 독감'이라고 얘기하면 매우 불쾌

해한다. 스페인에서는 '미국 독
감', '시카고 독감'이라고 부른
다[1]). 제1차 세계대전의 전
체 전사자보다 훨씬 더 많
은 사망자를 낸 이 무서운

독감은 우리가 알고 있는 유명인들의 수명도 단축시켰다. 오스트리아의 화가로 잘 알려진 구스타프 클림트Gustav Klimt(1862~1918년)와 에곤 실레Egon Schiele(1890~1918년), 그리고 사회학계의 거장 막스 베버Maximilian Carl Emil Weber(1864~1920년)도 이 시기에 스페인 독감으로 유명을 달리했다.[2]

코로나19가 본격적으로 유행하기 시작한 초기, 정부는 마스크 쓰기와 손 씻기 권고 이외에도 100년 전의 미국의 역사에서 시행한 적이 있는 효과적인 대응 전략을 찾아냈다. 바로 사회적 거리두기Social Distancing다. 사람

들 간에 만남을 줄이고 거리를 두는 것이 권장되었다. 그래서 사람들은 집에 머물렀다. 이전보다 훨씬 오랫동안, 훨씬 긴 시간을.

그리고 집에 머무르던 많은 사람들은, 요즘과 비슷했던 5년 전의 그때를 떠올렸다. 메르스MERS(중동 호흡기 증후군)가 창궐했던 2015년이다. 메르스가 유행했을 때에도, 평행 이론처럼 지금의 일상과 유사한 점들이 많이 관측되었기 때문이다. 2015년 소비자들의 일상을 조사했던 우리 연구진도 그때의 결과를 다시 찾아보았다.

당시의 분석에는, "당분간 소비자들이 집에서 모든 사회적 욕구를 해결하려고 할 것이고, 따라서 TV 등으로 대리 만족하는 시대"가 될 것이라고 전망했었다.[3] 정부가 메르스 종료를 선언한 이듬해인 2016년, 사람들은 '집콕'의 답답함을 '욜로YOLO, You Only Live Once'로 쏟아냈다.[4] 과연, 2021년 이후의 삶도 2016년의 욜로처럼 'V 자 반등'

을 할 수 있을까?

집에 오래 머물면, 집을 뜯어고치고 싶어 한다 "
그리고 이것저것 한다

당연하게도, 집에 머무는 사람들은 이전보다 훨씬 늘어났다. 조사 결과로 보면, 2015년 집에서 보내는 시간이 예년에 비해 늘었다고 응답한 사람들은 23.8%였는데, 이것이 2020년에는 40% 이상(49.9%(4월 초) → 41.6%(5월 초) → 48.2%(8월 초))으로 크게 증가한 것이다(집에서 보내는 시간 증가: 동의율 23.8%(2015) → 20.8%(2016) 22.1%(2017) → 48.2%(2020. 8.)).[5] 압도적인 이유는 '코로나19로 인한 사회적 거리두기 시행'으로 인한 것이었다(81.7%).[6] 집은 '휴식의 공간'이라는 2015년의 이미지도 다시 강화됐다(집은 휴식의 공간: 동의율 91.4%(2015) → 78.5%(2016) → 81.9%(2017) → 91.8%(2020)).[7]

그리고 자연스럽게 집 안 곳곳을 바꿔볼까 하는 관심도 늘어났

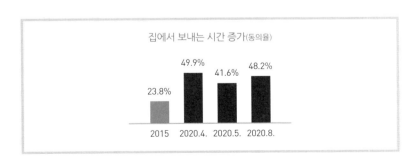

집에서 보내는 시간 증가(동의율)

23.8% 49.9% 41.6% 48.2%
2015   2020.4. 2020.5. 2020.8.

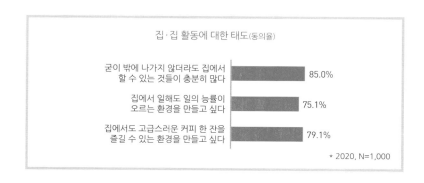

집·집 활동에 대한 태도(동의율)

굳이 밖에 나가지 않더라도 집에서
할 수 있는 것들이 충분히 많다 — 85.0%

집에서 일해도 일의 능률이
오르는 환경을 만들고 싶다 — 75.1%

집에서도 고급스러운 커피 한 잔을
즐길 수 있는 환경을 만들고 싶다 — 79.1%

* 2020, N=1,000

다. 그 결과, 실제로 홈 인테리어를 변경한 경험이 2015년 수준으로 다시 증가했다(최근 1년간 홈 인테리어 변경 경험: 54.9%(2015) → 41.8%(2016) → 49.4%(2017) → 52.7%(2020)).[8]

인테리어를 한 공간은 주로 거실(47.6%, 1순위)과 침실(안방)(46.5%, 2순위)이었는데, 집이 너무 낡고 지저분해서(22.0%, 3순위)이기도 했지만, 보다 중요한 이유는 집에서 보내는 시간이 많다 보니(23.9%, 2순위), 집 안 분위기를 바꿔보기 위해서(57.7%, 1순위)였다.[9] 이렇게 분위기를 싹 바꾸고 싶어 한 것은, 밖에 나가지 않아도 집에서 할 수 있는 것들을 찾아야 하기 때문인 것 같다(굳이 밖에 나가지 않더라도 집에서 할 수 있는 것들이 충분히 많다: 85.0%, 집에서 일해도 일의 능률이 오르는 환경을 만들고 싶다: 75.1%, 집에서도 고급스러운 커피 한 잔을 즐길 수 있는 환경을 만들고 싶다: 79.1%).[10] 실제로 무엇을 했을까?

조사 결과를 보면, 뭔가 거창한 것을 하지는 않았던 것 같다. 이전에 비해 집에서 하는 활동으로 가장 크게 증가한 것은 유튜브 보기(37.2%, 1순위)였고, 다음으로 TV 보기(34.3%, 2순위), 인터넷 정보검색(29.4%, 3순위), 누워 있기(24.0%, 4순위), 영화 보기(22.2%, 5순위)순이었다.[11] 집을 새로 단장하고, 집에서 그냥 뒹굴(?)거렸다는 얘기다.

사람들은 집에서 계속해서 뭔가를 '보고' 있었다. 이렇게 보는 것만으로 즐거움을 찾는 행위에는 프로야구 무관중 경기도 포함됐다. 우리 프로야구만의 독특한 응원 문화를 직접 경험하지 못한 것에 대해 아쉬움을 많이 가지고는 있었지만(우리나라 야구 응원 문화는 특별하다: 69.7%, TV로 경기를 보다 보니 현장에서 보는 경기가 얼마나 재미있었는지 새삼 깨닫게 되었다: 53.5%), 많은 사람들은 이렇게 관중이 없는 경기를 보는 것도 나름대로 즐기고 있었고(55.6%), 이런 형태의 경기를 해외에서 중계한다는 것에도 큰 관심을 보였다(우리나라 야구를 미국, 일본에서 생중계를 한다는 사실이 마냥 신기했다: 65.4%).[12]

이렇게 집을 중심으로 한 활동에는 여가 활동도 포함되어 있었다. 많은 사람들이 삶에서 여행이 꼭 필요한 활동이라고 생각하지만(여행은 현대인의 일상에 꼭 필요한 활동이다: 80.9%, 여행을 떠나는 것만으로도

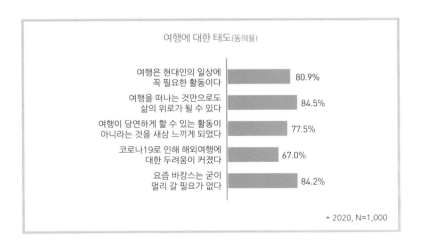

여행에 대한 태도(동의율)

여행은 현대인의 일상에 꼭 필요한 활동이다	80.9%
여행을 떠나는 것만으로도 삶의 위로가 될 수 있다	84.5%
여행이 당연하게 할 수 있는 활동이 아니라는 것을 새삼 느끼게 되었다	77.5%
코로나19로 인해 해외여행에 대한 두려움이 커졌다	67.0%
요즘 바캉스는 굳이 멀리 갈 필요가 없다	84.2%

* 2020, N=1,000

삶의 위로가 될 수 있다: 84.5%), 이제 여행을 떠나는 것에는 상당한 부담을 가지게 된 것이다(여행이 당연하게 할 수 있는 활동이 아니라는 것을 새삼 느끼게 되었다: 77.5%, 사람들이 많은 곳으로 떠나는 것 자체에 거부감이 커졌다: 73.4%, 코로나19로 인해 해외여행에 대한 두려움이 커졌다: 67.0%).[13] 그래서 멀리 가지 않고(요즘 바캉스는 굳이 멀리 갈 필요가 없다: 84.2%), 집 근처에서 여가를 보내려는 생각이 커 보였다.[14] 55.9%의 사람들이 '집'에서 보내는 여름휴가(홈캉스, 여름휴가 계획 2순위)를 계획하고 있었던 것이다.[15] 약간 더 높은 비율(58.7%, 1순위)로 '호텔에서 바캉스(호캉스)'를 보내려고 계획하는 사람들이 많았으며, 다 포기하고 가까운 맛집 탐방이나(맛캉스, 40.9%, 3순위), 쇼핑(몰캉스(쇼핑몰+바캉스), 12.0%, 4순위) 등으로 휴가를 보내거나, 서점이나 도서관에서 휴가를 보내려는 사람들(북캉스, 10.3%, 5순위)도 적지 않았다. 상당수의 사람들이 국내나 국외의 휴가지에서 휴가를 보내려는 계획 자체를 접고 집과 가까운 곳에서 휴가 및 여가 활동을 즐기려고 한다는 것을 알 수 있다.

여기에, 집에서 일을 하거나(집에서 일하는 시간 증가: 18.4%(2015)

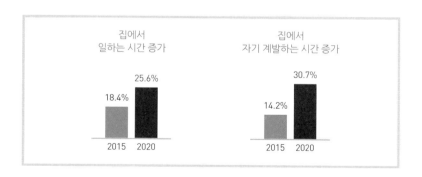

→ 25.6%(2020)), 자기 계발을 하는(집에서 자기 계발하는 시간 증가: 14.2%(2015) → 30.7%(2020)) 사람들도 2015년에 비해 크게 증가한 것을 보면, 현재의 집은 어쩌다 보니 기본적인 휴식만을 담보하는 공간을 넘어, 일과 여가의 모든 활동을 포괄하는 일과 일상생활, 여가생활의 플랫폼이 되어버렸다.

코로나19가 던지는 '관계'에 대한 심각한 질문 "
: 당신을 만난 것은 나의 자발적 동기였을까?

이제 모든 일과 여가, 일상생활이 집으로 수렴되는 시대다. 그렇다면, 사람들의 사회생활은 어떻게 되는 걸까? 서로 얼굴 보면서 이야기하고, 밥 먹고, 커피 마시고, 술 마시고, 잡담을 나누었던 다양한 모임을 예고도 없이 무 자르듯 갑자기 탁 끊어야 하는 상황이 되었다. 이처럼 개인의 자유가 갑자기 제한을 받는 상황이 되면 사람들은 이것을 어떻게 받아들일까? 심리학에서는 심리적 반발 이론Psychological Reactance Theory(심리적 저항 이론)의 관점에서 이런 상황을 설명한다. 사회심리학자 잭 브렘Jack Brehm의 설명에 따르면, 어떤 대상에 대한 자유로운 선택이 제한을 받으면 그 자유를 유지하려는 욕구가 강해지면서, 이전보다 그 대상을 더 가치 있게 여기거나 더 강렬하게 원하게 된다고 설명한

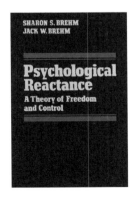

다.[16] 일상적인 사교 모임이나 대면 접촉이 희소한 대상이 되면서 이전보다 더 가치 있는 것으로 여기게 된다는 뜻이다. 이런 관점에서 보면, 갑작스러운 단절의 크기만큼이나 사회적 모임에 대한 큰 불편함과 결핍을 호소할 것이라고 예상된다. 그러나 조사 결과는 우리의 예상을 완전히 뒤집었다. 놀랍게도 사람들은 오프라인에서의 모임을 가지지 못하게 된 이 상황을 '거의' 불편해하지 않았다.

조사 결과를 보면, 사람들과의 만남이 적어져서 불편하다고 느끼는 사람들(32.1%)보다는, 오프라인에서 사람을 만나지 않아도 그다지 불편함을 느끼지 않는 사람들이 훨씬 많았고(68.2%), 사람들과 저녁 식사나 술자리가 줄어서 불편하다고 느끼는 사람들(27.2%)보다는, 저녁에 사람들을 만나지 않으니 개인 시간이 늘어나서 좋다고 생각하는 사람들이 2배 이상 많았으며(62.8%), 심지어 종교 활동이 줄어들어서 불편하다고 생각하는 사람들(16.6%)보다는, 의무적으로 종교 활동을 하지 않아서 오히려 좋다는 사람들이 3배 이상

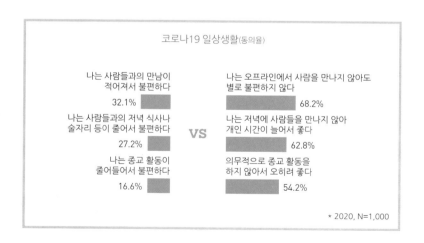

코로나19 일상생활(동의율)

나는 사람들과의 만남이
적어져서 불편하다
32.1%

나는 오프라인에서 사람을 만나지 않아도
별로 불편하지 않다
68.2%

나는 사람들과의 저녁 식사나
술자리 등이 줄어서 불편하다
27.2%

VS

나는 저녁에 사람들을 만나지 않아
개인 시간이 늘어서 좋다
62.8%

나는 종교 활동이
줄어들어서 불편하다
16.6%

의무적으로 종교 활동을
하지 않아서 오히려 좋다
54.2%

* 2020, N=1,000

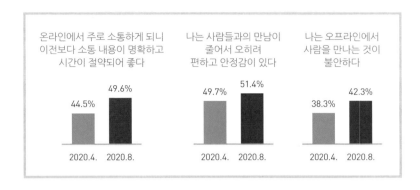

많았다(54.2%).[17] 또한 온라인으로 소통하는 것이 더 명확하고 시간이 절약되어 좋고(44.5%(2020. 4.) → 49.6%(2020. 8.)), 사람들과의 만남이 줄어서 편하고 안정감이 있다고 생각하는 경향이 강해졌다(49.7%(2020. 4.) → 51.4%(2020. 8.)).[18] 오히려 오프라인에서 사람을 만나는 것을 점점 더 불안하다고 느끼고 있을 정도였다(38.3%(2020. 4.) → 42.3%(2020. 8.)).[19] 그래서 사람들의 집 밖에 나가고자 하는 욕구는 점점 줄어들고 있었다(나는 요즘 집 밖에 외출하고 싶은 욕구가 커졌다:

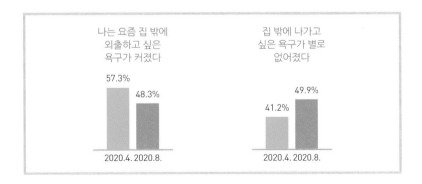

57.3%(2020. 4.) → 48.3%(2020. 8.), 집 밖에 나가고 싶은 욕구가 별로 없어졌다: 41.2%(2020. 4.) → 49.9%(2020. 8.)).[20]

심리적 반발 이론의 설명력이 현저하게 떨어지는 이 상황을 어떻게 이해해야 할까? 반발 이론의 전제를 그대로 인용하면 이 역설적이고 흥미로운 조사 결과는 코로나19 이전, 한국 사회의 '끈끈한 인간관계'의 실체를 잘 설명한다. 대면 모임이나 대면 소통을 전제로한, 끈끈한 인간관계는 사실 자유로운 선택으로만 이루어진 것은 아니라는 것을 의미한다. 즉, 기존의 모임과 대면 상황에서의 소통은 역으로 개인의 '자유로운 선택을 제한'하는, 상당히 억압적인 형태일 수도 있었다는 뜻이다. 코로나19 이전에 우리가 맺었던 인간관계나 모임, 대면 소통은 그만큼 피곤한 일이었을 수도 있었다는 것이다. 만약 오프라인에서의 모임과 대면 상황의 소통에 이런 억압적전제가 깔려 있던 것이었다면, 코로나19는 만나고 싶지 않은 '기존의 인간관계'를 피하게 해주는 '아주 좋은 명분'이 될 수도 있다.

혼자 있는 시간이 많아졌는데 "
'덜' 외로워하는 이유

실제로 대인 관계 측면에서 코로나19가 끼치는 영향력은 치명적인 것으로 보인다. 사람들은 코로나19의 영향력을 상당히 크게 느꼈는데(코로나19가 일상생활에 미치는 영향: 84.4%), 가장 직접적으로 그 영향을 끼치는 분야로 '대인 관계'를 꼽은 것이다(코로나19가 영향을 가장 많

이 끼친 분야: 1순위 대인 관계(65.4%), 2순위 여가 생활(50.1%), 3순위 문화생활(48.3%)).[21] 그래서 이번 기회에 인간관계를 정리하려는 사람들이 많아졌고(나는 가끔씩 인간관계를 정리할 필요성을 느낀다: 57.3%(2016) → 59.9%(2020)), 기존의 인간관계를 유지하는 데 노력을 덜 들이고 있었으며(나는 나의 인간관계를 유지하는 데 있어 노력을 많이 기울이는 편이다: 52.2%(2016) → 38.4%(2020)), 더 많은 친구를 만들고 싶다는 생각도 하지 않았다(나는 앞으로 더 많은 친구들을 만들고 싶다: 54.4%(2016) → 38.1%(2020)).[22] 사람들은 코로나19를 명분 삼아 의무적 인간관계로부터 탈출하거나, 기존의 인간관계를 재구성하고 있는 것이다. 그런데 이렇게 주변 사람들을 밀어내거나 재편하면, 사람들은 외로움을 더 많이 느끼지 않을까? 이렇게 판단할 정황은 많다. 사람들이 인간관계의 숫자를 줄이기도 하지만, 혼자 있는 시간도 이전에 비해 훨씬 더 늘어났기 때문이다(집에서 개인적으로 혼자 보내는 시간 증가: 28.2%(2015) → 41.6%(2020. 4.) → 42.8%(2020. 8.)).[23] 그런데 여기에 두 번째 역설이 존재한다.

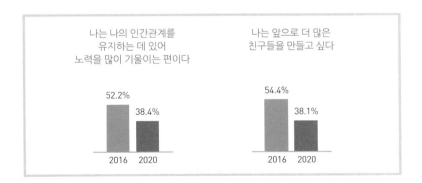

2019년 조사 결과에 따르면, 10명 중 6명가량(59.5%)의 사람들이 일상적인 외로움을 경험한다고 응답했다.[24] 연령대별 응답률은 20대 67.2%, 30대 64.0%, 40대 57.2%, 50대 49.6%순이었다.[25] 그런데 코로나19로 인해 사회적 거리두기가 한창이던 2020년 4월 초에 실시한 조사 결과를 보면, 외로움을 느낀다고 생각하는 비율이 오히려(?) 줄어들었다는 것을 확인할 수 있다(코로나19로 사회적 거리두기가 확산되면서 외로움을 느끼는 경우가 많아졌다: 39.6%).[26] 연령대별로 비교해보아도 20대가 외로움을 느끼는 비율은 20대 43.1%, 30대 34.5%, 40대와 50대는 동일하게 각각 38.2%로 나타났다.[27] 전체적으로 외로움을 느끼는 경향성이 2019년에 비해 낮아진 것이다. 일상에서 혼자 보내는 시간도 늘었고, 친구를 맺는 데도 소극적인데 오히려 외로움은 덜 느끼고 있다는 것이다. 이유가 뭘까?

미국 공중보건위생국 국장을 지낸 비벡 H. 머시Vivek H. Murthy 박사는 그의 책《우리는 다시 연결되어야 한다》에서, 사람들이 외로움을 느꼈던 근본적인 이유는 오래전부터 존재해온 '상호 의존적 삶의 방

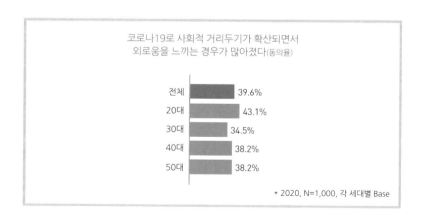

코로나19로 사회적 거리두기가 확산되면서
외로움을 느끼는 경우가 많아졌다(동의율)

전체	39.6%
20대	43.1%
30대	34.5%
40대	38.2%
50대	38.2%

* 2020, N=1,000, 각 세대별 Base

식'에 있다고 진단한다. 즉, 역사적으로 인간은 상호 의존적으로 연결되어왔는데, 외로움은 최근의 새로운 시대적 가치관인 '독립'이나 '자립'이라는 가치와 일종의 충돌(상호 의존성이라는 역사적 본능과 현대적 가치관의 충돌)을 일으킨 흔적이라는 것이다.[28] 이에 더해, 외로움 문제를 오랫동안 연구해온 심리학자 아미 로카흐^{Ami Rokach} 박사는 외로움은 사회적 경험이 사회적 기대를 충족하지 못할 때 생긴다고 설명한다. 결혼'해야' 하는데 결혼하지 못하거나, 친구들과 '어울려야' 하는데 어울리지 못할 때, 남들처럼 '해야' 하는데 그렇지 못할 때 외로움을 느낀다는 것이다.[29] 쉽게 말하면, 우리를 둘러싼 공동체는 나에 대한 광범위한 문화적 기대감을 가지고 있는데, 실제 생활이 이 기대감을 충족시키지 못할 때 우리는 외로움을 느끼는 경향이 커진다는 것이다.

지금의 코로나19는 정확하게 이런 기대감을 낮추고 있다. 어떤 상황에서 '나는 ~해야 한다'는 역할에 대한 기대감이 크지 않은 상황인 것이다. 더 직접적으로 남들도 나와 별 차이 없는 '비슷한 상황'일 수 있고, 이것은 내가 느끼는 지금, 현재의 외로움을 낮출 수 있다. 코로나19 시대를 살고 있는 '모든 사람이 외로워한다'는 자각이 드는 순간, 역설적으로 사람들은 '덜 외롭게' 느낀다는 것이다.

코로나19는, 내 주변의 사람들이 나에 대해 가지고 있는 기대감과 내가 주변 사람들과 얼마나 같은가, 다른가에서 비롯되는 자부심, 그리고 여기에서 파생되는 우월함, 소외감 등 지금까지 한국 사회에서의 만남과 모임, 소통에 근본적으로 깔려 있던 문화적 전제들을 붕괴시키고 있다.

So what? 〃
시사점 및 전망

코로나19는 생활의 중심을 집으로 만들었다. 집은 일상생활뿐 아니라 일과 여가 생활의 플랫폼이 되었다. 여기에는 뻔해 보이면서도 중요한 시사점이 몇 가지 있다.

첫째는 동네의 재발견이다. 집이 생활의 플랫폼이 되고, 여행이나 휴가가 크게 위축되면서 방역이 담보되어 있는 안전한 공간에 대한 선호는 크게 증가했다. 그러면서 자연스럽게 동네 가까운 곳에서 가볍게 하는 산책

이 일상에 중요하게 다가왔다(평소 운동 방식: 1순위 야외에서 가벼운 운동(55.3%)).[30] 현재 코로나19 관련한 재난 문자도 지역과 동네를 중심으로 전달되기 때문에 지역사회와 동네에 대한 관심은 더 높아질 가능성이 매우 높고, 이는 지역의 정치적·정책적 문제에 대한 높은 관심으로도 이어질 것으로 보인다.

두 번째 시사점은 2016년의 욜로YOLO와 같은 소비자들의 감정적 반등이 과연 2021년 이후에도 나타날까에 대한 것이다. 2015년 12월 23일, 크리스마스의 선물처럼 정부는 메르스의 종식을 공식적으로 선언했고, 이듬해 소비자들은 7개월의 지긋지긋한 불확실성을 참아낸 것에 대한 보상으로 산으로 들로 '지금 당장의 행복'을 찾아 떠났다. 하지만 2020년 현재 코로나19의 전망은 암울하다. 코로나

는 계속적으로 변종을 만들어내며 미래의 불확실성을 높이고 있고, 전문가들은 2차, 3차의 또 다른 감염병의 등장을 예고한다. 이렇게 되면, 또다시 집이 중요해질 수밖에 없고, 외부 활동은 지속적으로 위축될 것이다.

집은 외부 세계에서 마주하는 어려움으로부터 몸과 마음을 회복하는 공간이다. 오클랜드대학교의 신경인류학자 존 S. 앨런John S. Allen 교수는 집은 생활의 균형을 유지하기 위해 꼭 필요하며 전체적인 항상성Homeostasis을 위해 필수적인 공간이라고 설명한다.[31] 인간은 집에 있을 때 자주, 뇌를 쉬게 한다(쉽게 말하면, 멍을 때린다). 그리고 이렇게 딴생각에 빠져 있는 동안 뇌는 대체로 과거를 회상하고, 미래를 예측하며, 계획을 세우는 등의 성찰적 시간을 보낸다.[32] 앨런 교수는 이 과정이 인간에게 필수적인 과정이라고 강하게 주장한다. 알츠하이머병, 우울증, 조현병, 자폐증, 주의력 결핍 과잉 행동 장애 등의 다양한 질환에서 공통적으로 발견된 것은 바로 이 '뇌의 휴지 기간'의 붕괴라는 것이다. 즉, 뇌가 딴생각을 하면서 멍하게 있는 것은 역설적으로 뇌의 고유한 활동이 건강하고 제대로 기능하고 있다는 반증이라는 것이다.[33] 이런 관점에서 보면, 집에 있는 기간이 길어져 긍정적 피드백(휴식과 성찰)이 쌓이게 되면, 억압되어 있던 감정을 발산하기 위해 외부로 급격하게 튀어 나가는 일은 상당히 줄어들 것으로(최소화될 것으로) 전망된다. 2021년 이후에도 2016년과 같은 외부 활동의 V 자 반등은 기대하기 힘들 것이라는 얘기다. 이제는 '코로나 이후'가 아니라, '코로나와 함께'를 고민해야 할 시기다.

세 번째 시사점은 인간관계에 대한 것이다. 코로나19는 단순히 경제적 침체만을 의미하지 않는다. 한국 사회에서 가장 눈여겨봐야 할 대목은 인간관계의 근본적인 변화다. 사람들은 자신이 원하지 않는 관계를 '코로나19'를 명분 삼아 재정리하고 있다. 이제 자발적 동기에 의하지 않은 인간관계는 지속 가능성 면에서 급격하게 추락할 가능성이 있다. 굉장히 가깝게 느꼈던 직장 동료, 직장 선후배, 학교 친구의 관계가 문득 멀어졌다고 느낀다면, 그 관계가 '과연 자발적인 것이었나'를 자문해야 할 시기다. 그리고 이 질문은 스스로에게도 필요하다. 나는 '내가 원하지 않는 모임'에 앞으로 '다시' 나가고 싶은가라고.

네 번째이자 마지막 시사점은 집 공간에 대한 물리적이고 심리적인 문제에 관한 것이다. 앞선 자료로 미루어 볼 때, 직관적으로 집의 인테리어가 중요해졌다고 볼 수 있고, 실제로도 그쪽(홈 인테리어)으로 시장이 움직이고 있는 것이 관찰된다. 그리고 이처럼 공간에 대한 관심이 높아지면, 집의 가치는 자연스럽게 '거래 가치'보다는 '주거 가치'가 더 중요해질 것이며, 이것과 첫 번째로 언급한 '동네, 지역사회'와 연결이 되면 부동산 시장에도 적지 않은 영향을 줄 가능성이 있다.

다만, 집 안의 인테리어에서 놓쳐서는 안 되는 부분은, 모이는 공간보다 '개인적 공간'이 더 중요해진다는 것이다. 언뜻 가족들이 다 함께 있는 시간이 많으니 함께 있는 거실 공간을 더 중요하게 고려할 것이라고 생각할 수도 있다. 하지만 가족들이 함께 있는 시간이 많을수록 개인 공간은 더 철저하게 분리되어야 한다. 왜냐하면, 심리적으로 이 공간이 있어야 최소한의 개인의 자존감과 안정감을 유지할 수 있기 때문이다. 문화심리학자 김정운 박사는 브루노 베텔하임 Bruno Bettelheim [34]의 아우슈비츠 경험을 빌려 와 개인적 활동 공간의 부재가 주는 심리적 충격을 슈필라움 Spielraum의 부재로 설명한다. [35]

아우슈비츠 수용소에 아무 준비 없이 느닷없이 끌려온 수감자들은 엄청나게 혼란스러워했다. 자존심이 강했던 전문직 유대인들은 자존심을 지키는 방법으로 스스로의 목숨을 끊는 방법을 선택하기도 했다. 살아남은 수감자들은 어린아이와 같은 퇴행적 태도를 보이기도 했다고 전해진다. (중략) 스스로 결정할 수 있는 여지가 전혀 없는 수용소의 삶이 수감자들을 어린아이와 같은 상태로 몰아넣었다. 이때 슈필라움은 인간으로서 최소한의 품격을 지킬 수 있는 물리적 공간을 뜻한다. 모든 것이 다 드러나는 수용소 생활에서 개인의 프라이버시는 존재하지 않는다. 자존심을 지킬 수 있는 모든 물리적 공간이 박탈된 유대인들에게 남겨진 선택지는 (중략) '벌거벗은 어린아이처럼 되거나, 아니면 죽거나' 이 두 가지뿐이라는 것이다.

-김정운,《바닷가 작업실에서는 전혀 다른 시간이 흐른다》, 10p

김정운 박사는 타인들로부터 방해받지 않는 자기만의 공간이 있어야 한다고 주장한다. 그래야 최소한의 독립된 개체로서의 자의식을 공간으로 확인하고, 자신의 자존감과 존엄을 유지할 수 있다는 것이다.

한국 사회가 코로나19의 방역에서 세계적인 수준을 발휘한 데에는 '개인의 동선'에 대한 꼼꼼한 추적이 큰 역할을 하고 있다. 어디를 가나 QR 코드를 찍고 전화번호를 남기며 자신의 흔적을 투명하게 기록해야 하며, 만에 하나를 위해 자신의 소소한 동선도 투명하게 공개해야 한다. 하지만 이것은 뒤집어 보면, 개인의 '슈필라움'의 부재를 의미할 수 있다. 누군가의 시선에서 벗어나 숨을(?) 수 있는 공간이 최소한 '집 안 내 공간'에는 있어야 하는 것이다.

◎1 홈루덴스:
집에서 깨닫는 안전한 일상

✎ 홈루덴스(Home Ludens) 및 홈 인테리어 니즈 관련 조사
· 조사 대상: 전국의 만 19~59세 성인 남녀 1,000명 ①
· 조사 기간: 2020년 5월 26일~5월 30일

편안한 휴식처이자 가족들이 기다리는 곳, 그리고 자기만의 공간이
기도 한 '집'은 누구에게나 소중하고 애틋하게 다가오기 마련이다.
그래서 사회가 점점 치열해지고 각박해짐에 따라 현대인들이 심리
적으로 가장 안정감을 주는 '집'으로 시선을 돌리는 것은, 어찌 보
면 자연스러운 본능일는지도 모른다. 하지만 이런 마음과는 달리,
실제로 집에서 보내는 물리적 시간은 생각처럼 그리 많지가 않다.
편안히 집에 머무를 수 있을 만큼 마음의 여유도 없거니와 해야 할
일, 해내야 할 일이 산더미인 경우가 많기 때문이다. 그런데 '코로
나19'가 전 세계를 강타한 2020년은 뭔가 달라졌다. 하고 싶은 일
이든, 해야 할 일이든, 해내야 할 일이든, 모든 것을 '집'이란 공간에
서 해결해야만 하는 물리적 강제성이 부여됐기 때문이다. 그 결과,

집의 의미(중복 응답)

(N=1,000, 단위: %)

휴식의 공간	91.8
가족을 의미하는 공간	68.3
두 다리 뻗고 편히 누울 수 있는 공간	67.2
잠자는 공간	64.3
가장 사적이고 소중한 공간	61.5
쉼터	58.4
가장 안전한 공간	54.2
나만의 공간	49.1
공동생활의 공간	20.2

집에 머무는 시간 자체가 증가하기도 했지만 이전보다 훨씬 다양한 측면에서 '집의 의미'가 더욱 강조되고 있는 모습을 보이는 중이다. 특히나 최고의 휴식 공간, 자신의 행복을 위한 가장 사적이면서 소중한 공간이란 생각과 함께, '안전한 곳'으로 집을 바라보고 있는 경우가 많아진 점은 우리에게 시사하는 바가 적지 않다.

어찌 됐든 2020년은 코로나 여파로 (어쩔 수 없이) 집에서 무엇을 하고, 어떻게 시간을 보낼지에 대한 고민이 깊어질 수밖에 없는 한 해였던 것은 분명하다. 그렇다면 실제로 집에 머무는 시간이 많아진 2020년, 사람들은 과연 집에서 어떤 활동을 하면서 보냈을까? 조사 결과를 보면 이전과 변함없이 TV를 보거나 집안일을 하고 가만히 누워 있거나 인터넷 서핑 등을 하는 모습을 쉽게 찾아볼 수 있었다. 다만 조금 더 자세히 그 속을 들여다보면 전에 비해 가족과 함께 보내는 시간이 상당히 많아지고, 영화를 보거나, 음악을 듣고, 요리를 하는 등의 활동이 많아진 점이 눈에 띈다. 즉, 여가 활동과 취미 생활을 이전보다 더 많이, 더 다양하게 즐기고 있었더라는 얘기다.

그래서일까? '맛있는 음식', '양질의 TV 프로그램', '큰 TV'와 '좋은 사양의 컴퓨터'를 바라는 마음이 눈에 띄게 커진 모습을 살펴볼 수 있었다. 그렇지 않아도 원래부터 집을 '나만의 공간'으로 만들고 싶어 하고 집에서 여가 활동이나 취미 생활을 즐기려는 욕구가 컸던 한국의 소비자들인데, 코로나19로 이러한 바람을 현실화하고 싶은 욕망(?)이 제대로 커진 것으로 보인다. 실제로 여러 전문가들이 분석한 최근 소비 트렌드를 살펴보면 코로나19로 대형 TV 등의 가전 수요가 급증한 것으로 나타났으며, CJ오쇼핑의 한 관계자는 75인치 이상 초대형 TV 판매 방송을 전년도(2019년) 연간 편성 횟수를 웃돌 만큼 많이 했다는 인터뷰를 하기도 했다. 집에 머무는 시간이 많아진 만큼 드라마를 보거나 게임을 하더라도, 작은 화면의 스마트폰 대신 '큰 TV'를 찾는 소비자가 더더욱 많아진 것이다.

집에 머무는 물리적 시간이 증가하고 다양한 활동을 할 수 있는 환경이 갖춰지다 보니 오롯이 집을 '나만의 공간'으로 만들고 싶어

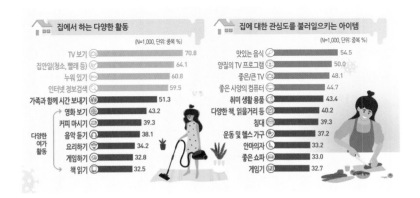

하는 홈 인테리어에 대한 욕구가 강해진 것은 자연스러운 수순이라 할 수 있겠다. 집을 작은 영화관이나 카페, 바, 헬스장 등으로 만들거나 다양한 취미 생활 용품을 구입하는 것들이 그 한 예로, 그래서 소비자들은 평소 인테리어가 잘된 집과 공간 등의 사진을 유심히 보고 다른 사람들은 집의 공간을 어떻게 해놓고 사는지 궁금해하는 태도가 매우 뚜렷한 모습을 보이고 있었다. 시간과 비용의 문제로 대공사의 인테리어가 어렵다면 작은 인테리어 소품으로라도 자신의 개성을 표현하고 싶다는 바람을 비칠 만큼, 소비자들은 많은 돈을 들이지 않더라도 자신만의 개성 있는 공간을 꾸미고 싶다는 생각이 꽤나 많은 모습을 보이기도 했다. 그래서 직접 소품을 사거나 시공을 하는 셀프 홈 인테리어에 대한 관심도 이전보다 좀 더 많아진 모습이다. 실제로 셀프 인테리어 정보를 제공하는 애플리케이션(예: 오늘의집)의 경우 누적 다운로드 수가 2019년 500만 건에서 2020년 4월 1,000만 건으로 크게 증가할 정도로 인기가 많다.[36] 심

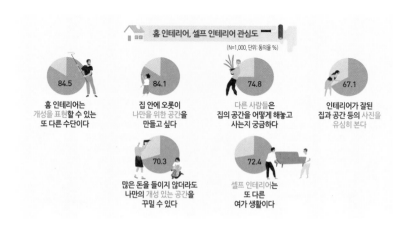

홈 인테리어, 셀프 인테리어 관심도
(N=1,000, 단위: 동의율 %)

84.5 홈 인테리어는 개성을 표현할 수 있는 또 다른 수단이다

84.1 집 안에 오롯이 나만을 위한 공간을 만들고 싶다

74.8 다른 사람들은 집의 공간을 어떻게 해놓고 사는지 궁금하다

67.1 인테리어가 잘된 집과 공간 등의 사진을 유심히 본다

70.3 많은 돈을 들이지 않더라도 나만의 개성 있는 공간을 꾸밀 수 있다

72.4 셀프 인테리어는 또 다른 여가 생활이다

지어 셀프 인테리어에 관심이 있는 소비자 상당수는 셀프 인테리어가 또 다른 여가 생활이라고 바라볼 만큼 자존감을 높여주는 유희 생활의 하나로까지 평가하고 있는 중이다.

밖에서의 활동이 줄고 집 안에서 모든 것을 해결해야 하는 코로나 시대인 만큼 앞으로 대중 소비자들의 홈루덴스Home Ludens 성향은 더욱 뚜렷해질 수밖에 없다. 홈루덴스는 밖에서의 활동보다는 주로 집에서 놀고 즐길 줄 아는 사람들을 말하는데, 그만큼 집 안의 공간을 유동적으로 바꾸고 싶어 하는 사람들의 니즈와 질적 관심이 그 어느 때보다 여러모로 강조될 가능성이 높기에 앞으로 주거 트렌드 변화를 읽는 눈과 함께 홈 퍼니싱 수요에 대한 예측과 관심이 적극 필요해 보인다.

'소소한 집 꾸미기'. 이제 대중들의 일상으로 성큼 다가온 시대가 됐다.

연관 검색어 ▼

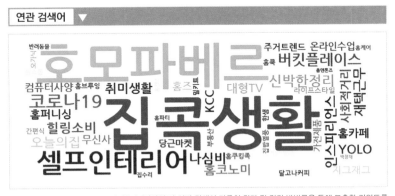

Bigkinds(빅카인즈) 연관 검색어 가중치 결과 및 질적 방법론을 통해 도출한 키워드를 워드 클라우드 생성기(https://wordcloud.kr/)를 통해 시각화함.

| 키워드 감성 정보량 추이 |

홈족, 홈 인테리어, 홈루덴스 ▼

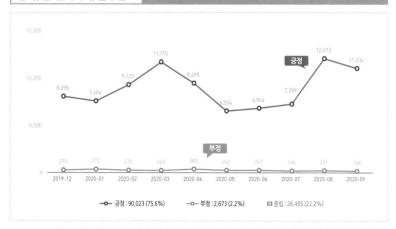

RSN(알에스엔㈜)의 Lucy2.0 Solution을 활용, 키워드에 따른 연간 감성 데이터 분석량을 비교 제시함.

02 즐길 거리의 절실함:
무관중 스포츠가 주는 위로

✎ **프로야구 무관중 경기 관람 관련 인식 조사**
· 조사 대상: 전국의 만 19~59세 성인 남녀 1,000명 ①
· 조사 기간: 2020년 5월 14일~5월 19일

프로스포츠 세계에서 '팬'의 존재는 절대적이다. 기꺼이 돈을 내고 경기장을 찾는 관중과 절대적인 응원과 지지를 보내는 팬들이 있어야 선수도 구단도 존재할 수 있기 때문이다. 프로스포츠가 종목을 불문하고 특정 지역을 연고로 하는 홈구장을 갖고, 팬들을 유입하기 위해 노력하는 이유이기도 하다. 아무도 경기장을 찾지 않고, 경기를 시청하지 않는다면, 그건 프로다움을 잃어버린 것과 같다고 말할 수 있다. 때문에 프로스포츠에서는 '무관중 경기'가 가장 강력한 징계 중 하나로 꼽히기도 한다. 그런데 2020년, 상상도 못 한 일이 벌어졌다. 코로나19 확산으로 전 세계의 모든 프로스포츠가 '무관중'으로 경기를 열기 시작한 것이다. 코로나 사태가 낳은 이례적인 풍경이다.

코로나19 확산 속에 지쳐 있던 대중들은 무관중 경기라도 반기는 분위기가 역력했다. 사회적 거리두기와 생활 속 거리두기에 조금씩 지쳐가며 일상의 단조로움을 느끼던 사람들이 프로스포츠 개막으로 나름의 해방감을 느끼는 모습이 뚜렷했던 것이다. 국내 최고의 인기 스포츠인 '프로야구'도 이러한 환영을 받으며 2020년 5월 5일 전 세계에서 가장 먼저 개막을 했다. 관중의 환호 소리도 없고 하이파이브 대신 팔꿈치 터치를 하는 조심스러운 경기지만, 그래도 TV와 동영상 플랫폼으로나마 야구 경기 그 자체를 볼 수 있다는 사실에 감사하고 기뻐하는 대중들이 꽤 많았다. 더욱이 전 세계 야구 경기 중 가장 먼저 리그를 개막한 한국의 프로야구 경기를 야구의 본고장이라 불리는 미국ESPN과 일본SPOZONE이 생중계를 하며 이례적인 관심을 보인 점도 예상치 못한 성과로 꼽혔다. 상당수가 이러한 사실을 인지하고 있는 가운데, 10명 중 7명(65.4%)은 우리나라 야구를 미국과 일본에서 생중계한다는 사실을 마냥 신기해하는 모습을 보이기도 했다.

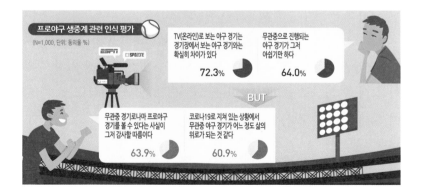

프로야구 생중계 관련 인식 평가
(N=1,000, 단위: 동의율 %)

TV(온라인)로 보는 야구 경기는
경기장에서 보는 야구 경기와는
확실히 차이가 있다
72.3%

무관중으로 진행되는
야구 경기가 그저
아쉽기만 하다
64.0%

BUT

무관중 경기로나마 프로야구
경기를 볼 수 있다는 사실이
그저 감사할 따름이다
63.9%

코로나19로 지쳐 있는 상황에서
무관중 야구 경기가 어느 정도 삶의
위로가 되는 것 같다
60.9%

전 세계에서 리그 개막을 가장 먼저 한 것이니만큼 해외 야구팬들의 관심을 받을 수 있을 거란 평가와 함께 국내 야구 선수들이 더 큰 해외 무대로 진출할 수 있는 기회를 얻을지도 모른다는 기대감도 상당했다. 실제로 국내 프로야구 구단인 NC 다이노스는 (한국 프로야구에서 인기 팀은 아니지만) 미국 노스캐롤라이나주에서 1,000만 해외 팬이 생겼을 만큼 해외 중계로 높은 인기를 얻은 바 있다. 종합적으로 국내 프로야구가 새삼 다시 보이기 시작했다는 인식과 함께 해외 많은 나라들이 우리나라 프로야구 경기 진행 상황을 많이 부러워할 것 같다는 자부심이 상당히 높은 모습을 확인할 수 있었다.

　다만 이러한 자부심과는 달리 국내 '프로야구'의 인기가 한창때에 비해 다소 주춤하는 모습을 보인 점은 주목할 필요가 있어 보인다. 여전히 2명 중 1명은 국내 프로야구에 관심이 있다고 응답할 정도로 야구가 최고 인기 스포츠임에는 틀림없지만, 과거 조사 결과와 비교해봤을 때 그 관심도는 한풀 꺾인 모습을 보였기 때문이다. 특히, 연령이 낮을수록 프로야구에 관심이 적은 부분은 프로야구의

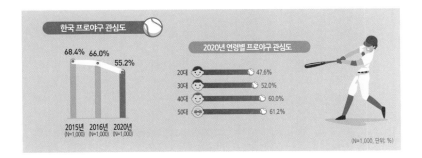

미래를 위협하는 요인으로 야구협회 차원에서 심도 있는 고민이 필요해 보인다.

　몇 년 사이 프로야구의 인기가 예년만 못한 상황을 봤을 때 어찌됐든 무관중으로 개막한 이번 시즌은 위기인 동시에 기회가 될 수 있다는 평가가 지배적이다. 특히 여가 활동으로 자리매김한 프로야구가 대중의 일상으로 좀 더 파고들 수 있는 기회가 될 수도 있고, 무엇보다 코로나19 시대를 살고 있는 현대인들에게 위로가 될 수 있다는 점이 뜻깊다는 평이 많다. 게다가 과거 프로야구 경기장을 찾은 관중들은 '함께 응원을 하면서', '스트레스를 해소하기 위해' 야구장을 찾은 경우가 많았다는 사실이 앞으로 프로야구 미래를 긍정적으로 전망하게끔 만들어준다. 코로나19로 촉발된 지금의 사태는 언젠가 진정되고 지나갈 것이며, 바로 그때 많은 대중들은 그동안 억눌렸던 답답함과 스트레스를 해소하기 위해서라도 굳이(?) 경기장을 찾으려는 노력을 기울일 가능성이 높기 때문이다. 더 이상 야구가 없는 삶의 지루함을 견디지 않아도 된다는 것은 충성스러운 야구팬이 아니더라도 모든 이에게 큰 기쁨으로 다가올만한 대형 이벤트가 될지도 모를 일이다.

연관 검색어 ▼

| 키워드 감성 정보량 추이 |

프로야구 무관중, 프로야구 코로나 ▼

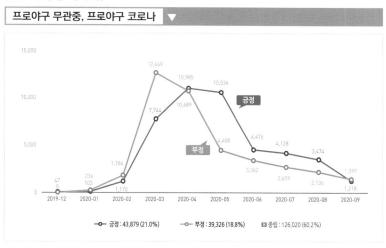

03 스테이케이션:
'여행'의 구조조정 바람

✎ **포스트 코로나 시대 여행의 의미 관련 조사**
· 조사 대상: 전국의 만 19~59세 성인 남녀 1,000명 ①
· 조사 기간: 2020년 6월 12일~6월 16일

어디론가 훌쩍 떠나고 싶다면 지금까지는, 약간의 비용과 떠나려는 의지만 있으면 충분했다. 딱히 여행이 그리 특별할 것 없는 활동처럼 느껴진 것도 그런 이유다. 하지만 '코로나19'가 전 세계를 뒤흔들면서 '여행 없는 삶'이 점점 더 현실화되고 있는 지금, 사회 전반적으로 여행은 고사하고 사람이 많은 곳으로의 이동 자체를 꺼리는 태도가 강해지고 있다. 특히나 코로나19로 해외여행에 대한 두려움이 커진 만큼 '해외여행' 자체를 기피하는 태도도 유독 강해지고 있는 요즘이다.

또 한편으론 여행이 일상화된 시대에 예기치 않게 찾아온 이동 제한이 사람들에게는 생각 이상의 답답함과 불편함을 주고 있는 모습이다. 지친 일상에서 벗어나게 해주는 탈출구이자 활력제로서의 역

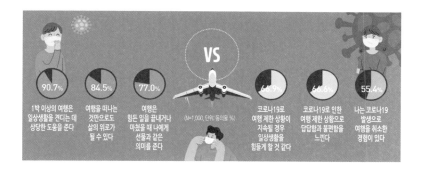

할을 톡톡히 담당했던 '여행'의 부재가 일상생활에 크나큰 공허함으로 다가오고 있는 것이다. 그래서 지금처럼 여행 제한이 지속될 경우 여행을 자유롭게 가지 못한다는 사실이 일상생활을 매우 힘들게 할 것 같다는 의견이 상당하다. 이미 전체 절반 이상(55.4%)이 코로나19로 계획했던 여행을 취소한 경험을 가지고 있는 터라 코로나19로 이동 제한 조치가 장기화된다면 이러한 아쉬움은 앞으로 더욱더 커질 것이 분명해 보였다.

코로나19 때문에 여행이 취소된 사람들 중 상당수는 그 일정을 일단 집에서의 휴식(52.5%)으로 대체한 경우가 많았다. 코로나가 장기화될 경우 홈캉스의 수요가 증가할 것이란 예상이 가능한 대목으로, 실제 코로나19로 여행 제한이 상당 기간 지속될 경우 여름휴가나 징검다리 공휴일 등의 '장기 휴가'를 집에서의 휴식(69.7%, 중복 응답)으로 대체할 거란 응답이 가장 많은 모습을 보였다. '가까운 곳으로의 드라이브'(55.1%)나 '계곡 및 휴양림 방문'(34.9%)도 많이 예상했지만, 기본적으로 집에서 편하게 휴식을 취할 것 같다는 생각이 많은 것이다. 더불어 호텔에서 편하게 쉬는 호캉스(33.2%)로 장기 휴가를 보낼 것 같다는 응답도 많아, 휴가철에 먼 곳으로 떠나지 않고 집이나 근처에서 휴가를 즐기는 '스테이케이션Staycation'이 더욱 각광을 받을 것이란 예상이 가능해 보였다.

물론 이렇게 임시방편으로 집에서 휴식을 갖고 호캉스를 즐기고는 있지만 그래도 여행의 갈증을 완전히 해소하기는 어려워 보인다. 언제쯤 코로나바이러스가 종식될지, 그리고 코로나가 사라진 이후 이전처럼 여행의 자유로움을 만끽할 수 있을지 아무도 장담할 수가 없기에 더더욱 여행에 대한 그리움이 커져만 가고 있는 것이 현실이다. 실제로 최근 방문 및 이동 제한 때문에 여행에 대한 갈증이 생겼다고 말하는 사람이 절반에 이르고 있어, 조만간 적지 않은 사람들이 여행의 갈증을 해소하기 위해 국내 가까운 곳으로라도 여행을 떠날 것이란 예상을 해볼 수가 있었다. 실제 해외여행은 점점 꺼려지고 있지만, 그 대신 가까운 곳에서 즐길 수 있는 장소를 물색하기 시작했다는 사람들이 70.7%에 이를 정도로 국내 여행에 대한 관심은 조금씩 되살아나고 있는 중이다.

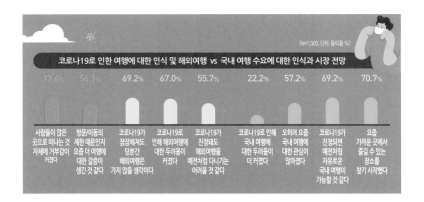

(N=1,000, 단위: 동의율 %)

코로나19로 인한 여행에 대한 인식 및 해외여행 vs 국내 여행 수요에 대한 인식과 시장 전망

73.4%	56.1%	69.2%	67.0%	55.7%	22.2%	57.2%	69.2%	70.7%
사람들이 많은 곳으로 떠나는 것 자체에 거부감이 커졌다	방문/이동의 제한 때문인지 요즘 더 여행에 대한 갈증이 생긴 것 같다	코로나19가 잠잠해져도 당분간 해외여행은 가지 않을 생각이다	코로나19로 인해 해외여행에 대한 두려움이 커졌다	코로나19가 진정돼도 해외여행을 예전처럼 다니기는 어려울 것 같다	코로나19로 인해 국내 여행에 대한 두려움이 더 커졌다	오히려 요즘 국내 여행에 대한 관심이 많아졌다	코로나19가 진정되면 예전처럼 자유로운 국내 여행이 가능할 것 같다	요즘 가까운 곳에서 즐길 수 있는 장소를 찾기 시작했다

그렇다면 대중들은, 코로나 종식 이후 다시 예전처럼 '여행' 자체를 다니는 것에 대해 어떤 의견을 갖고 있을까? 일단 '국내 여행'과 관련해서는 앞서 살펴본 것처럼 코로나가 어느 정도 잠잠해지면 예전처럼 여행을 다닐 수 있을 것으로 생각하는 경우가 많았다. 반면 코로나가 종식되더라도 '해외여행'의 수요는 예전 같지 않을 것이란 전망이 우세하다. 세계 각국에서 봉쇄 조치가 취해지고 있고, 국내와 달리 해외는 여전히 확산 일로를 걷고 있기에 어느 때보다 해외여행에 대한 심리적 부담감이 커졌기 때문으로 보인다. 실제 전체 응답자의 10명 중 7명(69.2%)은 코로나19가 잠잠해져도 당분간 해외여행은 가지 않을 것이란 의견을 내비치고 있었다.

유례없는 코로나19 사태로 현재 많은 대중들은 언제쯤 자유로운 비행이 가능해질지 가늠조차 할 수 없는 '여행의 부재 상황'을 겪고 있는 중이다. 덕분에 지극히 일상적인 활동으로 여겨지던 여행이 얼마나 특별하고 소중한 활동이었는지를 새삼 느끼게 된 대중들도 많아진 모습이다. 그렇다면 앞으로는 어떨까? 여행의 미래를 섣불리 예측하기는 어렵지만, 한 가지는 분명하다. '당연한 것'이 더 이상 '당연하지 않은 것'이 되었을 때 그 대상에 느끼는 절실함은 더욱 커질 수밖에 없다는 사실. 여행도 마찬가지일 것이다. '여행 없는 삶'을 마주하고 있는 지금, 앞으로 경험하게 될 여행은 지금까지는 감히 상상도 하지 못했던 특별한 의미와 경험으로 다가올 가능성이 크다. 포스트 코로나 시대에 찾아올 삶의 변화만큼이나 우리가 지금, 여행의 미래가 궁금한 이유일 것이다.

|키워드 감성 정보량 추이|

코로나 여행, 코로나 휴가 ▼

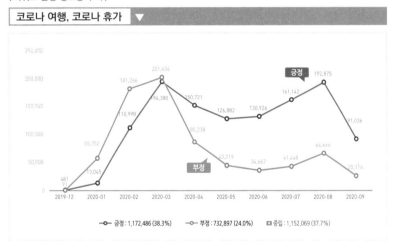

⓸ 캠핑의 재발견:
길 잃은 여행자들의 선택

✎ 여름휴가, 호캉스, 그리고 캠핑 관련 인식 조사
· 조사 대상: 수도권에 거주하는 만 19~59세 성인 남녀 1,000명 ③
· 조사 기간: 2020년 6월 18일~6월 22일

2020년 7월. 예년 같았으면 전국 방방곡곡과 해외 곳곳으로 여행을 떠나는 사람들의 발걸음으로 활력이 넘쳤을 여름휴가 시즌. 하지만 2020년은 코로나19 확산으로 그 누구도 '여행'이라는 단어를 쉽사리 입 밖으로 꺼내지 못했다. 몇 달 동안 외출과 사회 활동을 자제했기에 '여행'에 대한 그리움과 목마름이 커졌을 법도 하지만 혹시나 어딘가에서 감염될지도 모른다는 불안함과 주변 사람들에게 행여 피해를 줄지도 모른다는 두려움이 우리들의 마음을 억누르고 있었기 때문이다. 그래서인지 2020년 여름은, 여행은 고사하고 특별한 계획 없이 여름휴가를 보내려는 사람들이 어느 때보다 많은 한 해였다.

물론 코로나19 발생 이전에도 '여름휴가 시즌에 여행을 반드시 가

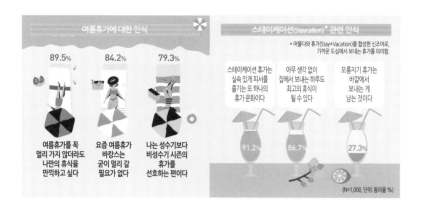

야 한다'는 생각들은 조금씩 옅어지는 추세를 보이곤 했다. 여행을 일상적으로 많이 가기도 하거니와 여행 자체가 대중화되면서 복잡하고 사람 많은 성수기 여름휴가 시즌을 피하려는 태도가 커졌기 때문이다. 무엇보다 휴가를 바라보는 시선이 '여행'보다 '휴식'에 초점이 맞춰지고, '어디로' 여행을 가느냐가 아닌 '어떻게' 휴식을 취할 것인지를 더욱 중요하게 여기는 사회적 분위기가 조성되면서 '스테이케이션Staycation'이라는 여름휴가 패턴이 대중들에게 큰 반향을 일으키기도 했다. 집에서 시간을 보내는 '홈캉스', 호텔에서 휴가를 즐기는 '호캉스' 등이 그 예로, 한여름 무더위를 피해 시원하고 여유 있게 온전한 휴식을 원하는 사람들에게 가장 매력적인 여름휴가 대안으로 떠올랐던 것이다.

2020년 여름 역시 홈캉스, 호캉스 등의 키워드 검색은 전보다 더 빈번해진 모습을 확인할 수 있었다. 뚜렷한 계획이 없기도 하지만 코로나19 사태 장기화로 여행에 제약이 많아진 만큼 맛집을 찾아다니거나 관광지를 방문하는 목적보다 코로나19로 인한 답답한 마음

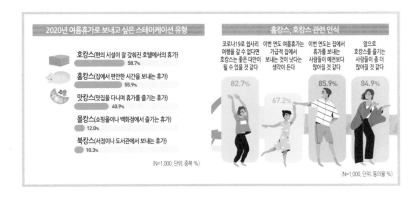

을 해소하는 것이 급선무였던 것으로 보인다. 특히나 다른 연령보다 20대가 여름휴가를 통해 답답함과 스트레스를 조금이라도 풀고 싶어 하는 마음이 가장 강한(20대 61.3%, 30대 49.0%, 40대 50.0%, 50대 56.3%) 것이 눈에 띈다.

한편 코로나19로 해외여행이 어려워진 만큼 부산과 제주 등 수도권을 기준으로 '조금 먼 국내 지역'과 '가까운 국내 지역'을 여행지로 고려한다는 응답이 많아진 점도 눈여겨볼 만한 대목이었다. 또한 2020년 한 해는 '캠핑'에 대한 관심이 부쩍 증가한 해이기도 했는데, 아마도 국내 여행에 대한 높아진 관심이 캠핑에 대한 관심으로 이어졌던 것으로 예상해볼 수가 있겠다. 실제 여행의 대체재로 '캠핑'에 대한 관심은 적지 않은 수준이었는데, 수도권 거주자 2명 중 1명은 캠핑에 관심이 매우 많거나 요즘 들어 관심이 생겼다고 말하고 있었고, 그 관심의 배경 이유로 코로나19를 언급한 경우가 많았다.

개인의 관심 수준은 다를지언정 최근 사회 전반적으로 캠핑에 대한 관심이 많아지고 있는 것은 분명해 보인다. 전체 10명 중 7명

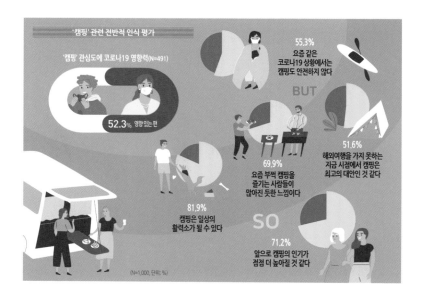

'캠핑' 관련 전반적 인식 평가

'캠핑' 관심도에 코로나19 영향력(N=491)

52.3% 영향있는 편

55.3%
요즘 같은
코로나19 상황에서는
캠핑도 안전하지 않다

BUT

69.9%
요즘 부쩍 캠핑을
즐기는 사람들이
많아진 듯한 느낌이다

51.6%
해외여행을 가지 못하는
지금 시점에서 캠핑은
최고의 대안인 것 같다

81.9%
캠핑은 일상의
활력소가 될 수 있다

SO

71.2%
앞으로 캠핑의 인기가
점점 더 높아질 것 같다

(N=1,000, 단위: %)

(69.9%)이 요즘 부쩍 캠핑을 즐기는 사람들이 많아진 듯한 느낌을 받고 있었고, 이번 여름에는 캠핑이 대세가 될 것 같다는 주장에도 상당수(동의 47.0%, 비동의 25.1%)가 동의를 하는 모습이었다. 물론 캠핑이 코로나19로부터 마냥 안전하다고 생각하지는 않았지만 왠지 사람들이 붐비는 여행지를 가는 것보다는 자연 친화적이고, 어느 정도 대인 접촉을 통제할 수 있다는 생각에 좀 더 안전하게 느끼고 있는 것으로 보인다. 그래서 요즘처럼 답답함을 느낄 때에는 절반 이상(56.5%)이 캠핑을 한번 가볼까 하는 생각이 문득문득 든다고 말하는 모습까지 확인할 수 있었다.

2020년 여름은 코로나19의 위협으로부터 누구도 안전하지 못한 시기였지만 소비자들은 각자 나름의 방식으로 여름휴가의 대안을 찾고 있는 모습을 보였다. 그중 캠핑은 코로나에 지친 대중들에게 하나의 이벤트이자 최고의 대안으로, 특히 해외여행을 가지 못하는 지금 시점에서 캠핑의 인기는 날로 더해가고 있는 중이다. 많은 사람들과 함께하기보다 휴식과 힐링에 집중한 새로운 휴가 트렌드가 부각되고 있는 요즘 분위기로 보면 앞으로 캠핑을 찾는 대중들은 더욱 많아질 것으로 예상된다.

연관 검색어 ▼

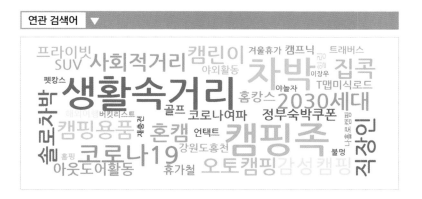

|키워드 감성 정보량 추이|

휴가 호캉스, 휴가 캠핑 ▼

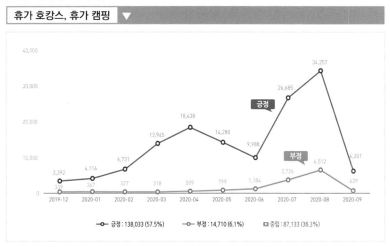

05 딥택트:
관계의 양보다 질을 우선한다

✎ 인간관계 형성 및 유지 관련 인식 조사
· 조사 대상: (SNS 활동 경험이 있는) 전국의 만 19~59세 성인 남녀 1,000명 ①
· 조사 기간: 2020년 6월 30일~7월 3일

요즘 한국 사회의 대중들은 스스로 인간관계를 새로 형성하려 하거나 확장하고자 하는 의지가 강하지 않다. 그저 가족이나 몇몇 친구와 맺는 깊은 관계 정도면 충분하다고 생각하며, 오히려 혼자 있는 것을 편하게 느끼고, 나만의 시간을 갖는 것을 훨씬 중요하게 여기는 태도가 뚜렷하다. 하지만 문득, 누군가가 필요할 때 찾아오는 외로움과 공허함 역시 온전히 혼자 감수해야만 하기에 지금의 한국 사회는 어느 때보다 개인적인 성향이 강한 동시에 외로움과 허전함으로 가득 차 있는 사회라 해도 지나침이 없어 보인다. 게다가 코로나로 인해 '사회적 거리두기'가 시행되면서 누군가와 직접 만나는 일이 더욱 줄어들다 보니, 인간관계의 필요성을 느낄 계기는 더더욱 적어지고 그만큼 고립감과 정서적 허기는 더욱더 커지기만 하는

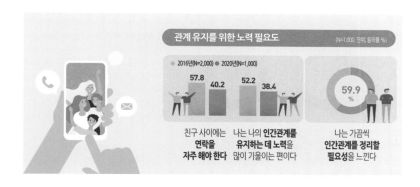

상황이다. 그럼에도 오히려, 지금까지의 인간관계를 정리할 필요성을 느끼고 있다는 속내까지 밝힐 정도로 인간관계를 유지하려는 노력은 가히 크지 않은 모습이다.

물론 '모든' 인간관계를 불필요하거나 불편하게 느끼지는 않는 듯했다. 소수의 '친밀한 관계', 이를테면 가족이나 친한 친구 몇 명에게만 집중하고 싶어 하는 태도가 강했고, 그런 소수의 친구들 몇 명만 있어도 성공한 삶이라고 생각하는 사람들이 부쩍 많아진 모습을 보이기도 했다. 에릭 클라이넨버그(뉴욕대학교, 사회학 교수)가 그의 저서 《고잉 솔로 싱글턴이 온다》에 언급했던 "외로움을 결정하는 것은 관계의 양이 아니라 질"이란 연구 결과를 떠올리게 하는 대목으로, 지금 많은 대중들은 자신과 비슷한 취향과 관심사를 가진 사람들이 아니라면 굳이 더 많은 친구들을 만들고 싶지 않은 모습이 뚜렷한 특징을 보이고 있다.

인간관계에 대한 태도 변화와 함께 일상적인 커뮤니케이션 방식

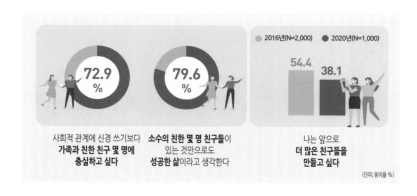

72.9
%

79.6
%

54.4   **38.1**

사회적 관계에 신경 쓰기보다
가족과 친한 친구 몇 명에
충실하고 싶다

소수의 친한 몇 명 친구들이
있는 것만으로도
성공한 삶이라고 생각한다

나는 앞으로
더 많은 친구들을
만들고 싶다

(단위: 동의율 %)

도 많이 달라진 것을 확인해볼 수 있었다. 예전에 비해 모바일 메신저 이용 비중은 증가하고 음성 통화와 문자 비중은 뚜렷한 감소세를 보인 것인데, 특히 음성 통화의 이용 감소는 관계 유지를 위해 굳이 애쓰지 않는 요즘 시대 분위기와 맞닿아 있다는 것을 시사한다는 점에서 주목할 필요가 있는 결과라 할 수 있겠다. 심지어 많은 대중들은 '음성 통화'로 연락을 주고받는 일이 이제는 손에 꼽는 일이 됐다고 응답할 만큼 누군가와 전화로 연락을 주고받는 일을 낯설게 느끼는 경우가 많았다. 무엇보다 평소 아무렇지 않게 전화를 걸 수 있는 사람이 얼마 되지도 않을뿐더러, 실제 음성 통화는 친밀한 관계에서 이뤄지는 커뮤니케이션이라고 생각하는 경우가 많아 '통화하는 사이 = 친한 관계'라는 공식을 당연한 것으로 받아들이는 모습까지도 살펴볼 수 있었다. 단, 최근 코로나19로 가족과 친구의 안위를 걱정하는 사람들이 많아지면서 오랜만에 안부를 전하기 위해 음성 통화를 한 경우는 올해 들어 부쩍 많아진 모습(이용량이 전보다 감소하긴 했지만)을 보이고 있었다.

평소 커뮤니케이션 방법

- 음성 통화
- 문자
- 모바일 메신저

	2018년 (N=1,000)	2020년 (N=1,000)
음성 통화	38.1	34.4
문자	17.0	13.1
모바일 메신저	44.9	52.5

평소 '음성 통화'에 대한 인식

66.0% 요즘에는 누군가에게 **전화를 하는 것(거는 것)이** 점점 드문 일이 되고 있는 것 같다

53.4% 평소 아무렇지 않게 **전화를 걸 수 있는** 사람이 얼마 **없는 것 같다**

71.1% 서슴지 않고 **전화를 주고받을 수 있는 관계가** 진짜 친밀한 관계인 것 같다

(N=1,000, 단위: 동의율 %)

한편, 넓은 의미에서 소셜 네트워크 서비스, 즉 SNS는 인간관계의 형성 및 유지에 필요한 '커뮤니케이션' 수단으로 활용되고 있다고 볼 수 있는데, 실제 최근 '사회적 거리두기' 과정에서 SNS가 좋은 소통의 도구로 활용되고 있음을 살펴볼 수 있었다. 요즘처럼 사람들을 못 만날 때는 SNS가 관계 유지에 좋은 수단이 될 수도 있고, SNS로나마 소식을 주고받을 수 있어 다행인 것 같다는 의견이 많았다. 코로나19라는 불가항력적인 요인으로 인해 대면 접촉이나 만남이 줄어들고 있는 상황에서 SNS가 커뮤니케이션 수단으로 좋은 평가를 받고 있는 것이다. 다만 SNS에 대한 피로도가 크고 그로 인한 필요성과 효용성에 의구심을 많이 갖는 경우가 여전히 많아 (초창기만 하더라도 관계 맺기에 방점이 찍혀 있던) SNS에 대한 의존도는 앞으로도 그리 높아질 것 같지는 않아 보인다.

코로나19로 모든 라이프 스타일이 오프라인에서 온라인으로 바뀌게 되면서 관계를 맺고 유지하는 방식도 이전과는 많이 달라진 모습이다. 많은 사람들이 SNS나 온라인 플랫폼 등을 활용해 새로

코로나19와 SNS 이용

67.5%
요즘처럼 사람들을
못 만날 때는
SNS가 관계를
유지해주는
좋은 수단이 될 수 있다

65.1%
사회적 거리두기가
일상화된 요즘
SNS로 소식을
주고받을 수 있어 다행
이란 생각이 든다

but

34.0%
현대사회를
살아가기
위해선 SNS 활동은
꼭 필요하다

3.8%
SNS에서
보여지는
모습은 그 사람의
진짜 모습이다

(N=1,000, 단위: 동의율 %)

운 관계를 형성하고 소통하며, 관계 단절로 인한 불안감을 해소하고 있다. 그 결과, 2019년 (온라인이 아닌) 오프라인 모임의 가치를 새롭게 제시해 큰 반향을 일으켰던 독서 커뮤니티 '트레바리'가 다시금 온라인 '랜선 모임'으로 인기를 끄는 역설적인 현상까지 나타나고 있다. 전통적인 오프라인 관계가 점점 사라지고 온라인으로 연결된 인간관계가 더욱 부각될 것으로 예측되는 이유다. 하지만 엄연히 지금의 관계 축소나 고립의 상황은 자의적인 선택이라기보다 외부 환경에 의한 강제적인 성격이 좀 더 강하다는 점을 염두에 둘 필요가 있다. 어쩌면 관계의 축소, 고립이라는 이번 부정적 경험이 오히려 오프라인 만남에 대한 그리움으로, 타인과의 관계를 소중히 하는 마음으로 커질지도 모를 일이기 때문이다.

그래서 다가오는 2021년은 '관계의 확대'를 원하지는 않더라도 '관계의 질'을 더욱 깊게 만들어줄 무언가를 찾는 움직임이 그 어느 때보다 강해질 수 있다는 것을 기억할 필요가 있어 보인다.

| 키워드 감성 정보량 추이 |

인간관계, 스트레스, 코로나 ▼

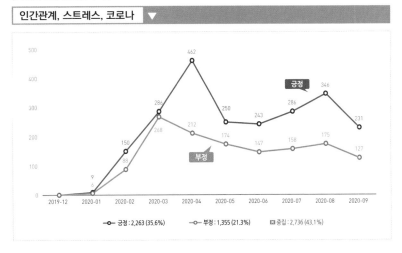

06 新 가족:
함께 했지만 몰랐던 가족의 재발견

✎ 코로나19와 가족관 관련 인식 조사
· 조사 대상: 전국의 만 13~59세 남녀 1,000명 ⑤
· 조사 기간: 2020년 7월 7일~7월 10일

아무리 시대가 달라지고 삶의 태도와 가치관이 변했다 해도 온전히 '내 편'이 되어주는 가족은 그 자체만으로도 의지가 되고 힘이 되는 소중한 존재임에 틀림없다. 간혹 '가족이라서' 당연히 이해해줄 거란 생각에 본의 아니게 깊은 상처를 줄 때도 있지만, 그래도 "피는 물보다 진하다"라는 진부한 표현은 진리로 통용되기 마련이다.

그러나 아무리 가족에 대한 애정과 신뢰가 두터워도 가족에게 자신의 모든 것을 공유하는 경우는 그리 흔치 않다. 지금 내 자녀가, 내 배우자가 어떤 고민 때문에 속앓이를 하고 있는지 속속들이 모두 알아차리는 가족이 과연 얼마나 될까? 실제 조사 결과를 보더라도 평소 힘든 점이나 고민을 가족에게 털어놓는 경우는 절반에도 미치지 못하는 약 44.8%에 불과했다. 과거 동일 조사보다도 더 낮

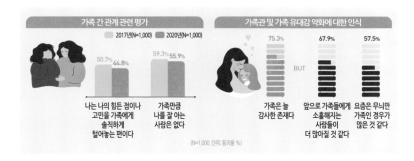

가진 수치로, 더 많은 사람들이 가족들에게 자신의 속내를 털어놓지 못하고 있다는 것을 어림짐작해볼 수 있다. 심지어 가족에 대한 남다른 애정을 보이고 있지만 가족이라고 해서 서로의 모든 것을 알아야 한다고는 생각하지 않아, 예전보다 확실히 개인화 성향이 좀 더 강해진 모습까지 살펴볼 수 있었다. 어느새 가족이란 존재가 '따로 또 같이'란 모토가 어색하지 않은 공동체가 된 것이다. 그래서일까? 사회 전반적으로 가족 관계의 유대감이 예전만 못하다는 지적도 상당하다. 무늬만 가족인 경우가 많고, 가족들에게 소홀해지거나 무관심해지는 사람들이 점점 많아질 것 같다는 우려의 목소리도 적지 않다.

그런데 요즘처럼 일상적인 불안감이 큰 시기가 다가오다 보니 이런 생각이 좀 달라진 듯한 느낌이다. 가족이라서, 가족이라는 이유로 더 소홀하고 무관심해질 때도 있지만 일상생활이 불안하고 누군가의 위로가 절실히 필요한 순간에는 그 누구보다 가족이 더욱더 소중하게 느껴진다는 사람들이 많아진 모습을 보이고 있기 때문이다. 실제 조사 결과를 보면 응답자 10명 중 8명은 코로나19 사태의

코로나19로 인한 가족 간 유대감 관련 인식 조사

 87.9%
가족이라면
어려울 때
함께해야 하는
것이다

 83.9%
일상생활이
불안할수록
가족이
중요하다

 79.0%
요즘처럼 일상생활이
불안할 때 가족이 정말
소중하다는 생각을
하게 되는 것 같다

 62.6%
요즘 가족에 대한
안부를 챙기는 일이
많아진
편이다

 49.9%
요즘 따라
내 주위에
가족밖에 없다는
생각이 든다

(N=1,000, 단위: 동의율 %)

장기화로 일상적 불안감의 수준이 그 어느 때보다 높아지면서 가족이 정말 소중하다는 생각을 하게 된 것 같다고 응답하고 있었다. 또한 전체 응답자의 62.6%는 요즘 가족에 대한 안부를 챙기는 일이 많아진 편이라고 응답할 정도로 코로나19로 가족에 대한 애착이 전보다 더 커진 모습을 보이기도 했다. 가족과의 물리적 거리가 멀어지고 개인화 성향이 뚜렷해지고 있지만, 도리어 지금의 코로나19 사태로 가족의 소중함을 깨닫는 계기가 되고 있는 것이다.

코로나로 인한 외부 활동의 제약 때문에 예전보다 개인의 자유가 침해당하고 집에만 머물러야 하는 경우가 많아졌다. 답답함을 호소하기도 하지만 집에 오래 머물게 되면서 가족과 함께 보내는 시간이 부쩍 많아지고 있는 요즘을 보면 왠지 '가족'만이 제 기능을 하고 있는 것은 아닌지를 곰곰이 생각해보게 된다. 과거 전통적인 가족의 형태 때처럼 가족에 대한 태도가 돌아가기는 어렵겠지만, 적어도 코로나19 사태가 가족 관계의 측면에서는 어느 정도 긍정적인 영향을 주고 있음은 분명해 보인다. 전대미문의 사태로 사회가 혼란스러운 상황, 코로나19 사태로 새삼 가족의 소중함을 깨달은 경험이 향후 어떤 방향으로 대중들에게 영향을 끼칠지 관심이 모아진다.

연관 검색어 ▼

|키워드 감성 정보량 추이|

코로나 가족 관계 ▼

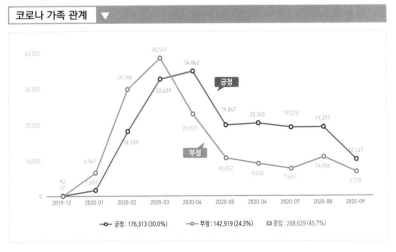

07 코로나 블루:
유일한 백신, '마음의 연대'

✎ 현대인 정신 건강 및 코로나 블루 관련 인식 조사
· 조사 대상: 전국의 만 19~59세 성인 남녀 1,000명 ①
· 조사 기간: 2020년 7월 3일~7월 8일

모두가 행복해 보이고 남부러울 것 없어 보이는 SNS상의 모습들과 다르게 오프라인에서 마주치는 사람들의 표정은 그리 밝아 보이지 않을 때가 많다. 바쁜 일상에 지쳐 있기도 하거니와 경제적 어려움, 인간관계, 진로 문제에 이르기까지 다양한 고민으로부터 자유로울 수 없기 때문이다. 더욱 안타까운 것은 현대사회의 시스템이 이런 고민들이나 불행의 원인들을 해결해주기보다 개인을 더욱 옭아매고 속박하는 쪽으로만 작용하고 있다는 점이다. 자연히 이 사회를 살아가는 사람들 모두의 마음과 정신에 조금씩 생채기가 날 수밖에 없는 것으로, 이제 '우울증' 정도는 현대인이라면 누구나 겪을 수 있는 흔한 증상으로 여기는 경우가 많아질 정도다.

엎친 데 덮친 격으로 최근 코로나19 확산이 장기화되면서 그로 인

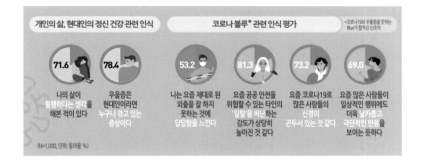

개인의 삶, 현대인의 정신 건강 관련 인식 | 코로나 블루* 관련 인식 평가 | *코로나19와 우울증을 뜻하는 Blue가 합쳐진 신조어

71.6
나의 삶이 불행하다는 생각을 해본 적이 있다

78.4
우울증은 현대인이라면 누구나 겪고 있는 증상이다

53.2
나는 요즘 제대로 된 외출을 잘 하지 못하는 것에 답답함을 느낀다

81.3
요즘 공공 안전을 위협할 수 있는 타인의 '일탈'을 비난하는 강도가 상당히 높아진 것 같다

73.2
요즘 코로나19로 많은 사람들의 신경이 곤두서 있는 것 같다

69.0
요즘 많은 사람들이 일상적인 행위에도 더욱 날카롭고 극단적인 반응을 보이는 듯하다

(N=1,000, 단위: 동의율 %)

한 우울함과 외로움을 크게 느끼는 이른바 '코로나 블루'를 경험하고 있는 사람들도 적지 않은 상황이다. '사회적 거리두기'가 지속되면서 외출을 하지 못하거나 타인과의 교류가 줄어든 사람들이 답답함과 우울함을 호소하는 경우가 많아진 것이다. 성인 남녀 3명 중 1명 이상(35.2%)이 자신이 '코로나 블루'를 경험하고 있다고 밝히고 있었는데, 비단 '코로나 블루'라고 표현하지 않더라도 꽤 많은 사람들이 사회적 거리두기가 지속되는 현 상황에서 답답함을 느끼는 모습을 보이고 있었다.

더불어 코로나19로 인한 예민한 감정이 알게 모르게 사회 전체로 광범위하게 퍼지고 있다는 시각도 대단히 많다. 코로나19로 많은 사람들의 신경이 곤두서 있고, 피로감과 불안감이 상당한 수준에 이른 것 같다고 바라보는 것이다. 그러다 보니 타인을 향한 비난 수위가 도를 넘어서고 있다는 의견과 함께 일상적인 행위에도 날 선 반응을 보인다거나 (공공의 안전을 위협하는) 타인의 일탈에 대한 비난 강도가 상당히 높아진 것 같다는 지적이 많다. 그만큼 코로나로 인한 사회적 불안도가 매우 높은 수준이고, 사회 전반적으로 정신 건

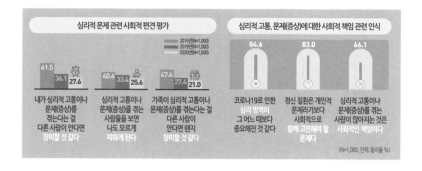

강에 적신호가 켜진 상황이란 해석이 가능해 보인다. 그 어느 때보다 '심리 방역'이 더더욱 중요해진 이유라 할 수 있을 것이다.

다행스러운 건 이러한 모든 심리적 증상이 비단 자신만의 문제가 아니라 누구든지 겪을 수 있다는 마음의 공감대가 형성되고 있다는 점이다. 그래서 예전보다는 스스로의 심리적 문제가 노출되거나 누군가가 알게 되는 것을 그다지 대수롭지 않게 생각하는 경우가 많아졌다. 그만큼 정신 건강 문제를 정면으로 마주할 용기가 커진 것으로, 비록 사회 곳곳에 심리적 증상과 관련한 편견과 차별, 멸시의 시선이 여전히 존재하고 있지만 자신의 심리적 문제를 드러내고 적극적으로 개선하려는 의지가 높아지고 있는 모습은 매우 고무적인 일이라 할 수 있겠다.

그렇다면 코로나 블루 증상이나 다양한 정신 건강 문제(예: 우울증, 불안, 무기력 등)를 극복할 가장 이상적이고도 건강한 방법에는 무엇이 있을까? 일례로 영국 정신 건강 재단에서는 감염 위험 때문에 한껏 예민해지는 요즘일수록 서로에게 나누는 '친절'을 스스로의 스트레스를 줄이고 개인들을 더욱 건강하게 해주는 가장 쉬우면서도 바람직한 방법으로 권고한 바 있다. 사소한 친절을 베풀었을 때 경직되어 있는 마음이 풀어지고 편안함을 느낄 수 있다는 것이다.

결국 현대인의 정신 건강 문제를 치유하기 위한 근본적인 방안은 '마음의 병'을 바라보는 인식의 전환과 함께 서로가 조금씩 마음을 표현하고, 함께 감정을 공유하는 과정일는지도 모른다. 그 과정에서 관계의 중요성과 연대 의식의 필요성을 새삼 느끼게 될 것이며, 이는 정신 건강 문제를 사회 전체가 함께 극복해나가야 할 과제임을 이해하고 인식하게 해준다는 점에서 중요한 의미와 가치를 갖게 될 것으로 전망된다.

연관 검색어 ▼

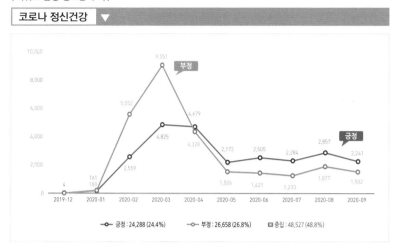

코로나 정신건강 ▼

엠브레인 패널 빅데이터®

INSIGHT I

➔ 2020년은 코로나19 확산으로 호텔, 관광, 항공 등 여행 산업이 가장 큰 직격탄을 맞은 해임

➔ 그 결과, 전년도까지 여행 관련 관여도가 높았던 응답자들은 2020년 여행에 대한 갈증을 '건강/운동'이나 '식음료(맛집, 간편식 등)', '금융(주식 등)', '생산성/학습' 등의 콘텐츠 소비를 통해 해소하는 모습을 보임

➔ 이는 2020년 인스피리언스족, 산스장(공스장), 샐러던트, 캠스터디 등의 신조어 등장 배경과 어느 정도 연관이 있는 결과로 보여짐

전년도 『여행』 관련
고관여 경험자의 2020년 이용앱 활동들

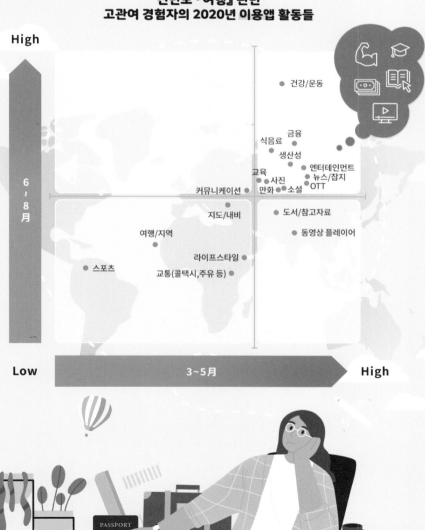

PART 2

맞춤형 개인화,
포스트 코로나 시대의
소비생활

PART 1　　　PART 2　　　PART 3　　　PART 4　　　PART 5

맞춤형 개인화,
포스트 코로나 시대의
소비생활

2021 Trend Monitor

PART 2

구독 경제,
알고 보면 오래된 습관

시간 절약, 저렴한 개인화, 집콕 생활, 동네의 재발견

넷플릭스가 열어버린 "
내 생활 속 '구독 경제'라는 신세계

코로나19 팬데믹으로 옴짝달싹 못 하던 2020년 2월. "어, 어, 어" 하는 사이에 학교, 회사, 일상이 정지. 그 좋아하던 극장 영화도 뚝. 일주일 정도는 견딜 만했는데 한 달이 넘어가니 이내 금단현상 이 나타났다. 나는 어느새 '어둠'의 사이트를 더듬거리며 최근 영화 를 찾아보고 있었다. 양심에 가책을 느끼던 차, 때마침 〈킹덤Kingdom〉 시즌 2가 넷플릭스 Netflex에 공개되었다는 뉴스가 떴다. 이내 스포 일러가 돌기 시작했다. 마음이 급해졌다. 이 참에 질러? 에라, 결제다. 어라? 첫 달은 공 짜. 출금은 다음 달부터. 한 달 이내 해지 가

능. 오호! '멍청한 넘들. 〈킹덤〉만 휘리릭 접수하고 결제 끊어야지'
라고 체리 피커Cherry Picker의 흑심으로 접근했던 내 영악함은 '이쪽 세
계'를 전혀 모르는 천진난만함이었다. 왜냐하면, 넷플릭스를 가입
한 첫날, '다음 회 이어 보기'라는 알고리즘에 제대로 낚였기 때문
이다. 다음 날 새벽까지 〈킹덤〉 시즌 1, 2를 끊을 수 없어 정주행하
고 나니, 그다음부터는 메인 화면에 내 취향을 저격하는 맞춤형 드
라마, 영화, 다큐멘터리 추천이 집중적으로 쏟아졌다. 어느새 내 일
상은 넷플릭스에 포위당했다. 오, 마이 갓. 여기에 신세계가 있었구
나. 이후 나는 매월 넷플릭스에 1만 4,500원을 군말 없이 결제하는
열혈 '구독자'가 되었다. 혹 나 같은 사람이 많으려나? 이미 많았다.
그리고 코로나19 때문에 더 많아졌다. 넷플릭스는 2019년 4분기 동
안 전 세계 가입자가 876만 명[1] 늘었는데, 2020년 1분기에는 이 숫
자의 거의 2배가 늘었다고 한다.[2]

구독 경제Subscription Economy는 코로나19 이전
에도 이미 주목받는 시장이었다. 글로벌 투
자은행 크레디트 스위스에 따르면, 제품이나

서비스를 일정 금액 내고 일정한 기간 동안만 소유·사용하는 방식
의 구독 경제 시장은 2016년까지 세계적으로 약 470조 원이었는데,
2020년에는 650조 원까지 커질 것으로 전망된다.[3] 수많은 전문가들
이 이 구독 경제의 시장이 앞으로 더욱 커질 것이라고 예상하고 있
다. 무슨 구체적인 상품이나 서비스도 아니고 용어도 알쏭달쏭한
구독 경제의 어떤 부분이 소비자에게 먹히고 있는 것일까? 그리고
엄혹한 포스트 코로나 시대에도 구독 경제는 여전히 성장할 수 있

을까? 일단 소비자의 머릿속이 궁금했다. 과연 소비자들은 '구독 경제'라는 용어를 얼마나 이해하고 있을까?

소비자들은 구독 경제를 무엇이라고 생각하고 있을까? 🎧
: 용어는 새것, but 몸으로는 오래 경험한 것

소비자들이 구독 경제를 어떤 의미로 받아들이고 이해하고 있는가를 알아보기 위해 조사를 진행했다. 지난 4월 2일부터 4월 7일 사이, 10~60대에 이르는 대상자를 다섯 세대(1차 베이비붐, 2차 베이비붐, X, Y, Z세대)로 구분해 남녀를 똑같이 나누고, 세대별 각 200명씩 총 1,000명을 조사했다. 조사 결과, '구독 경제'라는 용어[4]에 대한 이해는 전반적으로 낮은 수준이었다(들어본 적 있고, 내용도 잘 알고 있음: 응답자 비율─전체 12.8%).[5] 특히 1차 베이비붐 세대(본 조사에서는 1955~1964년생으로 정의)의 경우 단 6%만이 이 용어를 잘 알고 있다고 응답했으며, Z세대(본 조사에서는 1995~2003년생으로 정의) 또한 높지 않았다(12.5%). 상대적으로 이 용어를 잘 알고 있다고 응답한 Y세대/밀레니얼 세대(본 조사에서는 1987~1994년생으로 정의)도 18.5%에 불과했다. 나머지 2차 베이비붐 세대(1965~1974년생), X세대(1975~1986년생)는 각각 14.0%, 13.0%에 그쳤다. 전반적으로 대중 소비자들에게 구독 경제라는 용어는 그 장밋빛 시장성에 비해 아직은 낯선 용어인 것이다. 다만, 구체적인 서비스나 상품을 제시했을 때 실제 '이용 경험'을 이야기하는 소비자들은 상당히 많은 편이

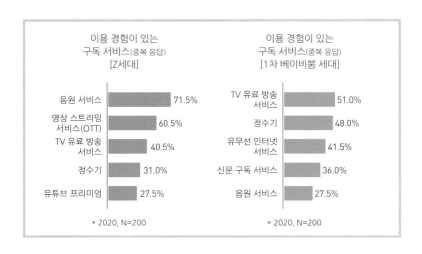

<table>
<tr><td colspan="2">이용 경험이 있는
구독 서비스(중복 응답)
[Z세대]</td><td colspan="2">이용 경험이 있는
구독 서비스(중복 응답)
[1차 베이비붐 세대]</td></tr>
</table>

이용 경험이 있는 구독 서비스(중복 응답) [Z세대]		이용 경험이 있는 구독 서비스(중복 응답) [1차 베이비붐 세대]	
음원 서비스	71.5%	TV 유료 방송 서비스	51.0%
영상 스트리밍 서비스(OTT)	60.5%	정수기	48.0%
TV 유료 방송 서비스	40.5%	유무선 인터넷 서비스	41.5%
정수기	31.0%	신문 구독 서비스	36.0%
유튜브 프리미엄	27.5%	음원 서비스	27.5%
* 2020, N=200		* 2020, N=200	

었다(전체 경험률 90.2%). 새로이 개념화된 시장의 용어에는 익숙하지 않았으나, 이미 구독 경제는 알게 모르게 일상 속에 깊숙이 뿌리내리고 있다고 볼 수 있다. 구독 서비스(또는 구독 상품) 이용 경험순으로 보면, 음원 서비스(52.0%), TV 유료 방송 서비스(48.4%), 정수기(42.1%), 영상 스트리밍 서비스(일명 OTT)(38.1%) 등이었는데, 흥미로운 것은 경험한 구독 서비스의 카테고리별 세대 간 차이가 매우 뚜렷하게 나타났다는 점이다.

가장 젊은 Z세대는 음원 서비스(1순위, 71.5%), 영상 스트리밍 서비스(OTT)(2순위, 60.5%), TV 유료 방송 서비스(3순위, 40.5%), 정수기(4순위, 31.0%), 유튜브 프리미엄/월정액(5순위, 27.5%)순이었던 것에 반해 1차 베이비붐 세대의 경우 TV 유료 방송 서비스(1순위, 51.0%)의 구독 경험이 가장 많았으며, 그다음으로 정수기(2순위, 48.0%), 유무선 인터넷 서비스(3순위, 41.5%), 신문 구독 서비스(4순위, 36.0%),

음원 서비스(5순위, 27.5%)가 뒤를 이었다. 또한 전반적으로 Z세대와 가까운 Y세대는 Z세대와 유사하게 '콘텐츠를 소비하는 방향'의 구독 서비스를 이용하는 경향이 강했고, 1차 베이비 부머와 가까운 세대(2차 베이비 부머)는 전통적인 구독 경제에 포함되는 상품(또는 서비스)을 이용한 경험이 뚜렷했다.

정리하면, 알고리즘으로 맞춤형 개인화를 극대화할 수 있는 서비스는 상대적으로 젊은 층이 선호했고, 물리적인 경험이 실재하는 서비스(또는 상품)는 고연령 세대의 이용 경험이 많다는 것을 알 수 있다. 구독 경제는 각자의 '살아온 경험'에 따라 '이미 몸으로 알고 있던' 서비스였던 것이다.

구독 경제를 통해 소비자는 경험의 확장을 원할까? 〃
: '시간 절약'이 의미하는 것

그렇다면, 소비자들은 구독 경제 상품이나 서비스를 통해 어떤 욕구를 충족하려는 것일까? 많은 전문가들은 소유에서 벗어나 '경험을 확장하려는 니즈'가 구독 경제의 바탕이 된 욕구라고 설명하고 있다.[6] 실제 조사에서도 비슷한 경향이 관찰되었다. 앞으로 출시될 구독 서비스(상품)의 경우에 소비자들은 '새로운 경험 확장'에 대한 기대감을 뚜렷하게 내보인 것이다(향후 등장할 구독 서비스는 이전에 경험해보지 못한 새로운 경험을 제공해줄 것 같다: 66.5%, 나는 앞으로 보다 다양한 구독 서비스를 경험해보고 싶다: 65.0%, 구독 서비스는 다른 사람들은 모

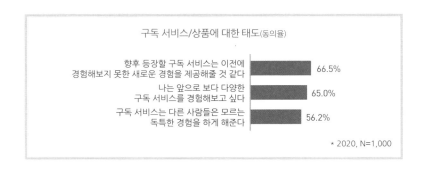

구독 서비스/상품에 대한 태도(동의율)

향후 등장할 구독 서비스는 이전에
경험해보지 못한 새로운 경험을 제공해줄 것 같다 66.5%

나는 앞으로 보다 다양한
구독 서비스를 경험해보고 싶다 65.0%

구독 서비스는 다른 사람들은 모르는
독특한 경험을 하게 해준다 56.2%

* 2020, N=1,000

르는 독특한 경험을 하게 해준다: 56.2%). 또 한 가지 주목해볼 부분은 소비자들이 구독 서비스(또는 상품)를 사용하게 된 계기다. 바로 시간 절약의 차원에서 구독 서비스에 접근하는 것으로, 많은 소비자들이 '빠르게' 이용할 수 있다거나 '시간을 아낄' 목적으로 구독 서비스(또는 상품)를 이용하고 있다는 것을 확인할 수 있다(구독 서비스(상품)는 편하고 빠르게 이용할 수 있어서 좋다: 77.1%, 나는 구독 서비스(상품)를 시간을 아끼기 위해서 시작한 것 같다: 54.0%).

결국 앞으로 출시되는 새로운 구독 경제의 상품들에 대해서는 다양한 경험에 대한 기대감을 앞세웠으나, 현재 사용하는 구독 서비스(또는 상품)에 대해 소비자들은 시간과 비용을 아껴주는 구체적인

구독 서비스/상품 이용 계기(동의율)

구독 서비스/상품은 편하고 빠르게
이용할 수 있어서 좋다 77.1%

나는 구독 서비스/상품을 시간을
아끼기 위해서 시작한 것 같다 54.0%

* 2020, N=902, 구독 경험자

혜택Benefit을 보다 중요한 장점으로 인식하고 있는 것이다.

　해야 할 일, 하고 싶은 일, 보고 싶은 것, 봐야 할 것이 많아지는 시대. 현대사회는 매년 만성적인 시간 부족을 호소하는 소비자들이 늘어나고 있는 시대다.[7] 이제 각자의 시간표에 따라 일하고 공부하고 놀아야 한다는 것을 의미한다. 모든 콘텐츠도 '개인의 생활 시간표'에 맞게 제공되어야 할 필요가 있다. 그래서인지 최근에는 극단적으로 짧은 형태의 드라마도 인기를 얻고 있다. 전체 드라마를 단 몇 분으로 요약·편집해서 짧게 보여주는 '드라마 클립' 영상을 따로 찾아 보는 사람들도 많아지고 있는데, 조사에 따르면 10명 중 7명 정도(71.1%)의 사람들이 이 드라마 클립 영상을 본 경험이 있었고, 이 7명 중 2명(18.9%)은 열혈 시청자였다.[8] 이렇게 짧은 드라마와 클립 영상이 인기를 모으는 것은 시간에 대한 부담이 상대적으로 적고, 언제든지 원할 때 보기에 용이하기 때문이다. 팟캐스트Podcast나 유튜브YouTube를 듣고 보는 데 시간을 소비하는 모든 시·청취자들의 니즈 역시 정확하게 자신의 시간표에 맞춰져 있었다(팟캐스트 청취자: 청취 이유 1순위, 언제든 내가 원하는 시간에 들을 수 있어서(33.9%), 유튜브 시청자: 시청 이유 1순위, 언제든 내가 원하는 시간에 볼 수 있어서(46.1%)).[9]

　다른 한편으로 현재의 사회 흐름이 개인 취향을 적극적으로 존중해주는 방향으로 진행되고 있다는 인식에도 주목해보자. 지극히 개인적인 취향을 겨냥한 서비스나 상품이 많은 것 같다고 바라보는 것(79.0%)[10]으로, 이런 인식은 '1인 체제[11]화'되어가고 있는 지금의 시대 흐름과 일치한다. 개인의 취향은 개인의 생활 패턴, 개인의 생활 시간표와 연동되기 때문이다.

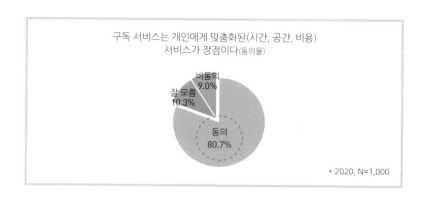

구독 서비스는 개인에게 맞춤화된(시간, 공간, 비용)
서비스가 장점이다(동의율)

비동의
9.0%

잘 모름
10.3%

동의
80.7%

* 2020, N=1,000

    대중 소비자들이 구독 경제 서비스(또는 상품)를 이용하면서 장점으로 얘기한 '시간 절약'의 의미에는 다양한 경험의 확장과 개인화된 취향 추구에 대한 니즈가 전제되어 있다. 내 취향에 맞는 다양한 것을 더 많이, 더 깊이 경험하고 싶으니 딸랑 24시간밖에 없는 자원을 '아껴 쓰고' 싶은 것이다. 소비자의 관점에서 보면, 구독 경제는 바로 이 가성비 높은 경험의 확장과 개인화된 취향에 기반한 서비스/상품이라고 말할 수 있다(구독 서비스는 개인에게 맞춤화된(시간, 공간, 비용) 서비스가 장점이다: 80.7%).

그렇다면, 비싼 상품(또는 서비스)도 괜찮지 않을까? 〞
: '저렴한 개인화'를 추구한다

기본적으로 구독 경제 서비스/상품은 일정 기간 동안만 소유권과 사용권을 갖는다. 소유에 기반한 과거의 소비 습관과는 개념적으로

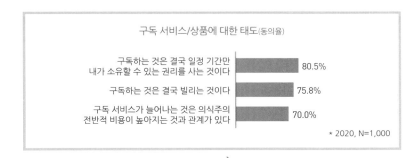

구독 서비스/상품에 대한 태도 (동의율)

구독하는 것은 결국 일정 기간만
내가 소유할 수 있는 권리를 사는 것이다   80.5%

구독하는 것은 결국 빌리는 것이다   75.8%

구독 서비스가 늘어나는 것은 의식주의
전반적 비용이 높아지는 것과 관계가 있다   70.0%

* 2020, N=1,000

다르다. 그렇다면 소유하지 않는 것에 대한 불만은 없을까? 소비자들은 대부분 구독 서비스의 상품이 결국 '영구적인 내 것'이 아니라는 데는 동의하는 듯하다(구독하는 것은 결국 일정 기간만 내가 소유할 수 있는 권리를 사는 것이다: 80.5%, 구독하는 것은 결국 빌리는 것이다: 75.8%). 그럼에도 구독 서비스/상품을 이용하게 되는 이유는 전반적으로 의식주의 비용이 높아지는 것과 직접적인 관련이 있었다(구독 서비스가 늘어나는 것은 의식주의 전반적 비용이 높아지는 것과 관계가 있다: 70.0%). 결국, 소비자들이 인식하는 구독 서비스의 강점은 다양한 경험과 시간 절약에 대한 니즈를 합리적 비용으로 소비하는 데 있는 것이다. 여기서 방점은 '합리적 비용'에 있다.

물론 사람들은 여전히 많은 것을 소유하고 싶어 한다(나는 소득이 늘면 구독하는 것보다는 소유의 목적으로 구매하고 싶다: 54.4%). 다만, 소득이 쉽게 늘지 않고 상품 소유에 따른 보유 공간의 문제 때문에(집이 좀 더 크고 '공간적으로 여유가 생기면' 소유하고 싶은 것이 많을 것 같다: 65.0%), 구독의 형태로 타협점을 찾아나가는 것일 가능성이 크다(내 생활 패턴을 생각하면 소유(구매)보다 구독(빌리는 것)하는 것이 가성비 있는

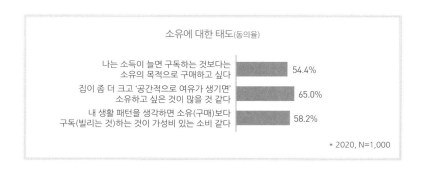

소유에 대한 태도(동의율)

나는 소득이 늘면 구독하는 것보다는
소유의 목적으로 구매하고 싶다 54.4%

집이 좀 더 크고 '공간적으로 여유가 생기면'
소유하고 싶은 것이 많을 것 같다 65.0%

내 생활 패턴을 생각하면 소유(구매)보다
구독(빌리는 것)하는 것이 가성비 있는 소비 같다 58.2%

* 2020, N=1,000

소비 같다: 58.2%). 즉, 개인에게 맞춤형으로 제공되는 서비스나 상품
에는 만족하지만, 전제는 '저렴해야' 한다는 것이다.

실제로 세계적인 컨설턴트인 수만 사카르Suman Sarkar는 최근 그의
책 《위대한 기업은 변화하는 고객 니즈에 집중한다》에서 이와 유사
한 주장을 한다. 개인화는 당연한 시대적이고 세계적인 추세이지
만, 현재 중요한 포인트는 '저렴한 개인화'라는 것이다.[12] 기본적으
로 Z세대나 밀레니얼 세대에게 고급스러움이라는 콘셉트는 전혀
와닿지 않기 때문이라는 것이다.[13]

조사에서도 이와 유사한 방향의 데이터를 확인할 수 있었다. 현재
구독의 형태로 제공되는 다양한 상품들 중에서 사치스럽거나 불필
요한 상품에는 대체로 고가의 상품이나 덜 필수적인 상품/서비스가
높은 순위를 차지하고 있었던 것이다. 소비자들이 가장 사치스럽
게 느끼는 구독 서비스/상품은 미술 작품 정기 배송 서비스(41.2%,
1순위)였으며, 다음으로 수제 맥주 이용 서비스(35.9%, 2순위), 정기
꽃 배송 서비스(29.6%, 3순위), 최신 의류 맞춤 제공 서비스(24.5%, 4
순위), 스타일러(의류 관리기)(18.3%, 5순위)가 뒤를 이었다. 각 서비스

(또는 상품)의 구력이 길지 않아 현재의 평가는 단순히 이미지에 대한 비평 수준일 가능성이 높다. 다만, 구독 서비스의 이용 경험에 대한 강력한 니즈가 저렴한 또는 합리적 가격에 근거를 두고 있다는 점에서, 고가의 구독 경제 상품은 대중 시장을 뚫기가 아직 어렵다고 볼 수 있다. 게다가 이들 상품의 저렴한 개인화가 쉽지 않은 만큼, 이들 상품 카테고리는 목표 고객Target을 정확하게 조준할 필요가 있다고 보여진다.

포스트 코로나 시대의 핵심 장소는? "
: 집에서 하는 활동에 주목하라

2019년까지 구독 경제는 순항 중이었고, 구독 경제의 영역은 기존 소유의 영역 전반에 걸친 제품으로 무한 확장 중이다. 그러나 2020년 현재, 시장 환경은 코로나19라는 강력한 펀치를 맞았다. 코로나19는 기업은 물론 개인의 일상생활에 엄청난 영향을 주고 있다(코로나19가 일상생활에 미치는 영향력 84.4%).[14] 그렇다면, 포스트 코로나 시대에도 구독 경제의 순항은 계속 이어질 수 있을까? 코로나19가 일상생활에 가장 크게 끼치는 영향은 무엇일까?

코로나19 이후 대중 소비자들의 일상생활에서 가장 중요해진 공간은 '집'이다. 사실 2015년 메르스 사태에도 비슷한 변화가 존재했었다. 그 당시에도 많은 사람들이 외출을 꺼리고 집에 머물러 있었고, 많은 소비 트렌드가 그 영향을 받았다. 2015년 하반기부터

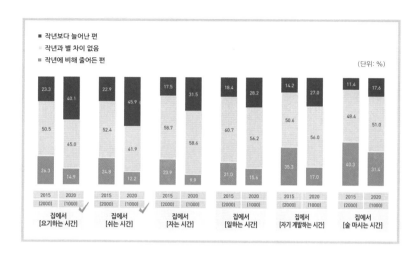

2016년 상반기까지 집에 관한 관심이 높아지면서 집의 인테리어나 반려동물을 다루는 방송이 큰 인기를 얻은 것이 대표적인 사례다.[15] 당시 조사에 따르면, 집에서 보내는 시간이 예년보다 증가했다(23.8%)고 응답한 사람이 줄어들었다(19.4%)고 한 사람보다 많았으며, 집에서 보내는 시간은 하루 평균 12.3시간이었다.[16] 그런데 이번 코로나 사태를 겪으면서 집에서 보내는 시간의 비중은 메르스가 유행할 때보다 폭발적으로 증가한 모습이다.

최근 4월에 실시한 조사(4월 24일~27일)에 따르면, 전체 49.9%의 응답자가 집에서 보내는 시간이 예전에 비해 증가했다고 응답했으며, 집에서 보내는 시간은 13.7시간으로, 2015년보다 1시간 이상 증가했다.[17] 또한 집에서 보내는 시간 동안 소비자들이 느끼는 감정의 양상이 좀 달라 보인다. 불안감 때문에 집에 머무른다는 사람들은 많이 증가했지만(사회적 불안감이 커지면서 집에 머무는 시간이 점점 더

많아지는 것 같다: 56.9%(2015) → 84.0%(2020)), 집에 있다고 해서 마음이 아주 편하다고 느끼는 사람들은 2015년에 비해 줄어든 것이다(집에 가만히 있을 때가 가장 마음이 편하다: 81.9%(2015) → 72.2%(2020)).[18] 불안해서 집에 머물기는 하는데, 뭔가 마음은 '덜' 편해진 것이다.

　그렇다면 무엇을 하면서 이 불편한 마음을 달랠까? 사람들은 대부분이 예상 가능한 시나리오대로 움직인다. TV를 보고(70.3%), 인터넷을 보고(59.6%), 유튜브를 본다(52.5%). 답답하면 집안일(청소, 빨래 등)을 하고(59.0%), 그냥 누워 있는다(49.6%). 그러면서 늘어난 시간에 집에서 일을 하고(집에서 일하는 시간 증가: 18.4%(2015) → 28.2%(2020)), 자기 계발도 하며(14.2%(2015) → 27.0%(2020)), 술도 마시고(11.4%(2015) → 17.6%(2020)), 요리하는(23.3%(2015) → 40.1%(2020)) 사람들은 훨씬 많이 늘었다. 그런데 2015년에 비해 2020년에는 집에 머무는 시간이 월등히 늘다 보니 '쉬는 시간'과 '여유'를 갖는 시간도 크게 증가한 모습이다(집에서 쉬는 시간 증가: 22.9%(2015) → 45.9%(2020), 집에서 자는 시간 증가: 17.5%(2015) → 31.5%(2020)). 불안해서 집에 머무는 시간이 증가했지만, 동시에 시간적 여유를 갖는 사람도 훨씬 많아진 것이다. 물론, 매일 일을 해야 생활을 유지하는 사람들은 이렇게 집에 머무는 시간을 마냥 정신적으로 편안하게 느낄 수만은 없겠지만, 최소한 육체적으로는 코로나19 이전보다 자기 시간을 갖게 된 것은 분명해 보인다. 그렇다면, 본론으로 돌아가서 이렇게 코로나19 이후 뚜렷한 백신이 나오기 전까지 집을 중심으로 한 일상생활을 지속하면 구독 경제 서비스/상품 시장에는 어떤 영향을 끼치게 될까?

So what? ❞
시사점 및 전망

포스트 코로나 시대 생활의 중심이 집이 될 것이라는 점을 고려하면, 소비자의 입장에서 구독 경제 시장에 대한 4가지 정도의 시사점이 있다.

첫째, 사람들이 자연스럽게 집에서 뭔가를 보는 시간을 늘릴 가능성은 매우 높다(서두에 언급한 넷플릭스 가입 급증도 여기에 해당한다). 게다가 OTT 서비스를 포함한 '콘텐츠를 다루는 구독 시스템'은 '저렴한 개인화'가 거의 완벽하게 가능하다. 따라서 OTT 서비스를 포함한 디지털 콘텐츠의 구독 시스템은 포스트 코로나 시대의 최대의 적자適者가 될 가능성이 매우 크고, 구독 경제는 이 디지털 콘텐츠를 중심으로 성장해갈 가능성이 매우 높다.

둘째, 구독 경제 서비스가 주는 주요한 장점 중 하나인 시간을 절약해주는 점에 주목해보자. 장 보는 시간, 물건을 고르는 시간을 줄여준다. 그런데 지금은 사람들이 집에 비교적 오래 머물면서 시간이 많이 생겼다. 시간 절약에 대한 니즈가 상대적으로 줄어든 것이다. 이 관점에서 보면, 평소 시간을 아껴서 장보기의 수고를 덜어주는 구독 상품이나 프리미엄 식재료 등을 정기적으로 배송해주는 상품에 대한 총수요는 급증하지 않을 가능성이 높다. 집에 오래 머무는 사람들이 늘어났고, 요리나 여러 가지 집안일을 '직접' 하는 소비자들이 상당히 증가하면서 '시간 절약에 대한 니즈'가 상대적으로 줄어들었기 때문이다. 그래서 일상생활에서 이러한 시간 절약의 니즈를 중심으로 발생한 서비스들은 코로나 상황에서는 성장세가 크게 늘어나지는 않을 것으로 전망된다.

셋째, 당분간 사람들과 오프라인상에서의 직접적인 교류나 만남이 이전처럼 쉽지 않을 가능성이 높다. 이렇게 되면, 사람들의 외출이나 '오프라인 교류'를 전제로 한 구독 경제 서비스/상품은 소비자들의 직접적인 니즈를 발생시키기 어려울 것이다. 예를 들면 의류 등의 정기 구독 서비스/상품은 소비자들의 큰 욕구를 발생시키기 어려운 상황이 될 가능성이 높다.

넷째, 구독 경제 서비스가 향후 더 확장될 것이라고 전망하는 가장 큰 이유는 다수 소비자들의 '다양한 경험 확장'이라는 욕구 때문이다. 단, 소비자들이 확장하려고 하는 이 경험에는 세대 차이가 분명히 존재한다. 앞서 살펴보았듯, 1차 베이비 부머를 중심으로 한 기성세대는 '소유'를 중심으로 한 소비생활에 익숙한 세대다. 따라서 구독 경제 서비스/상품을 통해 기존의 상품들을 '저렴한 방식'으로 소비하는 것이 중심이 되어 있다(정수기, 안마기/안마의자 등). 반면, OTT나 음원 서비스를 통해 자신의 취향에 맞게 콘텐츠를 선별(큐레이션)해주는 디지털 서비스에 익숙한 Z세대는 '저렴한 개인화'에 익숙하고, 이것을 선호한다. 같은 구독 경제 서비스/상품이라고 해도 카테고리는 완전히 다른 것이다. 따라서 세대에 따른 차별화된 접근은 필수다.

'좋아요'와 '구독'을 광고 태그 라인처럼 반복하는 시대. 구독 경제 서비스/상품의 핵심 경쟁력은 고객의 일상과 삶의 동선을 얼마나 잘 이해하는가에 달려 있다.

08 구독 서비스:
'경험'도 '배송'되는 구독 전성시대

📎 **구독 서비스 관련 인식 조사**
· 조사 대상: (SNS를 사용하는) 전국의 만 16~65세 남녀 1,000명 ④
· 조사 기간: 2020년 4월 2일~4월 7일

어린 시절 기억을 더듬어보면 이른 새벽 집 현관문 앞에 배달된 우유와 신문을 챙기는 것도 하나의 일상이던 때가 있었다. 두 개가 묶여 올지언정 건너뛰거나 빠뜨리는 실수는 절대 일어나지 않는 주간 학습지부터 아이들의 최애템 월간 〈소년중앙〉까지 다달이, 때마다, 정기적으로 배달되는 아이템들이 있었다. 하지만 요즘 이런 서비스를 이용하는 경우는 극히 드물다. 미디어 플랫폼에 큰 변화가 찾아오고 대형 유통 채널과 인터넷 쇼핑몰이 급성장하면서, 더 이상 이 상품들을 정기적으로 '구독'할 필요성을 느끼지 못하는 소비자가 많아졌기 때문이다.

그런데 언제부턴가 다시 '구독'이라는 단어가 우리 눈에 자주 띄기 시작한다. 오히려 과거보다 훨씬 더 그 외연을 확장해나가고 있는 느낌까지 들 정도다. 예전에는 기껏해야 신문과 잡지, 우유 정도에 그쳤다면 이제는 거의 모든 분야에서 '구독 서비스'가 가능해지면서 유통업계도 덩달아 '구독 서비스'를 적극적으로 연계 및 활용하고 있는 추세다.

새삼스레 구독 경제가 각광을 받는 이유는 무엇보다 소비자들의 소비 태도 변화와 관련이 있어 보인다. 무엇이든 '소유'해야 한다는 인식이 옅어진 대신 경험과 대여, 공유를 중요하게 생각하는 사회적 분위기가 강해지면서 소비자의 선택에도 변화가 생긴 것이다. 무조건 구입하기보다 경험 차원에서 사용해본 뒤 지속적으로 구매할지 여부를 결정하는 요즘 소비자들은 상대적으로 비용이 적게 들고, 조건에 따라 다양한 선택지가 제공되며, 구매 과정의 번거로움도 덜한 구독 서비스를 보다 합리적이라고 생각하는 모습이었다. 물론 소득이 늘면 구독보다는 소유의 목적으로 구매를 하고, 집이 좀 더 크고 공간적으로 여유가 생기면 소유하고 싶은 마음이 들 것 같다는 솔직한 속내를 드러내기도 했다. 하지만 결국 현실적인 상

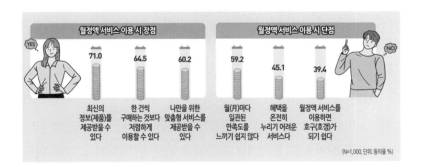

황을 감안했을 때 비교적 저렴하게 이용할 수 있는 '합리적 소비'라는 측면에서 구독 서비스는 현재 대중 소비자의 관심을 한몸에 받고 있는 중이다.

또 한편으로는 개인의 취향을 강조하고, 맞춤화된 서비스를 요구하는 소비자가 많아진 점도 구독 경제의 활성화를 가능케 하는 중요한 요인으로 생각해볼 수 있다. 일정 금액만 지불하면 자신이 원하거나 필요한 상품 및 서비스를 정기적으로 제공받을 수 있다 보니 '구독 서비스'에 의미를 부여하는 소비자들이 예전보다 많아진 것이다. 특정 제품과 서비스를 정기적·지속적으로 이용할 수 있게 되면 새롭게 제품을 탐색하고 구매를 결정하는 번거로움이 줄어들 것이란 판단을 그만큼 많이 하는 것이다. 게다가 소비자 상당수는 구독 서비스가 개인의 시간과 공간, 지출 가능한 비용 등을 고려해 이용할 수 있는 '맞춤화된 서비스'란 점에서 구독 서비스 이용이 개인의 삶을 보다 풍요롭게 해준다는 생각까지 하고 있었다. 최근 각광을 받고 있는 가사 대행 서비스의 성장 배경도 이와 유사한 것으로, 귀찮고 손이 많이 가지만 제대로 평가받지 못하는 일에 너무 매달리기보다 약간의 비용을 들여 전문 업체에 맡긴 뒤 그 남는 시간을 활용하고 싶어 하는 대중들이 점점 더 많아지고 있는 추세다.

이처럼 긍정적인 평가가 많은 만큼 지속적으로 구독 서비스를 경험해보고 싶어 하는 소비자들이 많아지고 있는 것은 당연하다고 볼 수 있겠다. 비록 모든 것을 소유하기에는 경제적 부담이 크다는 현실적인 이유가 가장 크지만, 전체 응답자의 65%는 앞으로 보다 다양한 구독 서비스를 경험해보고 싶다는 바람을 내비치고 있을 만큼

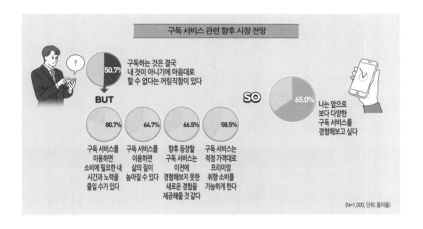

구독 서비스 관련 향후 시장 전망

50.7%
구독하는 것은 결국
내 것이 아니기에 마음대로
할 수 없다는 꺼림직함이 있다

BUT

80.7%
구독 서비스를
이용하면
소비에 필요한 내
시간과 노력을
줄일 수가 있다

64.7%
구독 서비스를
이용하면
삶의 질이
높아질 수 있다

66.5%
향후 등장할
구독 서비스는
이전에
경험해보지 못한
새로운 경험을
제공해줄 것 같다

58.5%
구독 서비스는
적정 가격대로
프리미엄
취향 소비를
가능하게 한다

SO

65.0%
나는 앞으로
보다 다양한
구독 서비스를
경험해보고 싶다

(N=1,000, 단위: 동의율)

구독 서비스 시장 전망은 긍정적이다.

현재는 온라인과 모바일 플랫폼을 기반으로 하는 구독 서비스, 특히 여가 생활에서 큰 비중을 차지하는 미디어 콘텐츠가 가장 공격적으로 구독 서비스를 제공하고 있는 중이다. '넷플릭스'와 '웨이브'로 대표되는 OTT 서비스와 인터넷 동영상 플랫폼인 '유튜브', 각종 음원 사이트 모두 구독 서비스를 골자로 하고 있고, 최근 오디오 북과 전자책 역시 구독 경제를 기반으로 크게 성장하는 추세로 플랫폼 전환기와 맞물려 미디어 콘텐츠 구독 서비스가 더욱 더 인기를 얻을 것으로 전망된다. 더불어 최근 오프라인상에서는 꽃이나 의류, 화장품, 마스크, 식재료 등을 정기적으로 제공해주는 서비스나 가사 외주 서비스가 인기를 모으는 등 구독 경제가 바쁜 현대인들에게 큰 반향을 얻고 있고 그 영역도 점차 확대되는 중이다.

다양한 경험과 체험을 원하고, 소유보다는 사용가치를 중시하는 소비자의 태도 변화 속에 오늘날 구독 경제는 가장 중요한 소비 활동으로 자리 잡아가고 있는 모습이다. 더욱이 코로나19 사태를 계기로 비대면 접촉을 선호하는 경향이 강해지고 집에서의 활동이 증가할 것으로 예상되는 만큼 향후 구독 서비스를 이용하는 소비자가 많아지리라는 전망은 어렵지 않아 보인다.

연관 검색어 ▼

|키워드 감성 정보량 추이|

구독 서비스, 구독 경제 ▼

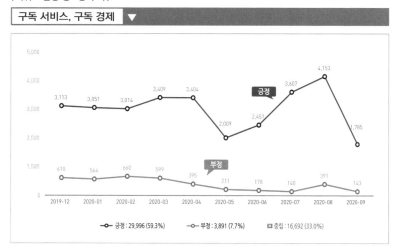

09 취향 마케팅:
차트보다 내 마음의 하트♥

문화 콘텐츠 순위 지표 관련 인식 조사
- 조사 대상: 전국의 만 16~65세 남녀 1,000명 ④
- 조사 기간: 2019년 12월 13일~12월 19일

예전에 비해 '다양성'이 강조되고 결과만큼이나 과정도 중요하게 생각하는 사회 분위기가 형성되고 있지만, 여전히 '한국 사회는 1등만을 기억하는 사회'라는 오명에서 벗어나는 것이 쉽지 않아 보인다. 1등과 최고가 되어야만 제대로 대접을 받는다는 인식이 사회 전반적으로 팽배한 것으로, 이런 분위기는 문화 콘텐츠 산업에서도 예외가 아닌 모습이다. 영화 '박스 오피스'와 드라마 '시청률', 도서 '베스트셀러', 음악 '음원 차트' 등 주요 문화 콘텐츠 분야에서는 어김없이 '순위 지표'로 인기와 성적을 줄 세우기 하고 있다. 자연스럽게 해당 분야의 최고가 되어 부와 인기, 명예를 누리고 싶은 콘텐츠 생산자나 특정 스타와 콘텐츠에 열광하는 팬들 모두 순위에 민감할 수밖에 없다. 이러한 순위 지표가 소비자들에게 막강한 영향력을

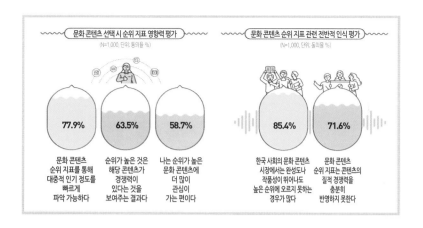

행사하는 것은 물론이다. 아무래도 높은 순위에 오른 콘텐츠는 미디어를 통해 대중에게 더욱 자주 노출이 되기 마련이고, 이왕이면 안전한 선택을 원하는 소비자들은 대중들이 많이 선호하는 콘텐츠를 선택하는 성향을 보이기 때문이다.

하지만 순위 지표가 콘텐츠의 모든 것을 반영할 수 없다는 점에서 순위 지표의 신뢰성에 의구심을 제기하는 목소리가 상당하다. 현재의 순위 지표들이 콘텐츠의 품질과 완성도 등 질적인 측면을 제대로 반영하지 못한다는 지적이 많은 것이다. 아무리 완성도가 높고 평가가 좋은 콘텐츠라 하더라도 마케팅/홍보가 부족하고, 제작사/기획사의 영향력이 적어 높은 순위에 오르지 못하는 사례가 비일비재한 모습도 이러한 지적에 힘을 실어주고 있다. 더러는 어떻게든 1위에 오르기 위해 무리수를 시도하는 경우도 적지 않아, 순위 지표가 과연 공정하게 측정되는지, 과연 그 기준은 명확한 것인지에 대한 의문이 끊이질 않고 있다. 실제 최근 '음원 사재기' 의혹으로 논란이 되고 있는 음원 차트 이슈와 서바이벌 프로그램의 순위 조작 사건 등은 대중들이 순위 지표에 가졌던 그간의 의문이 합리적 의심이었음을 보여준 계기가 되기도 했다. 특히 현재 문화 콘텐츠 순위 지표에 가장 큰 영향을 끼치는 요인으로 콘텐츠의 완성도(17.6%, 중복 응답)가 아니라 마케팅/홍보(33.4%)와 제작사/기획사의 영향력(29.6%)을 첫손에 꼽는 경우가 많아, 아직까지 국내 문화 콘텐츠 순위 지표는 외적 요인에 좌지우지되고 있다고 바라보는 대중들이 많다는 것을 확인해볼 수 있다.

그럼에도 문화 콘텐츠 순위 지표에 대한 신뢰도는 분야별 온도 차이가 존재할 뿐, 여전히 대중들은 영화와 드라마, 책과 음악 등을 소비할 때 '순위 지표'를 많이 고려하는 중이다. 아무래도 대중적인 인기를 가늠할 수 있는 대표성을 지니고 있기 때문으로, 특히 '영화'의 경우 응답자 10명 중 8명이 영화를 볼 때 박스 오피스 등의 순위를 고려한다고 밝힐 만큼 순위 지표의 활용도가 매우 높다.

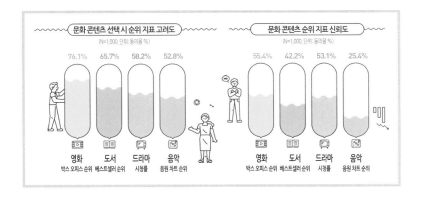

결국 문화 콘텐츠를 평가하는 데 있어 대중성을 빼놓을 수 없고 이를 측정하는 도구로 '순위 지표'만 한 것이 없지만, 순위 지표로만 모든 것을 평가하는 분위기는 지양해야 한다는 생각이 점점 더 많아지는 추세다. 더불어 이제는 순위보다는 자신의 취향과 선택을 더 중요시하는 사회적 분위기도 강해지고 있다.

다행히 최근 국내 대형 뮤직 플랫폼 멜론Melon, 플로FLO 등이 순위 경쟁을 지양하고, 편견 없는 음악 감상 환경 구축을 목표로 '실시간 차트' 폐지 등의 개편을 진행하는 등 대중들의 니즈를 반영하기 위한 다각적인 노력을 기울이고 있는 중이다. 앞으로 순위 지표가 제공하는 제한된 문화 콘텐츠 소비에서 벗어나 취향대로, 입맛대로 문화 콘텐츠를 소비하는 경험이 더욱 익숙해질 것으로 전망되는 이유이며, 이러한 노력이 어쩌면 1등만이 기억되는 문화 콘텐츠 산업의 방향성을 바꿀 수 있는 절호의 기회가 될 것으로 보인다.

연관 검색어 ▼

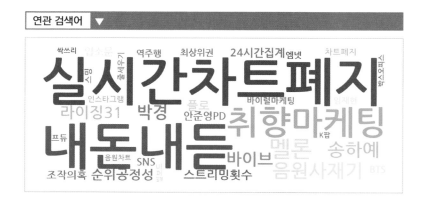

음원 순위, 베스트셀러 집계 ▼

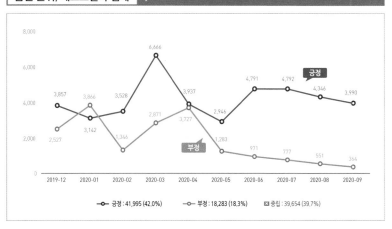

- 긍정 : 41,995 (42.0%)   - 부정 : 18,283 (18.3%)   ▣ 중립 : 39,654 (39.7%)

10 건강해야만 하는 시대:
면역력과 잠은 필수템

🖊 건강 기능 식품 및 수면 보조제 관련 인식 조사
· 조사 대상: 전국의 만 16~65세 남녀 1,000명 ④
· 조사 기간: 2020년 4월 24일~4월 27일

'백 세 시대'를 맞이한 현대사회에서 무엇보다 중요한 것이 '건강'이란 점을 부인할 사람은 아무도 없을 것이다. 건강하지 않은 노후 생활은 절망과 고통으로 점철되면서 스스로는 물론 주변 사람들까지도 힘들게 만들 것이 분명하기 때문이다. 하지만 모든 사람들이 건강관리의 중요성에 공감하는 것과는 달리 현대인의 삶은 점점 더 건강하지 않은 방향으로 흘러가는 듯한 모습이다. 바쁜 라이프 스타일과 불규칙한 식습관 등의 원인과 함께 의식주 생활 전반에서 현대인의 건강에 적신호가 켜졌기 때문이다. 실제로 현재 자신의 건강 상태를 자가 평가해본 결과 10점 만점에 평균 6.14점으로 대부분 스스로의 건강 상태에 큰 확신을 갖지 못하는 모습을 확인할 수 있었다. 그에 비해 꾸준하게 건강을 관리하려는 노력은 아주 자주, 쉽게, 그 힘을 잃어버리고 있었다.

이처럼 건강의 중요성을 충분히 인식하면서도 스스로 건강하다는 확신을 가지지 못하는 사람들이 많아지면서, 최근 '건강 기능 식품'에 대한 관심이 부쩍 높아지고 있는 모습이다. 평소 결핍되기 쉬운 영양소와 인체에 유용한 성분을 제조해 만든 건강 기능 식품은 식습관이 불규칙하고 영양이 불균형한 현대인들에게 필요도가 높다는 평가다. 식습관 개선이나 꾸준한 운동보다는 좀 더 손쉽게 건강을 챙길 수 있고, 건강을 관리하고 있다는 심리적 안정감을 주기 때문에 건강식품을 찾는 소비자는 점점 증가하는 추세다. 더욱이 '코로나19'로 면역력 강화의 중요성이 강조되면서, 건강 기능 식품에 대한 소비자의 관심은 더욱 고조되고 있다. 실제로 건강 기능 식품의 복용 경험은 84.5%로 많은 소비자들이 건강식품을 챙겨 먹는 모습을 보였고, 주로 '유산균 제품'과 '(종합) 비타민'을 많이 찾는 모습을 살펴볼 수 있었다.

또한 건강 기능 식품의 꾸준한 섭취가 중대 질병의 발병률을 낮출

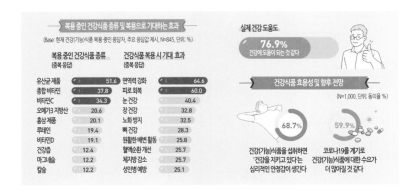

수 있다는 인식(51.3%)까지 비교적 높게 평가되고 있어서, 예방 차원에서 건강 기능 식품을 복용하는 것은 꽤 효과가 있을 것이란 기대감도 엿볼 수 있었다. 다만 워낙 다양한 성분의 제품들이 많이 나오는 데다가, 효능 및 부작용에 대한 충분한 이해가 어려운 부분이 있기 때문에 구입과 복용 시 좀 더 신중을 기할 필요가 있다는 우려의 목소리도 적지 않다.

하지만 늘 그렇듯 감염병이 유행할 때마다 건강 기능 식품은 주목받는 시장 중 하나로 꼽힌다. 2009년 신종 플루 때도, 2015년 메르스 발생 때도 면역력에 대한 관심은 건강 기능 식품 시장의 확대로 이어지곤 했다. 코로나바이러스가 발생한 2020년 역시 확진자 증가로 건강관리를 비롯해 기초 면역력을 키울 수 있는 건강 기능 식품에 대한 관심이 계속 증가하고 있는 모습을 보이고 있다. 향후 '면역력 강화'와 '피로 회복' 등의 효과를 기대하며 건강 기능 식품을 (재)복용할 의향이 있다는 응답이 85.4%로 평가되고 있을 만큼 앞으로 건강식품에 대한 시장 수요는 더욱 증가할 것으로 예상된다.

한편 건강식품에 대한 기대 효과로 '면역력 강화'와 함께 '피로 회복'이 언급된 점은 또 다른 차원에서 주목할 필요가 있어 보인다. 최근 절대적인 '수면 시간'이 부족한 데다가 깊은 잠을 자지 못하는 등 '수면의 질'에 적신호가 켜진 사람들이 상당히 많아지고 있는 현상을 방증하고 있기 때문이다. 불안과 스트레스로 잠들지 못하는 밤을 보내는 현대인들이 많아지면서, 수면을 유도하고 수면의 질을 높이는 데 도움을 주는 다양한 수면 아이템과 활동에 큰 관심이 모

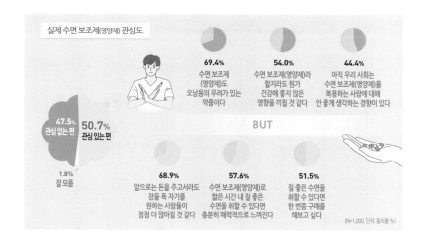

실제 수면 보조제(영양제) 관심도

69.4%
수면 보조제
(영양제)도
오남용의 우려가 있는
약품이다

54.0%
수면 보조제(영양제)라
할지라도 원가
건강에 좋지 않은
영향을 끼칠 것 같다

44.4%
아직 우리 사회는
수면 보조제(영양제)를
복용하는 사람에 대해
안 좋게 생각하는 경향이 있다

47.5%
관심 없는 편

50.7%
관심 있는 편

BUT

1.8%
잘 모름

68.9%
앞으로는 돈을 주고서라도
잠을 푹 자기를
원하는 사람들이
점점 더 많아질 것 같다

57.6%
수면 보조제(영양제)로
짧은 시간 내 질 좋은
수면을 취할 수 있다면
충분히 매력적으로 느껴진다

51.5%
질 좋은 수면을
취할 수 있다면
한 번쯤 구매를
해보고 싶다

(N=1,000, 단위: 동의율 %)

아지고 있는 중이다. 의사의 처방이 없이도 이용 가능한 '수면 보조제'와 '수면 영양제'가 그중 하나로, 수면제와 비슷한 효과를 보이며 짧은 시간 안에 질 좋은 수면을 취할 수 있다는 점에서 대중들에게 매력적인 제품으로 호감을 얻고 있다.

물론 이들 제품의 오남용과 건강상의 부작용을 우려하는 시각이 아직은 다소 많은 상황이긴 하다. 수면 보조제와 영양제 효능을 매력적으로 느끼고 숙면에 도움이 된다면 금액을 지불할 의향도 있지만, 아직 광범위하게 사용되고 있는 상황이 아닌 만큼 혹시 모를 부작용에 대한 우려를 쉽게 떨치진 못하고 있는 것이다. 하지만 수면 영양제와 보조제에 대한 관심이 '숙면'을 간절히 원하는 현대인의 바람과 맞닿아 있다는 점에서 앞으로 적지 않은 사람들이 수면의 질을 높이고자 이들 제품을 찾을 것으로 예상된다.

|키워드 감성 정보량 추이|

코로나 건강식품, 코로나 건강 기능 식품, 코로나 영양제 ▼

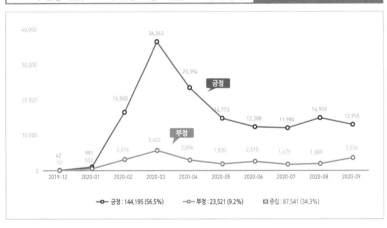

11 애슬레저룩:
이왕이면 운동도 느낌 있게

✐ 애슬레저룩 관련 인식 조사
· 조사 대상: 전국의 만 16~65세 남녀 1,000명 ④
· 조사 기간: 2020년 2월 3일~2월 7일

지난 몇 년간 대중들의 가장 의미 있는 변화 중 하나는 운동을 해야 겠다는 결심을 다짐에만 그치지 않고 실제 행동으로 옮기는 경우가 부쩍 많아졌다는 점이다. 취미 생활의 일환으로 다양한 종류의 운동을 즐기는 사람들이 많아지고 생활 스포츠 인구도 빠르게 증가하는 추세로, 그저 혼자 뛰고 헬스장을 찾는 단조로운 방식보다 모임을 찾아 마음이 맞는 사람들끼리 함께 운동을 하고 전문적인 레슨이나 강좌를 듣는 경우가 많아졌다. 유튜브 채널에는 집에서도 쉽게 따라 할 수 있는 운동 강습 동영상이 즐비할 만큼 '홈 트레이닝' 인구도 급격히 늘어났다. 이런 배경 속에 덩달아 급성장하고 있는 시장이 하나 있으니, 바로 '애슬레저룩', 스포츠웨어 시장이다.

일상복과 운동복의 경계를 넘나드는 활동성 있는 스타일의 옷을

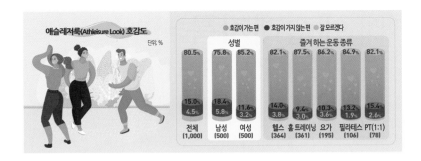

애슬레저룩(Athleisure Look) 호감도
단위: %

● 호감이가는편　● 호감이가지않는편　● 잘모르겠다

	성별			즐겨 하는 운동 종류				
				헬스	홈 트레이닝	요가	필라테스	PT(1:1)
전체 (1,000)	남성 (500)	여성 (500)		(364)	(361)	(195)	(106)	(78)
80.5%	75.8%	85.2%		82.1%	87.5%	86.2%	84.9%	82.1%
15.0%	18.4%	11.6%		14.0%	9.4%	10.3%	13.2%	15.4%
4.5%	5.8%	3.2%		3.8%	3.0%	3.6%	1.9%	2.6%

일컫는 '애슬레저룩'은 디자인도 세련되고 기능성까지 강조된 옷들이 많아 요즘 소비자들의 이목을 끌고 있는 중이다. 요가와 필라테스 등 전문적인 운동 수요의 증가로 개별 운동에 적합한 옷을 찾는 사람들이 많아지고, 특히 여러 사람들과 함께 어울려 운동을 하는 경우가 많아지면서 타인의 시선을 더욱 의식하게 된 점이 애슬레저룩 인기의 주요 배경으로 꼽힌다. 주로 남성보다는 여성, 그리고 젊은 층과 홈 트레이닝, 요가, 필라테스 등 '실내운동'을 즐기는 사람들이 애슬레저룩에 대한 관심과 호감이 높다는 점이 특징적이다.

　애슬레저룩으로 대표되는 운동복을 바라보는 시선도 이전과는 확연하게 달라진 모습이다. 평상시에도 애슬레저룩을 입고 다니는 모습을 자연스럽게 받아들이고, 운동복을 개인의 개성을 표현하는 하나의 패션 수단으로 바라보는 경우가 많아졌다. 애슬레저룩이 '성의가 없어 보인다'거나 '보기 안 좋다'는 응답은 거의 찾아보기 어려울 정도로, 과거 추리닝을 입고 길거리를 다니면 후줄근하게 하고 돌아다닌다고 핀잔을 들었던 것과는 완전히 달라진 모습을 확인할 수 있었다. 심지어 운동을 할 때는 애슬레저룩과 같은 운동복을 입는

운동복에 대한 인식 및
향후 애슬레저룩 시장 전망 평가

(N=1,000, 단위: 동의율 %)

86.9%
최근 운동과 일상복의 경계가 흐려지고
있는 듯한 느낌이다

80.9%
나는 운동복도 하나의 패션이라고 생각한다

74.8%
운동복도 나의 개성을 드러내는 중요한 수단이다

55.7%
운동을 할 때도 스타일은 놓칠 수 없는 부분 중 하나다

13.0%
운동복은 운동할 때만 입어야 하는 것이다

79.9%
애슬레저룩을 입는 사람들은 앞으로 점점 더 증가할 것 같다

것이 '필요하다'고까지 생각할 만큼 남녀노소 불문하고 '운동도 제대로 된 옷을 갖춰 입고 해야 한다'는 인식이 커지고 있다.

운동복에 대한 변화된 인식을 등에 업고 일상복과 운동복의 경계를 넘나드는 애슬레저룩의 인기는 빠르게 상승 중이다. 무엇보다 운동을 할 때도 '스타일'은 놓칠 수 없다고 생각하는 사람들이 10명 중 6명으로, 애슬레저룩 구매를 위해 기꺼이 지갑을 열 대중 소비자가 상당수 존재함을 확인할 수 있었다. 앞으로 애슬레저룩 인기가 더욱 높아질 것으로 전망되는 이유다.

코로나19로 헬스장, 문화센터 등 다중 시설의 이용이 제한되면서 운동 부족과 답답함을 호소하는 사람이 많은 상황이긴 하지만, 다양한 운동을 즐기는 문화가 정착되어가는 만큼 코로나19란 장애 요인을 거뜬히 이겨낼 독창적인 운동들과 함께 애슬레저룩 인기 역시 지속될 것으로 전망된다.

|키워드 감성 정보량 추이|

애슬레저, 애슬레져, athleisure ▼

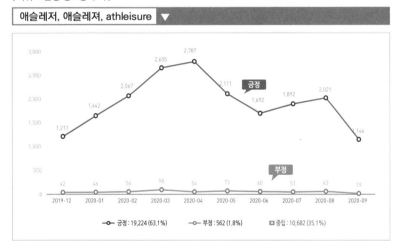

12 기업형 슈퍼마켓:
동네 슈퍼, 새로운 소비 대안이 되다

✎ 해외 직구, 백화점 및 SSM(기업형 슈퍼마켓) 유통 채널 관련 조사
· 조사 대상: 전국의 만 19~59세 성인 남녀 1,000명 ①
· 조사 기간: 2020년 7월 7일~7월 17일

코로나19로 국경을 넘나들며 해외로 이동하는 데 상당한 제약이 따르고 있지만 전 세계를 하나로 연결해주는 강력한 도구, '인터넷' 덕분에 여전히 우리는 물리적 경계를 초월해 다양한 활동을 하고 있는 중이다. 쇼핑이 그 한 예로, '아마존'이나 '알리바바' 온라인 쇼핑몰 등을 통해 마치 국내 쇼핑몰을 이용하듯 일상적으로 '해외 직구'를 이용하는 소비자들이 점점 더 많아지고 있다.

그런데 굳이 국내 온라인 쇼핑몰, 백화점 등이 아닌 해외 직구를 통해서까지 제품을 구매하려는 소비자들의 진짜 속내는 무엇일까? 심지어 국내 소비자들 상당수는 해외 직구를 하면 당연히 배송 지연 정도는 각오해야 하고, 보상 처리의 문제나 환불, 교환의 어려움이란 불편함을 감수해야 한다는 사실을 '이미' 알고 있기까지 하다.

편리함을 중시하고, 심지어 당일 배송, 새벽 배송도 당연하게 생각하는 한국 소비자들의 특성을 고려했을 때 다소 의외의 소비 활동이 아닐 수 없다. 분명 이 당연한 이점을 넘어서고도 남을 만큼의 뭔가가 '해외 직구'에 있을 것이란 추측이 가능해진다.

일단 조사 결과를 보면 소비자들이 해외 직구를 이용하는 이유는 크게 두 가지를 꼽을 수 있었다. 첫 번째는 다양한 상품 선택권이 있다는 점이고, 두 번째는 합리적으로 소비할 기회가 주어진다는 점이다. 즉, 국내에서 구하기 힘들지만 더 좋은 성능과 기능, 효과를 지닌 제품이 존재한다면 또는 똑같은 제품이라도 해외에서 구입하는 것이 더 저렴하다면 약간의 수고스러움 정도는 기꺼이 감수하며 해외 직구를 이용하려는 니즈가 존재한다는 뜻이다.

그렇다면 국내 소비자들은 해외 직구로 어떤 제품들을 주로 구매하고 있을까? 일단 소비자들이 가장 많이 구매하는 제품은 '건강 보조 식품'이었으며, '의류'나 '전기·전자·통신기기', '가방·지갑' 등의

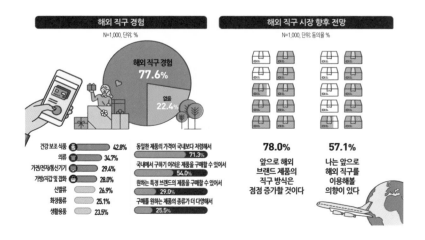

해외 직구 경험
N=1,000, 단위: %

해외 직구 경험
77.6%

없음
22.4%

건강 보조 식품	42.8%
의류	34.7%
가전/전자/통신기기	29.4%
가방/지갑 및 잡화	28.0%
신발류	26.9%
화장품류	25.1%
생활용품	23.5%

동일한 제품의 가격이 국내보다 저렴해서	71.3%
국내에서 구하기 어려운 제품을 구매할 수 있어서	54.0%
원하는 특정 브랜드의 제품을 구매할 수 있어서	29.0%
구매를 원하는 제품의 종류가 더 다양해서	25.5%

해외 직구 시장 향후 전망
N=1,000, 단위: 동의율 %

78.0%
앞으로 해외
브랜드 제품의
직구 방식은
점점 증가할 것이다

57.1%
나는 앞으로
해외 직구를
이용해볼
의향이 있다

패션 잡화가 뒤를 이었다. 대체로 국내에서 판매되고 있는 해외 브랜드 제품(37.5%)보다 아직 국내에 들어오지 않은 해외 브랜드 제품을 구매하는 경우(42.4%)가 좀 더 많아, 국내에서도 판매되는 해외 제품을 좀 더 저렴하게 구입하려는 소비자만큼이나 국내에서 판매되지 않지만 효과와 기능 측면에서 이른바 '입소문'이 난 해외 제품을 구입하려는 해외 직구족이 많다는 것을 확인할 수 있었다.

다만 2020년 전 세계를 공포에 빠뜨린 '코로나19 바이러스'가 해외 직구에도 어느 정도 영향을 주고 있는 것으로 나타났다. 10명 중 3명(30.6%)이 코로나19로 해외 직구를 포기한 경험이 있다고 밝힌 것인데, 연쇄 다발적으로 전 세계 모든 국가에 타격을 주는 코로나19에 대한 두려움이 커지면서 해외에서 오는 제품을 꺼리는 태도가 일부 반영된 것으로 보인다. 물론 아직까지는 이러한 일부 우려에도 해외 직구를 이용하려는 의향이나 앞으로 해외 브랜드 제품의 직구가 점점 증가할 것을 예상하는 의견이 많다. 그래서 당분간 비대면 쇼핑을 지향하는 태도가 더 뚜렷해지고 좀 더 나은 성능과 기능을 가진 제품을 합리적으로 구입하고 싶은 소비 심리가 존재하는 한 해외 직구 시장은 비교적 안정적일 것으로 전망된다.

그렇다면 대표적인 대면 쇼핑의 하나로 꼽히는 백화점은 어떨까? 2020년 코로나19 확산이 아니더라도 백화점 유통 채널의 입지가 약화되고 있다는 지적은 전문가들 사이에서 공공연하게 존재해왔다. 앞서 살펴본 것처럼 어느 정도의 불편함을 감수하면서까지 해외 직구를 이용하는 소비자들이 많아지고 있을 만큼 백화점 유통업계는 그야말로 위기의 순간을 직면하고 있다 해도 과언이 아니다. 미국

이전 대비 백화점 이용 빈도 변화

(단위: %)

증가 15.2 8.9

이전과 비슷함 53.2 41.8

감소 31.6 49.3

2014.06 (N=1,000) 2020.07 (N=1,000)

→ 이용 빈도 감소 이유 (중복 응답)

코로나19로 인한 외출 자제 등으로
53.1%
모바일 해외 직구 등 유통 채널이 다양해져서
37.3%
다른 채널에서 싸고 좋은 제품을 구매할 수 있어서
36.3%
백화점에서 판매되는 제품의 가격이 비싸서
26.8%

백화점 관련 인식 평가

2014.06 (N=1,000)
2020.07 (N=1,000)
(단위: 동의율 %)

77.2 / 67.6 백화점은 시간 때우기에 좋은 장소다

63.3 / 45.1 백화점은 가족과 함께하기 좋은 장소다

62.8 / 53.6 쇼핑 외 목적으로 백화점을 방문하는 경우가 많아졌다

58.4 / 40.6 백화점은 데이트하기에 좋은 장소다

41.5 / 29.3 제품 구입 목적으로 백화점을 찾는 경우는 요즘 거의 드물다

에선 이미 100년 이상의 전통을 가진 백화점들이 연달아 파산하거나 기존 공간을 아마존에 창고로 넘겨주고 있을 정도다. 실제 조사 결과를 보더라도 국내 백화점을 찾는 소비자 발걸음은 예전에 비해 크게 줄어든 모습을 확인할 수 있다. 코로나19로 인한 외출 자제의 영향도 컸지만 기본적으로 백화점이 유통 채널로서의 경쟁력을 잃어가고 있고, 백화점보다 저렴한 가격으로 좋은 제품을 구입할 수 있는 다양한 유통 채널이 등장하면서 더 이상 백화점을 찾을 필요성을 느끼지 못한다는 점이 중요한 이유였다. 한마디로, '굳이' 백화점에서 쇼핑해야 할 이유를 찾지 못하는 소비자들이 그만큼 많아지고 있다는 것이다.

다만 백화점 이용이 줄어들고는 있지만 백화점을 방문하는 '목적'과 백화점을 바라보는 '소비자 인식'에 큰 변화가 있음은 주목할 필요가 있어 보인다. 일단 소비자들이 백화점을 방문하는 목적은 특정 상품을 구입하기 위해서라기보다 '다양한 활동'을 하기 위해 방문하는 경우가 많아진 모습을 엿볼 수 있다. 예를 들어, 백화점을 방문할 때 다른 전문 매장들보다 '푸드 코트'(45.7%, 중복 응답)를 가장 많이 방문하고 있었는데, 이는 맛있는 음식과 디저트를 먹기 위해 백화점을 찾는 사람들이 많다는 것을 보여주는 결과로 해석해볼 수 있다. 또한 쇼핑 외 문화센터 이용 목적으로 백화점을 방문한다는 응답이 2014년 동일 조사 대비 증가한 점도 백화점 이용 목적에 변화가 있음을 감지할 수 있는 결과이기도 하다. 대체로 백화점은 '시간을 때우기 좋은 장소'라는 인식과 함께 '가족과 함께하기 좋은 장소', '데이트하기 좋은 장소' 등 '다양한 활동이 가능한 공간'으로 연상되고 있는 것으로, 소비자들에게는 유통 채널로서보다는 복합 문화 시설이자 여가 활동 공간으로 더 많이 인식되고 있다는 것을 알 수가 있다.

따라서 유통 채널 본연의 경쟁력이 약해진 백화점이 최근 트렌디한 복합 문화 공간으로 빠르게 탈바꿈을 하려는 시도는 굉장히 의미심장해 보인다. 현재 국내 주요 백화점들은 경쟁력 강화를 위해 전국적으로 입소문이 난 유명 맛집과 디저트 가게들을 유치해 백화점 방문 고객들이 이들을 보다 손쉽게 만날 수 있는 기회를 제공하려 심혈을 기울이고 있는 중이다. '소확행'을 중요하게 생각하고 트렌드에 민감한 요즘 소비자들을 조금이라도 더 유인하기 위한 묘수인 셈이다. 비슷한 이유로 식품 매장의 역량도 강화하고 있는데, 일부 백화점에서는 오랫동안 명품 브랜드의 전유물로 여겨지던 1층 공간을 식품 매장으로 바꾸는 파격적인 시도까지 하고 있다. 백화점이 맛있는 것을 먹기 위해서, 그리고 장을 보기 위해서 일부러 사람들이 찾는 공간으로 변모하고 있는 것이다. 더불어 백화점마다 '워라밸' 실현에 도움을 주는 '문화센터'를 체계적으로 운영 중이고, 다양한 유명 브랜드의 '쇼룸'을 갖추는 등 소비자에게 체험과 경험의 재미를 선사하려 고군분투 중이다.

지금 백화점은 소비자들에게 단순한 유통 채널보다는 구경하는 재미가 있고, 다양한 활동이 가능하며, 가족 및 연인과 여가 시간을 함께 보낼 수 있는 하나의 '복합 문화 공간'으로 변화를 거듭하고 있다. 백화점이라고 하면 꼬리표처럼 따라붙는 '비싼 가격'이란 이미지가 가격에 민감한 소비자들의 발길을 돌려세울 수는 있겠지만, 백화점 특유의 고급스러운 이미지와 쾌적한 공간이 주는 효과, 보다 다양한 체험과 경험을 제공해주는 백화점만의 장점은 다른 유통 채널의 가격 경쟁력만큼이나 소비자에게 중요한 가치로 여겨지게 될 가능성이 높아 보인다. 단, 지금까지의 백화점과는 분명 다른 '공간'을 갖추고 있는 백화점이어야 한다.

한편 비대면 소비 활동이 활성화되면서 백화점을 비롯해 많은 오프라인 유통 채널이 큰 타격을 입고 있는 중에도 비교적 선방을 하고 있는 유통 채널이 하나 있다. 바로 대규모 유통 기업에서 체인 형식으로 운영하는 슈퍼 슈퍼마켓Super Supermarket, '기업형 슈퍼마켓'이다. 코로나 시대를 맞아 일상적인 장보기 활동이 온라인에서 이뤄지는 비중이 높아졌지만, 그 속에서도 '기업형 슈퍼마켓'은 사람이 붐비는 대형 할인 마트를 피하려는 소비자들로 수혜를 받고 있는 모양새다. 실제 조사 결과를 보더라도 기업형 슈퍼마켓을 이용하는 소비자 발걸음은 코로나19 사태 이전과 큰 변화가 없는 모습을 확인할 수 있었다. 소비자 10명 중 9명이 2020년 대형 유통업체들이 운영하는 기업형 슈퍼마켓을 방문한 경험이 있었고, 이용 빈도는 예전과 비슷한 수준에서 유지되고 있는 것으로 나타났다. 코로나 여파 속에서도 많은 소비자들이 지속적으로 기업형 슈퍼마켓을 찾은 이유는 무엇보다 '가까운 거리'가 중요한 경쟁력으로 여겨지고 있기 때문이었다. 코로나 감염증이 소비자로 하여금 불특정 다수의 사람들이 몰리는 대형 할인 마트 대신 집에서 가까운 곳에 위치한 기업형 슈퍼마켓을 찾게 만들고 있다는 해석이 가능해 보이는 대목이다. 실제로 소비자 절반가량은 코로나19 때문에 사람이 많은 대형 할인 마트보다는 가까운 기업형 슈퍼마켓을 이용하는 것이 나을 것 같다는 생각을 내비치고 있었는데, 특히 중장년층(20대 47.6%, 30대 43.2%, 40대 54.0%, 50대 54.4%)일수록 이러한 인식이 더욱 두드러진 모습을 보였다. 아무래도 신선 식품과 정육 식품, 냉장 식품 등 상품의 신선도와 품질이 중요한 제품들은 여전히 직접 보고

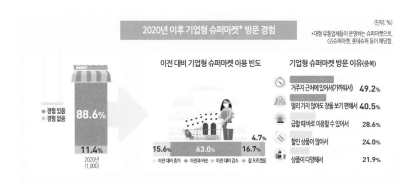

（단위: %）
*대형 유통업체들이 운영하는 슈퍼마켓으로, GS슈퍼마켓, 롯데슈퍼 등이 해당함.

2020년 이후 기업형 슈퍼마켓* 방문 경험

이전 대비 기업형 슈퍼마켓 이용 빈도

경험 있음
경험 없음

88.6%
11.4%

2020년
(1,000)

15.6% 63.0% 16.7% 4.7%
이전 대비 증가 · 이전과 비슷 · 이전 대비 감소 · 잘 모르겠음

기업형 슈퍼마켓 방문 이유(중복)

거주지 근처에 있어서(가까워서) 49.2%
멀리 가지 않아도 장을 보기 편해서 40.5%
급할 때 바로 이용할 수 있어서 28.6%
할인 상품이 많아서 24.0%
상품이 다양해서 21.9%

구입을 해야 한다고 생각하는 소비자들이 온라인으로 장을 보는 대신 오프라인에서 대안을 찾은 것으로 보인다.

게다가 기업형 슈퍼마켓은 대형 할인 마트와 동일한 유통 대기업이 운영을 하고 있기 때문에 소비자들에게 일반 슈퍼마켓보다 제품의 품질이나 서비스 신뢰도가 높고 편의점에 비해선 상품의 종류가 많다는 경쟁력을 확보한 모습을 보여주고 있었다. 주변에 대형 할인 마트가 없을 때 유용한 '장보기 채널'이라고 생각할 만큼 '대형 할인 마트'를 대체하는 성격도 강했다. 장보기 활동의 무대가 오프라인에서 온라인으로 이동하고 있는 상황이지만 기업형 슈퍼마켓이 나름 선전을 할 수 있었던 이유인 것으로 보인다.

한편에선 기업형 슈퍼마켓으로 인해 지역 상권의 피해를 우려하는 목소리(동의율 52.1%)도 있지만, 그보다는 앞으로의 이용 의향이 80.2%로 평가될 만큼 시장 전망을 긍정적으로 바라보는 의견이 더 많다. 게다가 급격한 시장 변화 속에서도 간편 가정식HMR, 밀 키트Meal Kit 등의 조리 식품 라인업을 한층 더 확대하는 등 자체 역량을

기업형 슈퍼마켓에 대한 인식 (N=1,000, 단위: 동의율 %)

49.8% 코로나19로 사람 많은 대형 마트보다 가까운 기업형 슈퍼마켓을 이용하는 것이 나을 것 같다

89.6% 나는 신선 식품 (채소, 과일 등)은 최대한 '직접 보고' 사는 편이다

84.6% 기업형 슈퍼마켓은 주변에 대형 마트가 없을 때 유용한 '장보기 채널'이다

67.3% 요즘 기업형 슈퍼마켓은 대형 마트 못지않게 제품이 다양한 것 같다

62.3% 기업형 슈퍼마켓은 대기업이 운영하는 만큼 제품의 질이 좋을 것 같다

80.2% 향후 기업형 슈퍼마켓 이용 의향

강화하려는 기업형 슈퍼마켓의 움직임이 빨라지고 있는 점도 주목할 필요가 있다. 직접적으로 장보기 활동이 자제되면서 온라인 채널의 소비는 더욱 증가하겠지만, 기업형 슈퍼마켓을 중심으로 장보기 소비 습관이 어떻게 변화할지 좀 더 눈여겨 볼 필요가 있을 것으로 보인다.

연관 검색어 ▼

| 키워드 감성 정보량 추이 |

코로나 확산, 오프라인 유통 소비 ▼

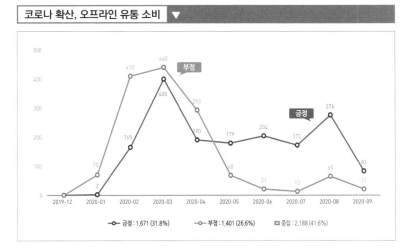

13 재래시장:
지역화폐의 테스트 마켓

✎ **재래시장 방문 경험 관련 조사**
· 조사 대상: 전국의 만 19~59세 성인 남녀 1,000명 ①
· 조사 기간: 2020년 7월 9일~7월 14일

요즘은 명절이 아니고서야 재래시장이 사람들로 북적대는 광경을 좀처럼 구경하기 어렵다. 하지만 적어도 2020년 상반기는 '코로나 19' 위기 극복을 위해 정부에서 지급한 '긴급 재난 지원금'으로 재래시장을 찾은 소비자들이 예년보다 많아진 모습이다. 실제로 상당수 사람들이 2020년 재래시장을 방문한 경험이 있었는데, 특히 중장년층은 물론 젊은 층까지 재래시장을 많이 다녀간 것으로 나타나 한껏 움츠러들었던 재래시장의 지위가 다시금 살아난 듯한 모습을 확인할 수 있었다. 내수 소비의 진작을 통해 지역경제를 활성화 시키고, 어려운 소상공인 및 자영업자에게 도움을 주고자 했던 정부의 '긴급 재난 지원금' 정책이 어느 정도 효과를 본 것으로 해석해볼 수 있는 결과이기도 하다.

물론 소비자들이 재래시장을 찾는 이유가 비단 긴급 재난 지원금 효과 때문만이라고 단정 지을 순 없다. 그간 재래시장이 나름대로 현대화 작업을 하기도 했고, 지역화폐를 도입하며 시장마다 차별화된 마케팅을 모색하는 등 소비자 곁으로 다가가려는 노력을 꾸준히 해왔기 때문이다. 그래서 대중들 역시 재래시장이 전통적인 분위기를 띠면서도 구경하는 재미도 있고, 나아가 동네 시장에서만 느낄 수 있는 정情을 경험해볼 수 있는 곳이란 평가를 예상외로 많이 했다. 재래시장에 대한 관심도와 호감도도 이전에 비해 긍정적으로 평가됨은 물론이다.

다만 아직은 재래시장이 소비자들에게 가격 경쟁력과 할인, 다양한 제품 등 유통 채널로서의 경쟁력보다 '전통적인', '구경하는 재미가 있는', '옛 추억이 떠오르는' 등의 감성적 측면이 좀 더 부각되고 있는 것이 사실이다. 재래시장을 일상적으로 장을 보거나 반찬 등

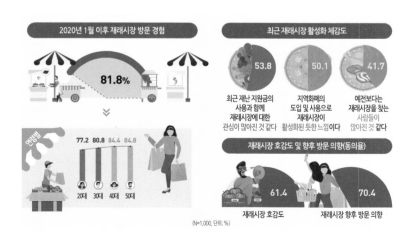

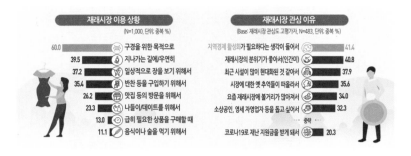

재래시장 이용 상황
(N=1,000, 단위: 중복 %)

60.0	구경을 위한 목적으로
39.5	지나가는 길에/우연히
37.2	일상적으로 장을 보기 위해서
35.4	반찬 등을 구입하기 위해서
26.2	맛집 등의 방문을 위해서
23.3	나들이/데이트를 위해서
13.0	급히 필요한 상품을 구매할 때
11.1	음식이나 술을 먹기 위해서

재래시장 관심 이유
(Base: 재래시장 관심이 高평가자, N=483, 단위: 중복 %)

41.4	지역경제 활성화가 필요하다는 생각이 들어서
40.8	재래시장의 분위기가 좋아서(인간미)
37.9	최근 시설이 많이 현대화된 것 같아서
35.6	시장에 대한 옛 추억들이 떠올라서
34.0	요즘 재래시장에 볼거리가 많아져서
32.3	소상공인, 영세 자영업자 등을 돕고 싶어서
20.3	코로나19로 재난 지원금을 받게 돼서

(중략)

을 구입하기 위해 찾기보다는 '지역 내 특색 있는 장소' 정도로 생각하는 경우가 많다는 의미다. 실제로 긴급 재난 지원금이 거의 소진된 시기에 사람들이 상품을 구입하기 위해 어떤 유통 채널을 찾았는지를 보더라도 재래시장이 다른 유통 채널에 확연히 밀리고 있음을 한눈에 확인할 수 있었다. 정서적 분위기 이외에 대형 할인 마트나 온라인 쇼핑몰, 또는 편의점보다 소비자에게 큰 만족감을 줄 수 있는 경쟁 요인이 쉽게 떠오르지 않는 것이다. 특히, 재래시장에 대한 관심이 일상적인 소비 공간에서 비롯된 관심이라기보다 지역경제 활성화 등의 '사회적 대의'에 초점을 둔 경우가 많다는 것은 분명 생각해볼 필요가 있는 대목이다.

이처럼 재래시장만의 다양한 노력에도 불구하고 가격 경쟁력과 제품의 품질, 서비스 만족도 등 유통 채널이 갖추고 있어야 할 여러 조건에서 재래시장은 여전히 소비자들의 마음을 완전히 돌려놓지는 못한 것으로 보인다. 앞으로의 재래시장 방문 의향이 70.4%로 매우 높지만 재래시장을 찾는 소비자가 지금보다 더 많아질 것이란 예상은 27.8%에 그친 결과를 보더라도 그렇다. 코로나19 긴급 재난 지원금 제공이 좀 더 많은 소비자를 재래시장으로 불러 모으기는 했지만, 유통 채널로서의 경쟁력이 아닌 단순히 지역경제 및 지역사회와의 상생이라는 명분만을 내세워 소비자에게 호소하는 것은 이제는 분명 한계에 다다른 것으로 보인다.

결국 재래시장의 활성화를 위해선 무엇보다 유통 채널적 관점에서 경쟁력 향상이란 부분부터 출발을 고민해야 할 것으로 보인다. 긴급 재난 지원금으로 그래도 좀 더 많은 소비자들이 재래시장을 방문하고 있는 지금이야말로 이들의 마음을 사로잡아 지속적으로 찾아올 수 있게끔 유도하는 노력이 가장 필요한 시점이다. 다행히 최근 들어 여러 재래시장에서 시장 상권의 활성화를 위해 자체적으로 펼치고 있는 다양한 노력들, 예컨대 맛집과 디저트 매장 입점, 시설의 현대화, 지역화폐 사용 등이 대부분 좋은 평가를 받고 있는 점은 매우 고무적이다.

앞으로 재래시장을 방문하고 싶어 하는 대중 소비자들이 많다는 것은 분명 긍정적인 신호다. 이렇게 좋은 감정을 가지고 있는 소비자들이 재래시장을 꾸준히 찾을 수 있도록 다양한 방안과 변화를 계획하고 실행할 필요가 있을 것으로 보인다.

| 키워드 감성 정보량 추이 |

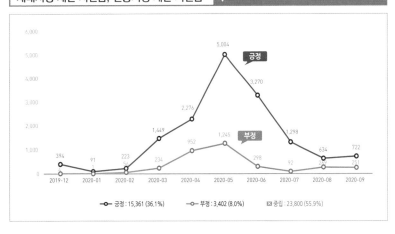

엠브레인 패널 빅데이터®

INSIGHT II

구독서비스의 대표 주자 『넷플릭스』의 2020년 월별 이용자는 주로 2030 연령대의 이용률이 높은 편
단, 4월을 기점으로 20대의 넷플릭스 이용률은 지속적인 증가세를 보인 반면 30대는 다소 감소하는 추이

30대의 경우 유튜브, 게임, 웹소설 등 콘텐츠 소비형의 앱 이용과 함께 공부 시간을 측정하는 열품타(열정
품은 타이머) 앱 이용률이 압도적으로 높게 나타난 점이 특징적임

NETFLIX User Profile

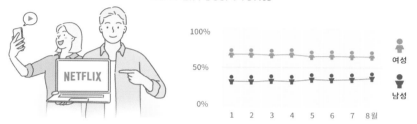

여성

남성

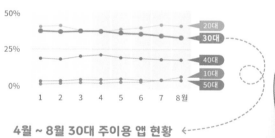

20대
30대
40대
10대
50대

4월 ~ 8월 30대 주이용 앱 현황 ←

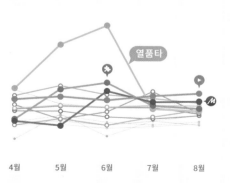

1인당 평균
총 사용시간

열품타

▶ 유튜브
웹소설 문피아
게임(퍼즐)
▶ 열정품은타이머
게임(전략)
카카오톡
도돌런처
게임(롤플레잉)
게임(시뮬레이션)
다음카페
네이버 웨일 브라우저
웹소설 조아라
게임(카드)
코브라 브라우저
Samsung Internet 브라우저
게임(캐주얼게임)

4월   5월   6월   7월   8월

PART 3

재택근무, 돌아올 수 없는 선을 넘다

PART 1   PART 2   PART 3   PART 4   PART 5

재택근무,
돌아올 수 없는
선을 넘다

2021 Trend Monitor

PART 3

포스트 코로나 시대의
일은 어떻게 변할까?

개인 시간 효율화, 업무 내용의 명확화, 탈감정 노동,
성과 중심주의, 전문적·참조적 리더십의 부상

'점심 메뉴 고민'은 "
점점 추억이 되어가고 있다

직장인들의 점심시간 메뉴 고민이 없어지고
있다. 직장 선배나 동료들 눈치를 보며 같이
먹는 메뉴를 시켜야 하는 부담도 확 줄어들고
있다(요즘은 함께 먹는 메뉴는 주의할 필요가 있다:
73.4%, 요즘은 찌개처럼 다 함께 먹는 메뉴는 기피하

게 된다: 53.0%).[1] 코로나19가 만든 직장인들의 점심시간 풍경이다.

그런데 앞으로는 삼삼오오 모여 '점심으로 뭘 먹을까 고민하는 시
간' 자체가 일종의 추억이 될 가능성이 매우 높다. 회사라는 물리적
공간에 모이는 것 자체가 힘들어지고 있기 때문이다. 코로나19 이
후, 직장인들의 출퇴근시간에 변화가 생기면서, '업무 시간'이 다르

게 분포되기 시작하면서부터다. 2020년 6월 조
사에 따르면, 10명 중 2명 내외의 직장인들이 코
로나19 이후 출퇴근시간이 빨라지거나, 늦춰지
거나, 자유로워졌다(출근 시간 변화 있음: 19.0%, 퇴
근 시간 변화 있음: 22.6%).[2] 총근무시간에도 변화가
있었다(근무시간 감소: 9.5%, 증가: 4.6%, 자유로워짐:
6.8%).[3] 동일한 시간대에 출퇴근을 하던 나와 같은
직장인 5명 중 1명(20.9%)은 다른 시간대로 옮겨 간 것이다.

　회사라는 조직은 규모와 상관없이 생각보다 유연하지 않다. 회사
내에서 형, 언니, 동생 같은 유사 가족의 관계를 지향하는 경우도
있지만, 회사원은 엄연히 회사와 계약으로 맺어진 관계이기 때문
이다. 여기에는 출퇴근 규정뿐 아니라 근로시간에 대한 엄격한 기
준이 포함된다. 회사의 입장에서 보면 회사 구성원들의 근로시간은
회계적으로 고정비, 인건비라고 하는 비용의 개념과 같다. 따라서
근로시간은 상황에 따라 고무줄처럼 유연하게 늘리고 줄일 수 있는
대상이 아닌, 회사가 관리해야 하는 일종의 자산이라 할 수 있다.
그런데 근로시간이라는 견고한 자산이 코로나19라는 대규모의 감
염병으로 인해 흔들거리고 있는 것이다. 이와 더불어 다양한 형태
의 유연 근무 제도에 대한 인식과 경험도 크게 늘어나고 있었다.

　유연 근무 제도에 대한 인지도는 4년 전인 2016년에 비해(유연 근
무제 잘 알고 있음: 39.3%) 크게 증가했고(63.4%, 2020년), 재택근무와
선택적 근로시간제 등의 유연 근무제를 경험한 비율도 30.2%에서
45.2%로 15% 이상 증가했다.[4] 전체 직장인들의 절반 이상은 이미

이런 유연한 형태의 근무 방식을 알고 있었고, 절반에 가까운 이들은 이미 경험을 하고 있었던 것이다.

이 제도 중 앞으로의 근로 형태에 가장 큰 영향을 줄 변화는 단연 재택근무의 확산이다. 재택근무는 같은 공간에서 일은 하되, 출퇴근시간을 자유롭게 분산하는 다른 유연 근무제 형태들과는 근본적으로 개념이 다르다. 출퇴근이 아예 없고, 공간 자체가 분리된, 딸랑 '일의 내용'만이 회사와 공유되는 완전히 다른 형태의 근무이기 때문이다.

이 재택근무는 2020년 5월 하순을 기준으로 전체 직장인들의 21.8%가 경험했고, 한달 뒤인 2020년 6월 하순 조사에서는 30.3%로, 한 달 새 8.5%가 증가했다. 현재 코로나19의 유행 상황과 백신의 개발 상황으로 미루어 볼 때, 이 재택근무 형태는 앞으로도 지속

재택근무(경험률)

7.5% 21.8% 30.3%

2016 2020.5. 2020.6.

적으로 늘어날 것으로 예상된다. 그런데 이렇게 재택근무가 늘어나면, 대표이사를 포함한 회사의 관리자, 상사들은 아마 속이 타 들어갈(?) 것이다. 겉으로 내놓고 표현하기는 힘들어도, '직원들은 눈에안 보이면, 일을 안 할 텐데…'라는 걱정이 깔려 있을 가능성이 높기때문이다. 진짜 그럴까?

재택근무는 "
집에서 노는 거다?

출퇴근도 없고, 슈퍼바이저(감독관)도 없고, 회사가 아닌 별도의 공간에서 하는, '회사 일'. 재택근무가 확산된다면, 일의 과정과 내용은 어떻게 변할까? 재택근무 경험이 있는 직장인들은 무엇이 달라졌다고 느낄까? 일단 충분히 예상 가능하면서도 당연한 변화는 일상생활에서 집에서 하는 활동 시간과 가족과 함께하는 시간의 증가다. 집에서 요리를 하는 시간(요리 시간 증가: 62.8%)과 집안일을 하는비중이 늘었으며(집안일 하는 시간 증가: 64.2%), 끼니를 제때 챙겨 먹

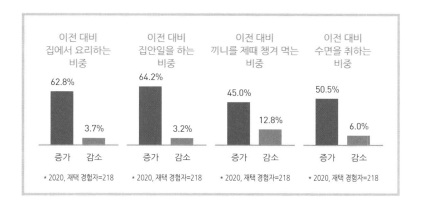

거나(제때 식사 증가 45.0% vs 감소 12.8%), 수면을 더 취하거나(수면 증가 50.5% vs 감소 6.0%), TV를 보는(증가 47.2% vs 감소 3.7%) 비중 등이 이전에 비해 증가했다고 응답한 직장인들이 매우 많았다.[5] 그래서 전체적으로는 심리적인 여유로움을 느끼는 사람이 상당히 많았다(이전 대비 심리적 여유 증가: 65.6%).[6] 뒤집어 보면, 제때 식사를 챙기지 못했거나 집안일을 덜 챙기고 잠을 줄이면서 일을 한 사람들이 그

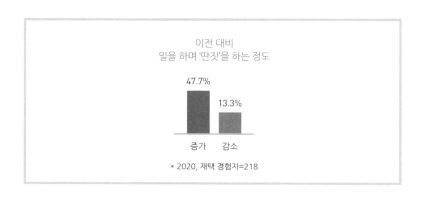

이전 대비
일을 하며 '딴짓'을 하는 정도

47.7%

13.3%

증가　감소

* 2020, 재택 경험자=218

만큼 많았다는 것이다.

흥미로운 부분도 있다. 47.7%의 재택근무자는 이른바 '딴짓'이 늘었다고 응답했다.[7] 이쯤 되면, 관리자들은 불안해진다. '거봐, 역시 관리자 눈 밖에 있으니 노는 거 아니겠어?'라는 임원진의 마음의 소리가 들린다(나는 재택근무로 열심히 일을 한다. 하지만 다른 사람들은 그렇지 않을 것이다: 임원/대표 38.5% vs 사원 15.1%).[8] 그런데 알고 보면 근무 중 '딴짓'은 회사에서 일할 때도 일상적으로 존재했었다. 2016년 온라인 취업 포털 사람인Saramin HR이 직장인 1,206명을 대상으로 한 조사에 따르면, 응답자의 85.2%가 이 딴짓에 동참한 적이 있었고, 2017년의 같은 조사에서도 80%가 넘는 직장인들이 이 딴짓에 대한 공통된 경험이 있었다.[9] 10명 중 8~9명의 직장인들이 딴짓을 하는 것으로, 사실 이런 딴짓은 세계적인 현상이다. 스웨덴 룬드대학교 사회학과의 롤란드 폴센Roland Paulsen 교수는 이 업무 중 딴짓을, '공허노동Empty Labor'이라고 근사하게(?) 명명한다.[10] 일정 비율의 딴짓은 직장인들에게 일종의 디폴트값일 수 있다는 뜻이다. 그래서 재택근

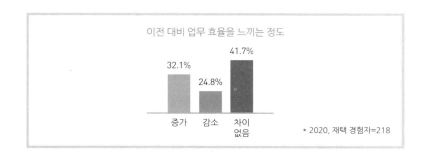

이전 대비 업무 효율을 느끼는 정도

32.1% 증가
24.8% 감소
41.7% 차이 없음

* 2020, 재택 경험자=218

무에서 알아야 할 더 중요한 지점은 일의 내용적인 측면에서 어떤 변화가 있는가를 들여다보는 것이다.

재택근무는 일의 관계적 측면보다 일의 내용에 좀 더 신경을 쓰게 하는 효과가 있는 것으로 보인다. 재택근무를 경험한 사람들 4명 중 1명(24.8%)은 이전에 비해 업무 효율이 감소했다고 응답했으나, 좀 더 많은 사람들은 오히려 업무 효율이 증가했다고 응답한 것이다 (32.1%).[11] 또한 10명 중 4명 정도의 재택근무 경험자들은 회사에서 일할 때와 업무 효율이 크게 차이가 없다고 응답했으며(41.7%),[12] 업무 집중도는 시간이 지남에 따라 더 높아졌다고(업무 집중도 증가: 재택 경험자 37.3% vs 재택 비경험자 19.5%)[13] 평가하고 있었다. 그래서 무

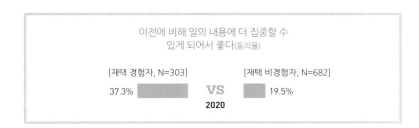

이전에 비해 일의 내용에 더 집중할 수
있게 되어서 좋다(동의율)

[재택 경험자, N=303]
37.3%   VS   19.5%   [재택 비경험자, N=682]
2020

엇보다 재택근무에 대한 만족도가 크게 높았다(재택근무 전반적 만족도: 84.4%).[14] 가장 큰 이유는 출퇴근시간을 아끼는 것(78.3%, 1순위)과 자신의 라이프 사이클에 맞게 시간을 효율적으로 이용할 수 있기 때문이었다(61.4%).[15]

다만, 재택근무가 업무 스트레스를 크게 줄이는 효과는 없는 것 같다. 조사에 따르면, 재택근무를 경험한 10명 중 9명의 직장인들은 스트레스를 경험하고 있었기 때문이다(직장 내 스트레스 경험: 재택근무 경험자 89.3% vs 재택근무 비경험자 92.6%).[16] 이렇게 높은 수준의 스트레스 경험은, 결국 많은 직장인들이 재택근무를 하더라도 결과물을 만들어내야 하는 압박에서 결코 자유로울 수 없다는 점을 인식하고 있다는 사실을 의미한다. 물론 재택근무가 직장 상사나 주변 사람들의 눈치를 보지 않고 일 자체에 집중하게 하는 장점은 분명해 보인다(재택근무 시행으로 상사나 주변 사람들의 눈치를 보지 않게 된 점이 좋다: 74.3%).[17] 그리고 직급에 따라 이런 눈치를 보는 온도 차도 분명했다(눈치 안 보게 되어서 좋음: 대리 84.4%(1순위), 사원 78.1%(2순위), 부장/팀장 75.6%(3순위), 과장/차장 61.9%(4순위), 임원/대표 53.8%(5순위)).[18] 하지만 재택근무 경험자들은 직장 상사나 관리자들의 눈에

직장 내 스트레스 경험
(경험률)

[재택 경험자, N=329]   [재택 비경험자, N=671]

89.3%   VS   92.6%

2020

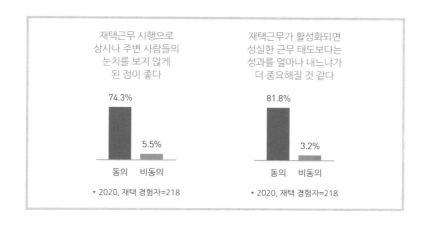

재택근무 시행으로
상사나 주변 사람들의
눈치를 보지 않게
된 점이 좋다

74.3%

5.5%

동의　비동의

* 2020, 재택 경험자=218

재택근무가 활성화되면
성실한 근무 태도보다는
성과를 얼마나 내느냐가
더 중요해질 것 같다

81.8%

3.2%

동의　비동의

* 2020, 재택 경험자=218

띄지 않고 일을 하는 만큼, 일의 성과(또는 결과물)도 좋아야 한다는
부담감도 상당해 보인다. 10명 중 8명이 넘는 직장인들이 재택근무
가 활성화되면 근무 태도보다는 '성과'를 내는 것이 더 중요하다는
압박감을 스스로 느끼고 있었기 때문이다(재택근무가 활성화되면 성실
한 근무 태도보다는 성과를 얼마나 내느냐가 더 중요해질 것 같다: 81.8%).[19]

재택근무, 일의 과정과 "
일에 대한 태도를 바꾸다

재택근무 경험자들에게서 이전에 비해 일의 과정에서 효율을 중시
하는 태도가 분명하게 나타났다. 회의를 하는 빈도가 현저하게 줄
었고(이전 대비 회의 빈도: 감소 51.8% vs 증가 11.9%), 동료들과 소통하
는 총량도 이전에 비해 훨씬 많이 줄었다(직장 동료 커뮤니케이션 비중:

메신저와 이메일 소통 비중이 늘어
업무 내용이 명확해졌다(동의율)

[재택 경험자, N=303]
45.2%

VS
2020

[재택 비경험자, N=682]
22.0%

감소 52.3% vs 증가 12.4%).[20] 반면, 메신저와 이메일로 소통하는 비중을 늘려, 업무의 내용을 명확히 하고 일의 효율을 높이려고 했다(메신저와 이메일 소통 비중이 늘어 업무 내용이 명확해졌다: 재택 경험자 45.2% vs 비경험자 22.0%, 업무 효율이 높아졌다: 재택 경험자 42.2% vs 비경험자 20.8%).[21] 결과적으로 재택근무 경험자들은 이전에 비해 회의나 보고가 줄어들었으나(이전에 비해 회의나 보고가 줄어서 좋다: 재택 경험자 51.2% vs 비경험자 28.7%), 역설적으로 업무의 내용은 더욱 명확해졌다고 판단하고 있었으며(업무의 내용이 이전에 비해 더욱 명확해졌다: 재택 경험자 44.2% vs 비경험자 23.5%), 이 결과로 직장 상사의 모호한 업무 지시를 줄일 수 있었다고 생각하고 있었다(직장 상사의 모호한 업무 지시가 줄어들었다: 재택 경험자 42.2% vs 비경험자 23.9%).[22]

정리하면, 재택근무는 직장인들에게 이전의 직장 생활에서 잡다한 관계로 얽혀 있던 시간 손실을 전체적으로 줄여주는 것으로 보인다. 눈치를 보면서 회사에 남아 있는 시간을 줄였으며(눈치 보면서 회사에 남아 있는 시간이 사라졌다: 재택 경험자 49.8% vs 비경험자 28.2%), 총근무시간을 지키는 것을 매우 중요하게 생각하는 것이다(총근무시간을 지키는 것이 더 중요해졌다: 재택 경험자 42.9% vs 비경험자 26.7%).[23]

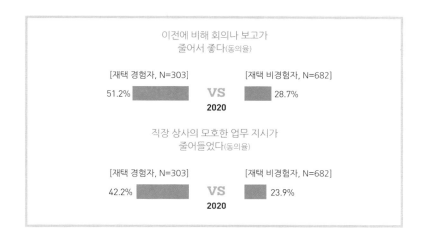

이전에 비해 회의나 보고가
줄어서 좋다(동의율)

[재택 경험자, N=303]   [재택 비경험자, N=682]
51.2% VS 28.7%
2020

직장 상사의 모호한 업무 지시가
줄어들었다(동의율)

[재택 경험자, N=303]   [재택 비경험자, N=682]
42.2% VS 23.9%
2020

결론적으로, 재택근무 경험은 직장인들로 하여금 회사 내 상사와의 인간관계보다는 일 자체에 대한 집중도를 높이는 데 효과가 있다고 볼 수 있다. 일의 내용을 명확하게 하고, 메신저나 이메일 등으로 근거를 남기는 방식의 소통을 통해 시간을 효율적으로 사용하게 한다. 반면, '재택근무는 노는 거 아냐?'라는 회사 선배들의 우려(?)와는 달리, 일의 결과물 또는 명확한 성과에 대한 부담도 가지고 있었다. 재택근무 경험이 일의 과정과 일에 대한 태도를 바꾸어놓

눈치 보면서 회사에 남아 있는 시간이
사라졌다(동의율)

[재택 경험자, N=303]   [재택 비경험자, N=682]
49.8% VS 28.2%
2020

고 있는 것이다.

그런데 이런 일의 내적 과정과는 다른 차원에서 재택근무가 회사의 리더십에도 영향을 불러일으킬 가능성이 매우 높아졌다. 소통 과정의 변화 때문이다. 그리고 이 재택근무의 소통 과정은 기존의 그 '걱정 많던(?) 관리자 선배님들'의 또 다른 걱정거리가 될 수도 있어 보인다.

재택근무, "
리더십을 바꾸다

재택근무 경험자들은 당연하게도 이전에 비해 직장 상사들과의 대면 보고 상황이 현저하게 줄어들었는데, 많은 사람들이 이 상황을 만족해했다(직장 상사와 얼굴을 마주 보며 얘기하는 시간이 줄어들어서 만족스럽다: 재택 경험자 46.5% vs 비경험자 28.7%, 직장 상사와 메신저나 이메일로 소통하는 비중이 늘어나서 만족스럽다: 재택 경험자 42.9% vs 비경험자 23.0%).[24] 반면, 매번 근거를 남기는 방식의 소통이 늘어난 부분은

이전에 비해 일의 근거를 자료나 문서로
남겨야 해서 더 힘들어졌다(동의율)

[재택 경험자, N=303]   [재택 비경험자, N=682]

42.2%   VS   20.4%
                    2020

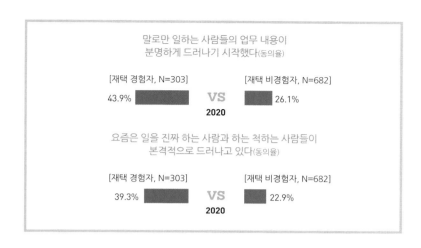

오히려 불편해하는 사람도 많았다(이전에 비해 일의 근거를 자료나 문서로 남겨야 해서 더 힘들어졌다: 재택 경험자 42.2% vs 비경험자 20.4%).[25] 대면 보고가 줄어든 재택근무 방식의 특성상 소통 과정에서 근거를 남기고, 공식적인 문서나 기록을 남겨야만 할 당위성이 커졌다는 뜻이다.

그 결과, 흥미롭게도 재택근무 경험자들은 이제 회사의 일에서 좀 다른 것을 보게 된 것 같다. 회의 때만 '일을 하는 것처럼' 보이는 사람들과(회의 때만 일하는 것처럼 보이는 사람들이 줄어들었다: 재택 경험자 37.6% vs 비경험자 21.4%), '말로만' 일하는 사람들과(말로만 일하는 사람들의 업무 내용이 분명하게 드러나기 시작했다: 재택 경험자 43.9% vs 비경험자 26.1%), '일을 하는 척'하는 사람들을(요즘은 일을 진짜 하는 사람과 하는 척하는 사람들이 본격적으로 드러나고 있다: 재택 경험자 39.3% vs 비경험자 22.9%) 구분하기 시작한 것이다.[26] 그래서 문제 해결 능력이 있는

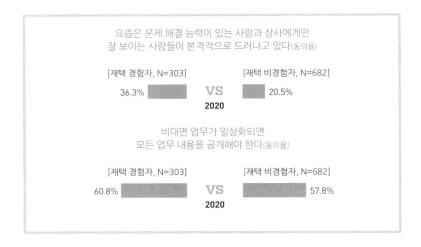

요즘은 문제 해결 능력이 있는 사람과 상사에게만
잘 보이는 사람들이 본격적으로 드러나고 있다(동의율)

[재택 경험자, N=303]   [재택 비경험자, N=682]

36.3%   VS   20.5%
              2020

비대면 업무가 일상화되면
모든 업무 내용을 공개해야 한다(동의율)

[재택 경험자, N=303]   [재택 비경험자, N=682]

60.8%   VS   57.8%
              2020

사람들을 이전보다 더 뾰족하게 더 구분하기 시작했다(요즘은 문제 해결 능력이 있는 사람과 상사에게만 잘 보이는 사람들이 본격적으로 드러나고 있다: 재택 경험자 36.3% vs 비경험자 20.5%).[27] 그리고 코로나 이후, 비대면 업무 상황이 일상화되면 이전과는 업무 프로세스가 바뀌어야 한다는 것에는 재택근무 경험과 관계없이 상당수의 직장인들이 동의하고 있었다(비대면 업무가 활성화되면 일을 하는 척하는 사람들은 회사 생활이 어려워질 것이다: 재택 경험자 62.3% vs 비경험자 64.8%, 비대면 업무가 일상화되면 모든 업무 내용을 공개해야 한다: 재택 경험자 60.8% vs 비경험자 57.8%).[28]

다시 말하면, 대면 방식으로만, 회의 때만, 근거를 남기지 않고 말로만, 일을 하던 일부의 '걱정 많던 선배'들에게는 자신들의 이전 업무 습관을 바꿔야 하는 무언의 압력으로 작용할 수 있다는 것을 의미한다. 새로운 걱정거리가 등장한 상황이 된 것이다. 이것은 곧,

앞으로 재택근무가 더 활성화된다면 관리의 형태, 즉 리더십의 유형이 바뀌어야 한다는 것을 의미한다.

포스트 코로나 시대에 "
가장 적합한 리더십은?

그렇다면, 코로나 이후에는 어떤 형태의 리더가 가장 영향력을 얻게 될까? 조직의 구성원들에게 영향을 끼치는 힘의 원천을 5가지로 구분한 권력 유형을 바탕으로 직장인들에게 조사를 진행했다. 질문지에서는

권력의 원천을 전문적 권력Expert Power, 참조적 권력Referent Power, 합법적 권력Legitimate Power, 보상적 권력Reward Power, 강압적 권력Coercive Power의 5가지로 구분했다.[29] 전문적 권력은 전문성이나 기술, 또는 지식을 갖고 있는 리더십을 뜻하며, 참조적 권력은 리더의 개인적 특성이나 인기, 매력에 기반해 다른 이들이 모방하려고 할 때 발생하는 영향력을 말한다. 합법적 권력은 직위나 권한 등의 외적 기준에 의해 부여받은 권력을 말하며, 보상적 권력은 인사권이나 물질적 보상이라는 것을 기반으로 타인에게 영향을 끼치는 리더십을 말하고, 강압적 권력은 사람들을 엄격하게 처벌할 수 있는 권위를 기반으로한 권력을 말한다.

포스트 코로나 시대에 잘 맞는 리더십(중복 응답)

참조적 권력	66.9%
전문적 권력	59.4%
보상적 권력	47.0%
합법적 권력	31.5%
강압적 권력	14.8%

* 2020, N=1,000

조사 결과, 직장인들의 상당수는 포스트 코로나 시대에 잘 맞는 리더십은 개인적 매력에 기반한 참조적 권력(66.9%)이라고 답했다. 다음으로는 전문적 권력(59.4%), 보상적 권력(47.0%)순이었다. 직급과 권위, 강한 처벌을 무기로 한 권력에 대한 리더십 평가는 현저하게 낮았다(포스트 코로나 시대 적합한 리더십 유형: 동의율−합법적 권

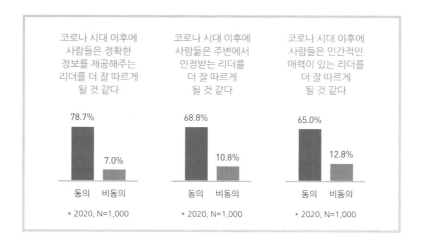

코로나 시대 이후에 사람들은 정확한 정보를 제공해주는 리더를 더 잘 따르게 될 것 같다

동의 78.7% 비동의 7.0%

* 2020, N=1,000

코로나 시대 이후에 사람들은 주변에서 인정받는 리더를 더 잘 따르게 될 것 같다

동의 68.8% 비동의 10.8%

* 2020, N=1,000

코로나 시대 이후에 사람들은 인간적인 매력이 있는 리더를 더 잘 따르게 될 것 같다

동의 65.0% 비동의 12.8%

* 2020, N=1,000

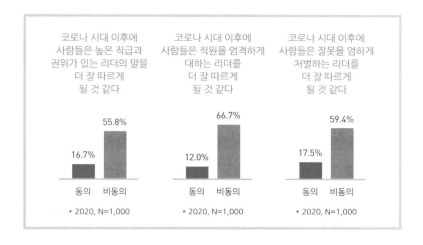

| 코로나 시대 이후에
사람들은 높은 직급과
권위가 있는 리더의 말을
더 잘 따르게
될 것 같다 | 코로나 시대 이후에
사람들은 직원을 엄격하게
대하는 리더를
더 잘 따르게
될 것 같다 | 코로나 시대 이후에
사람들은 잘못을 엄하게
처벌하는 리더를
더 잘 따르게
될 것 같다 |

동의 16.7% 비동의 55.8%
* 2020, N=1,000

동의 12.0% 비동의 66.7%
* 2020, N=1,000

동의 17.5% 비동의 59.4%
* 2020, N=1,000

력(31.5%), 강압적 권력(14.8%)).[30] 개별 항목으로는 정확한 정보를 주는 리더십에 대해 가장 높은 평가를 주었고(코로나 시대 이후에 사람들은 정확한 정보를 제공해주는 리더를 더 잘 따르게 될 것 같다: 78.7%), 주변에서 인정을 받거나 인간적인 매력이 있는 리더를 선호했다(코로나 시대 이후에 사람들은 주변에서 인정받는 리더를 더 잘 따르게 될 것 같다: 68.8%, 코로나 시대 이후에 사람들은 인간적인 매력이 있는 리더를 더 잘 따르게 될 것 같다: 65.0%).[31] 반면, 자신의 직급이나 직위를 이용해(코로나 시대 이후에 사람들은 높은 직급과 권위가 있는 리더의 말을 더 잘 따르게 될 것 같다: 동의 16.7% vs 비동의 55.8%), 직원을 엄하게 대함으로써(코로나 시대 이후에 사람들은 직원을 엄격하게 대하는 리더를 더 잘 따르게 될 것 같다: 동의 12.0% vs 비동의 66.7%), 자신의 권위를 높이려는 리더(코로나 시대 이후에 사람들은 잘못을 엄하게 처벌하는 리더를 더 잘 따르게 될 것 같다: 동의 17.5% vs 비동의 59.4%)에 대해서는 상당한 거부감을 보였다.[32]

이 결과는 재택근무 경험에서 나타난 업무에 대한 직장인들의 태도 변화와 완전히 일치한다. 비대면 상황에서의 업무가 확장되고 지속된다면, 소통 과정에서의 명확성이 점점 더 중요해질 것이다. 이때 필요한 리더십은 충분히 잘 듣고, 명확하게 소통하는 리더십일 것이다. 조직의 위계상에서의 권위는 필요하지만, 현재와 같은 팬데믹 상황에서는 '높은 직위와 지나친 신비주의적 카리스마' 리더십이 직접적인 문제 해결에 별 도움이 되지 않기 때문이다. 지금 당장, 그리고 가까운 미래에 필요한 리더는 신속하고, 정확하게, 믿을 수 있는 정보로 구성원들과 소통할 수 있는 역량을 갖춘 리더다.

So what? ""
시사점 및 전망

코로나19가 직장인들의 점심 식사 풍경을 바꿔놓고 있지만, 사실 점심시간이라는 시간개념이 별도로 존재한 지는 얼마 되지 않았다. 출퇴근의 기원은 영국이다. 19세기 중반, 철도가 개통이 되고 사람들이 출퇴근이라는 걸 하기 전까지, 영국에는 정기적인 '점심시간'이라는 개념이 없었다. 아침에 많이 먹고 출근하고, 퇴근한 뒤 저녁을 먹었다(이른 저녁을 먹고 대신 밤 10시쯤 '디너'라는 이름의 거창한 식사를 또 했다고 한다). 그러던 직장인들이 6시간 이상의 공복을 참지 못해, 일과 중에 '다급한 식사'라는 점심 식사의 개념을 만들어냈던 것이다.[33] 100여 년 뒤 이 점심시간은 엄연히 정식으로 '휴게 시간'이라는 개념으로 근로시간에 포함되어 법적으로 보호를 받게 된다. 영국과 마찬가지로 세계적으로도 이와 유사한 현상이 나타났다. 철도가 생기면서 출퇴근이 생겼고, 도시와 외곽 지역이 구분되고, 점심시간이 생겨났다.

역사에는 본래부터 존재하던 규칙이나 제도 같은 것은 없다. 모든 제도나 규칙은 새롭게 바뀐 환경에 사람들이 적응한 흔적이다. 이제 회사에는 출근하는데, 교통수단을 이용하지 않아도 되는 시대가 찾아왔다. 재택근무로 변화하는 회사와 일의 프로세스는 앞으로의 근로 환경에 대해 4가지 시사점을 준다.

첫 번째 시사점은, 재택근무가 확산되며 이미 돌아올 수 없는 강을 건넌 것으로 보인다는 것이다. 재택근무에 만족하는 사람들이 너무나 많고(84.4%), 장점과 필요성을 인식하고 있는 사람들이 이미 너무 많아졌다(이번 코로나19와 같은 위기 상황에서는 재택근무의 이점이 부각될 수밖에 없다: 82.9%, 이번 코로나19 사태로 재택근무의 필요성을 느낀 사람들이 많아졌을 것이다: 82.4%).[34] 이렇게 된다면, 재택근무가 가능한 업종에서는 차라리 선제적으로 재택근무의 정확한 효율과 장단점을 분석해 미리 준비하는 것이 좋을 것으로 보인다.

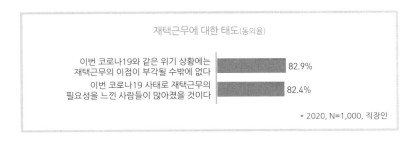

재택근무에 대한 태도(동의율)

이번 코로나19와 같은 위기 상황에는
재택근무의 이점이 부각될 수밖에 없다　82.9%
이번 코로나19 사태로 재택근무의
필요성을 느낀 사람들이 많아졌을 것이다　82.4%

* 2020, N=1,000, 직장인

두 번째 시사점은 조직 구성원의 동기에 관한 것이다. 재택근무가 확산이 된다면, 앞으로 가장 중요한 조직 구성원들의 관리 이슈는 '자발적 동기'일 가능성이 높다. 왜냐하면, 회사 일이라는 명확한 미션 이외에 구성원을 통제할 수 있는 물리적 공간과 일상적 감독이 현실적으로 쉽지 않기 때문이다.

세 번째 시사점은 직접적으로 두 번째와 연관되는 것이다. 조직 구성원들의 자발적 동기를 관리하기 위한 리더십은 필연적으로 '참조적 권위'와 '전문적 권위'에 근거한 리더십의 방향으로 귀결될 수밖에 없다. 인간적 매력을 가진 리더와 정확한 정보로 명확하게 소통하는 리더십만이 구성원들의 자발적 동기를 지속 가능하게 관리할 수 있을 가능성이 매우 높다.

마지막 네 번째 시사점은 (문자와 이메일 중심의 소통 과정으로 인한) 진정성 있는 소통의 결핍에 대한 것이다. 현재와 같은 비대면 소통의 일상화는 소통 과정에서 미스 커뮤니케이션의 가능성을 현저하게 높일 가능성이 있다. 문자를 곡해하거나 오독하고, 맥락을 놓치는 소통이 잦아질 수도 있다.[35] 따라서 보다 충분하게 설득이나 이해를 시켜야 하는 상황이라면, 유선전화와 (안전한 방식을 전제한) 면 대 면 상황의 소통을 늘려야 한다.

그리고 진정성 있는 소통의 결핍과 관련해 제안을 하나 하고자 한다. '직장인들의 회식'이 다시 필요해질 수도 있다는 역설적인 제안이다. 전통적으로 관리자 직급을 제외한 많은 직장인들은 '회식 문화'를 부담으로 받아들여왔다(회식 참여는 스트레스: 51.4%).[36] 그래서 이 제안은 설명이 필요하다.

사람들이 메신저나 이메일 등의 문자 텍스트Text를 중심으로 소통을 하게 되면 필연적으로 비언어적인 커뮤니케이션을 놓친다. 눈빛, 손짓, 발짓 등 비언어적 커뮤니케이션은 인간의 소통 과정에서 70% 가까이를 차지하기 때문이다. 정신과 의사인 정혜신은 그의 책 《당신이 옳다》에서 이 비언어적인 소통 과정의 중요성에 대해 언급한다. 2016년 세월호 참사가 있었던 시기, 많은 전문가들이 심리 치유를 목적으로 자신의 전문성으로 유가족들의 심리 치료를 하려고 했다. 하지만 상당수가 얼마 되지 않아 사고 현장을 떠났다. 큰 트라우마Trauma는 심리 치료라고 하는 이성화Rationalization 과정만으로 치유되는 것이 아니다. 오히려 유가족을 위로한 것은 뭔가를 해야겠다고 무작정 달려온 자원봉사자들이었다.

초기에 많은 전문가들이 현장에 왔지만 이내 사라졌다. 대신 "집에 앉아만 있을 수 없어서 무작정 달려왔다"는 자원 활동가들의 숫자는 시간이 갈수록 늘어났다. 그들은 "내가 할 수 있는 게 아무것도 없다"며 울면서 무슨 일이든 했다. 피해자들을 위해 음식을 만들고 설거지를 하고 청소를 했으며 한없이 무기력하게 느껴지는 자신의 슬픔과 분노, 무력감을 호소하면서도 유가족들 손을 잡고 함께 울었다. 그들의 이런 마음과 태도는 피해자들에게 실질적인 도움을 준다. 현장에서 반복적으로 일어났던 일들이다. 그들의 행동과 눈빛은 트라우마를 받은 이후 세상과 사람을 통째로 불신하게 된 피해자들에게 '당신은 혼자가 아니다'라는 느낌을 갖게 한다. 결정적인 위로다.

-정혜신,《당신이 옳다》, 14p

유가족들을 위로한 것은 이불을 덮어주고 돌아서던 자원봉사자들의 뒷모습, 먼발치에서 청소하던 자원봉사자들의 모습, 설거지하던 모습이었다. 핵심은 인간에게 필요한 소통은 상당 부분 '비언어 과정'을 통해 이루어진다는 것이다.

재택근무가 확산이 되면, 필연적으로 '얼굴을 보고' 소통할 기회는 희소해질 수밖에 없고, 당연히 상사와의 관계, 동료와의 관계뿐 아니라 회사와의 관계도 점점 더 느슨해질 수밖에 없다. 이렇게 되면, 필연적으로 진정한 소통에 대한 결핍은 쌓여갈 수밖에는 없다. 따라서 회사를 일종의 공동체 개념으로 보고, 장기적인 관계를 지향하는 조직이라면 '안전한 방식'이라는 전제로 '얼굴을 직접 보고' 솔직한 커뮤니케이션을 할 수 있는 자리를 정기적으로 마련해야 할 필요(꼭 술 마시는 회식의 형식이 아니라도)가 있다.

14 긱 경제:
평생직장이 없는 시대, 안정된 직장을 꿈꾼다

✎ 평생직장, 긱 워커(Gig Worker) 인식 및 창업 니즈 관련 조사
· 조사 대상: 전국의 만 16~65세 남녀 1,000명(자영업 종사자 제외) ④
· 조사 기간: 2020년 6월 2일~6월 9일

현재 하고 있는 일을 얼마나 오래 할 수 있을까? 또는 아쉽지 않을
만큼 최소한의 '밥벌이'는 하면서 평생 살아갈 수 있을까? 이런 고민
으로부터 자유로울 수 있는 사람은 그리 많지 않을 것이다. 그래서
누구나 이왕이면 '좋은' 직장에서 '오랫동안' 일하고 싶은 마음을 갖
고 있다 해도 무방하다. 하지만 생각해보면, '일', '직업'이 지속 가능
한가에 대한 막연한 불안감을 이렇게까지 크게 느끼지 않던 시절이
분명 있었다. 누구든 60세 정도가 되면 '정년'이란 개념이 있었고,
대체로 그 정년은 평생 일해왔던 '그' 직장에서 맞이하게 될 것이란
암묵적 동의, 즉 '평생직장'이란 개념이 유효했던 시기가 존재했었
기 때문이다. 그런데 지금은 뭔가 좀 많이 다르다. 일단 4차 산업혁
명 시대의 도래로 지금 내가 하고 있는 일이 로봇과 인공지능에 의

직장 생활에 대한 고민 (N=1,000, 단위: 동의율 %)

나는 요즘 직장에서 오래 잘 버틸 수 있을지 염려된다 **56.3**

10대 51.3 / 20대 56.2 / 30대 60.3 / 40대 61.7 / 50대 53.7 / 60대 45.5

나는 요즘 직장 생활을 계속할 수 있을까 하는 불안감이 있다 **55.2**

10대 30.8 / 20대 52.7 / 30대 58.9 / 40대 63.2 / 50대 55.6 / 60대 47.9

안정적인 직장 생활 vs 창업에 대한 인식 (단위: 동의율 %)

■ 2019(N=1,000) ■ 2020(N=1,000)

나는 하나의 직업만 추구하기보다 다양한 경로의 대안을 생각 중이다 **61.9 / 57.4**

나는 언제든지 나를 최고로 대우하는 곳으로 이직하고 싶은 마음이 있다 **69.1 / 63.2**

요즘 같은 불확실한 시기에는 창업보다 안정적인 직장 생활을 하는 것이 낫다 **72.6**

요즘 같은 시기에는 이직 등을 고려하는 것보다 지금 있는 곳에 오래 버티는 것이 더 낫다 **69.8**

해 언제든지 대체되고 사라질 가능성이 농후하다. 심지어 최근 가중된 경제적 어려움과 코로나19로 인한 고용 불안감까지 덧대지면서 직장 생활에 대한 불안감은 그 어느 때보다 훨씬 구체적이고 직접적인 문제로 다가오고 있는 중이다.

높아지는 불안감만큼이나 실패에 대한 막연한 두려움까지 더욱 커지고 있는 상황에서 직장인들이 취할 수 있는 가장 합리적인 태도는 어쩌면 '안정 지향적 성향'일 수밖에 없을 것이다. 다니는 직장을 떠나 새로운 곳으로 이직하려는 생각을 잠시 접어둘 가능성이 크고, 청년 세대들은 좁아진 취업 시장 앞에서 급여 수준이 낮더라도 가급적 안정적인 직장을 선택할 가능성이 높다. 때문에 코로나19 확산으로 사회적 불안감이 더 커진 당분간은 '안정적인 직장'에 대한 수요가 보다 많아질 것으로 예상된다. 자연히 도전과 모험 정신이 요구되는 '창업' 시장의 활력이 위축될 것은 물론이다. 퇴직과 실업 등으로 인해 어쩔 수 없이 창업을 선택하는 사람들은 계속해

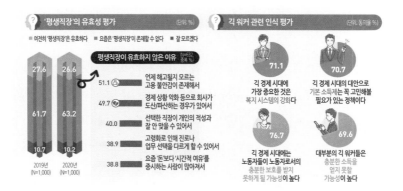

서 존재하겠지만, '카페 사장님'과 같은 꿈을 간직한 직장인들은 당분간 가슴 한편에 이 꿈을 고이 묻어둘 가능성이 높아 보인다. 요즘 같은 시기, 이직과 퇴사 등의 환경적 변화를 고려하기보다 지금 있는 곳에서 그저 오래 버티는 것이 더 나을 수 있다는 생각이 최악의 취업 빙하기로 예상되는 구직 시장에 점점 더 깊이 드리워지고 있는 중이다.

물론 아무리 안정적인 직장을 고수한다 하더라도 사회 전반적으로 '평생직장'에 절대적 의미를 부여하는 경우는 극히 드물었다. 스스로가 선택한 직장이 적성에 안 맞을 수도 있고, 내 의지와는 다르게 해고 통보를 받을 수도, 경제 상황의 악화로 다니던 회사가 도산을 할 수도 있기 때문이다. 게다가 단기 계약직과 독립 계약자, 프리랜서와 같은 초단기 노동을 제공하는 '긱 워커Gig Worker'가 확산되고 있는 점도 평생직장이 더 이상 유효하지 않다는 생각을 하게 만드는 외부 환경적 요인으로 꼽히고 있다.

한편에서는 시간 활용의 자유로움이라든지 개인의 적성과 꿈, 취향 등을 접목한 직업 선택의 가능성 등을 근거로 긱 워커 등장에 대해 긍정적 전망을 내놓는 사람들이 있다. 하지만 그것도 어디까지나 전문성을 갖춘 전문직 종사자들이나 또는 적절한 수입이 보장되는 안정적인 일자리를 공급받을 수 있다는 가정하에서만 가능한 얘기다. 오히려 단기 계약직과 독립 계약자, 프리랜서 형태의 일자리 확산은 노동자의 삶을 더욱더 열악한 환경으로 몰아낼 가능성이 크다는 주장이 많다. 실제 조사에서도 상당수 대중들은 '고용 불안'과 '소득 감소 우려'라는 부정적 측면에서 긱 워커 확산 현상을 암울하게 예견하는 경우가 많았다.

하지만 안타깝게도 이미 우리 사회는 긱 워커와 같은 노동 형태로 살아가는 사람들이 더욱 많아질 것이란 전망이 지배적이다. 그래서 긱 워커의 비중이 늘어나는 이른바 '긱 경제' 시대를 대비하기 위해선 복지 시스템의 강화나 기본 소득제의 도입 등 사회적 논의가 하루빨리 필요하다는 의견이 많다. 시스템 강화를 통한 사회 안전망을 구축해야 고용 안정성이 약하고 외부 환경에 취약한 '긱 워커'의 피해를 줄일 수 있다는 것이다.

어찌 됐든 급변하는 시대를 맞아 많은 노동자들은 앞으로 고용 불안과 소득 감소의 고통을 감내해야 하는 시기를 경험하게 될 것이다. 그리고 사회적 불안감과 경제적 불확실성이 커지면서 이전보다 '안정적'인 직장 생활을 꿈꾸는 사람들은 더더욱 많아질 가능성이 높다. 다만, '평생직장'과 같은 소박한(?) 소망을 이뤄내기란 현실적으로 매우 어려운 상황이기에 치열한 경쟁에서 살아남기 위한 개개인의 노력과 '일'과 '직업'에 대한 고민은 한층 더 깊어질 것으로 보인다.

연관 검색어 ▼

| 키워드 감성 정보량 추이 |

직장인 평생직장 ▼

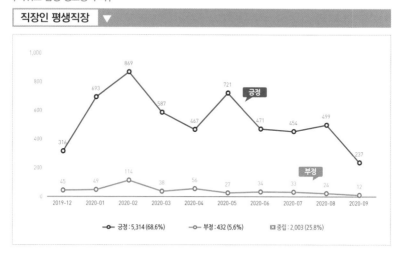

15 좋은 직장:
회사를 바라보는 알고리즘이 바뀌다

✏️ **직장 생활의 의미 및 직업 소명 의식 평가**
· 조사 대상: 전국의 만 19~59세 직장인 성인 남녀 1,000명 ②
· 조사 기간: 2020년 6월 3일~6월 8일

'회사'라는 공간은 좋든 싫든 간에 직장인들의 일상생활에 매우 중요한 비중을 차지한다. '경제적 활동'을 하는 장소이자 특정 직업 및 분야에서 개인의 '성장과 발전'을 도모하는 장소로 삶에 절대적인 영향을 끼치기 때문이다. 그래서 대부분의 직장인들은 '높은 연봉'과 '성장'이라는 두 마리 토끼를 모두 잡기 위해 많은 노력을 기울인다. 하지만 최근 직장인들에게 이보다 더 중요하게 여겨지는 것이 한 가지 있다. 바로 '개인 생활'의 보장이다. 설령 더 많은 연봉을 주고, 더 높은 직급으로 승진을 시켜준다고 해도 개인의 일Work과 일상생활Life의 균형이 유지되는 이른바 '워라밸' 삶이 보장되지 않으면 이를 마다하는 직장인들이 많아지고 있는 것이다.

이렇게 일과 개인 생활을 엄격하게 구분하려는 태도가 커지다 보

면 자연스럽게 직장 생활 내 인간관계도 훨씬 단순해지고, 사무적인 형태가 되어갈 수밖에 없다. 예전처럼 왜 직장 생활에서는 끈끈함(?)을 느낄 수 없을까를 아쉬워하기보다 이제는 직장이란 곳 자체가 엄연히 업무를 위해 모인 집단이니만큼 두터운(?) 친분은 오히려 해가 될 수 있다는 것을 깨달을 필요가 있다는 뜻이다. 그러니 이제부터라도 같은 회사에 다닌다 해도 업무가 다르면 서로 데면데면하게 지내는 것이 자연스런 일이라는 것도, 친하지 않은 사람과 밥을 먹거나 술자리를 하게 되는 것은 굉장히 불편한 일일 수도 있다는 것을 인정할 필요가 있겠다. 회사 사람과 의무적인 관계를 유지하는 등의 행태가 더 이상 회사 생활의 기본은 아니란 생각이 점점 더 많아지고 있기 때문이다.

그렇다면 직장인에게 가장 핵심적이고 중요한 '일의 내용'적 측면에서는 어떤 관점의 변화가 있을까? 일단은 예전만큼 일, 업무 자체를 중요하게 생각하거나 직장 생활을 통한 자아실현 의지 및 자부심을 가지는 경우는 많이 감소한 모습을 확인할 수 있었다. 더 많은 연봉을 원하는 바람이야 누구나 갖고 있겠지만 어디까지나 '감당할 수 있는' 수준의 업무와 노동일 때의 이야기로, 그저 적당한 직급에서 적당한 수준으로 일하고 싶은 마음을 가진 직장인들이 많아지고 있는 것이다. 당연히 야근을 해야 한다는 강박감도, 초과근무나 야근을 하지 않을 때 회사나 주변 동료에게 미안한 마음을 갖는 직장인도 찾아보기 어려웠다. 물론 이런 관점이 연령(세대)이나 직급에 따라 상당히 다른 모습을 보이는 것도 사실이다. 인정하고 싶지 않지만 지금까지 조사 결과를 보면, 직장 생활을 통해 뭔가 나름의 큰 의미를 부여하고 자부심을 느끼는 직장인은 대개 나이대가 좀 있거나 직급이 꽤 높은 사람들인 경우가 많다. 이것은 기업들이 일의 중요성과 회사의 성공을 강조하면서 직원들의 희생을 강요하고 무조건적인 충성을 바랄 수 없는 시대가 되었다는 것을 시사한다는 점에서 꽤 중요한 의미를 지닌다고 할 수 있다. 직장 내 조직 문화를 설계할 때 지금 시점에서 절대 간과해선 안 되는 중요한 포인트 중 하나다.

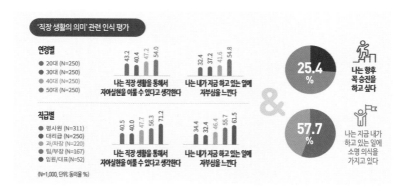

주목해야 할 또 다른 사실은, 직업에 대한 자부심이나 일을 열심히 해야 한다는 생각이 그리 많지 않지만, 여전히 직장인들 상당수는 현재의 일을 하고 있는 그 순간만큼은 책임감 있게 일하려는 마음을 갖고 있다는 점이다. 직업과 일의 의미를 중요하게 여기는 사회적 분위기는 약해졌지만 일하는 순간에는 '직업 소명 의식'을 갖고 일하는 직장인들이 많다는 뜻이다. 그러니 기본적으로 '누구나 자기의 일은 (일단) 열심히 하고 있을 것이다'란 믿음과 신뢰를 가질 필요가 있어 보인다. 코로나19 확산으로 어쩔 수 없이 유연 근무제가 근무 환경의 대안으로 선택되고 있는 상황에서, '재택근무를 하면 직원들이 일을 제대로 안 할 것'이란 고민까지는 굳이 할 필요가 없다는 얘기다.

이쯤 되면 장기화되고 있는 코로나 시대를 맞아 직장인들이 생각하는 '좋은 직장'의 기준이 무엇인지를 생각해볼 필요가 있다. 그 어느 때보다 워라밸이 중요해지고 있는 시대이니만큼 일단은 개인 생활의 영역이 확실하게 보장되는 회사가 '좋은 직장'으로 인식될 가능성이 매우 높아 보인다. 다만 코로나 종식 이후 좋은 회사를 바라보는 기준에도 적지 않은 변화가 있을 것으로 예상된다. 이미 상당수 직장인들이 코로나19와 관련해 직원들의 안전을 생각하고 배려해주는 회사가 달라 보인다고 느끼고 있기 때문이다. 심지어 직원들의 안전과 안위를 생각해주는 회사라면 오랫동안 근무하고 싶다는 '근속 의지'를 내비치는 직장인들도 많았다. '안전 의식' 및 직원에 대한 '배려'가 그 어느 때보다 부각되고 있는 모습으로, 이는 코

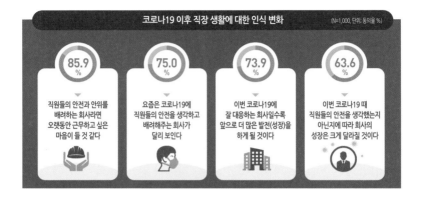

로나19 사태에도 직장 생활을 위해 어쩔 수 없이 출퇴근을 강행해야 했던 직장인들의 씁쓸함이 그대로 느껴지는 결과이기도 하다.

세계 최고의 경영 대가 게리 하멜은 기업의 성공은 새로운 기술 개발, 첨단 제품 출시보다 조직 문화, 조직 구성, 직원들의 시간 활용과 같은 '사람 관리'에 있다고 조언한 바 있다. 그리고 사람은 누구나 '본능적으로', '직감적으로', '배우지 않고도' 자신이 진심으로 존중받고 있는지 아닌지를 느낄 수가 있다. 존중받지 못함을 느낄 때는 그로 인한 스트레스를 받고 본래의 기능만큼 뇌가 제 역량을 발휘하지 못하기 마련이다. 당연히 업무 성과는? 낮아질 수밖에 없다. 회사로부터 존중받는 사람이 결국 일도 잘 해낸다는 것, 그리고 이런 사람들이 많은 기업일수록 포스트 코로나 시대에 성공 기업으로 나아갈 가능성이 높다는 것을 기억할 필요가 있어 보인다. 포스트 코로나 시대에 기업의 미래는 직원들의 안전을 생각했는지, 그들을 존중하고 배려했는지에 따라 매우, 크게, 달라질 수 있다.

|키워드 감성 정보량 추이|

직장인 근태 ▼

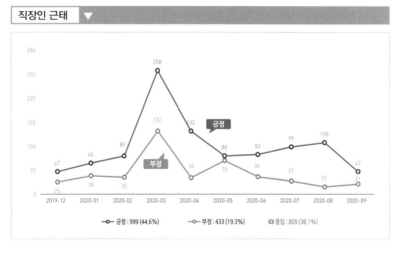

16 재택근무:
어디서든 '일'은 잘할 수 있다

🖉 **직장인 재택근무 관련 인식 조사**
· 조사 대상: 전국의 만 19~59세 직장인 성인 남녀 1,000명 ②
· 조사 기간: 2020년 5월 20일~5월 25일

출근도 하기 전에 퇴근부터 하고 싶은 마음. 직장인이라면 누구나 공감을 할 것이다. 그래서 '재택근무'는 많은 직장인들에게 어쩌면 가장 이상적이고도 환상의 근무 형태일는지도 모른다. 자기 나름대로 시간을 효율적으로 사용할 수도 있고, 출퇴근 시간에 많은 사람들을 마주치지 않아도, 직장 상사의 '눈치'를 보지 않아도 된다는 점이 꽤나 매력적으로 보이기 때문이다. 특히 요즘처럼 이불 밖이 위험한 코로나 시기에는 설령 하는 일 없이 급여만 축내는(?) '월급 루팡'으로 오해를 받을지라도 재택근무는 거부할 수 없는 마력으로 느껴지는 근로 시스템이라 할 수 있다. 하지만 이렇게 마냥 재택근무 형태와 관련한 일차원적 접근만 하기에는 지금 우리 사회의 재택근무 필요성이 급격하게 커지고 있는 추세다. 첨단 기술의 발달과 생산성 향상으로 업무 공간의 효율적인 사용과 '일Work' 자체의 형태 변화가 필연적으로 요구되는 시대에 접어들었기 때문이다. 게다가 일과 삶의 균형이 강조되고 주 52시간 근무 제도가 본격화되면서 재택근무를 비롯한 다양한 형태의 유연 근무 제도의 도입을 고려하 거나, 이미 시행하고 있는 기업들이 증가하고 있기까지 하다.

이런 흐름에서 예기치 않게 발생한 '코로나19' 사태는 재택근무 의 도입을 앞당긴 하나의 계기가 된 것으로 보인다. 기존에 시행되 고 있던 52시간 근무 제도의 영향도 있겠지만, 최근 '코로나19'로 재 택근무의 필요성을 느끼는 사람도(동의율 82.4%), 재택근무의 이점에 공감하게 된 회사도(동의율 75.1%) 많아졌을 것 같다는 의견이 높은 비중을 차지한 것이다. 특히나 실제 코로나19로 '유연 근무 제도'에 대한 전반적인 이해와 경험이 4년 전인 2016년에 비해 확실히 증가 한 것으로 나타나, 그동안 수면 밑에만 머물던 재택근무 제도가 본

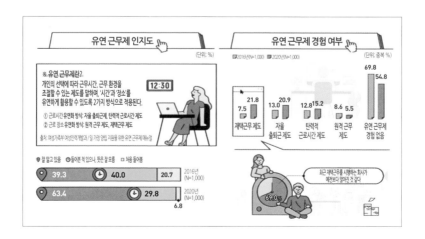

격적으로 시행되기 시작했다는 것을 느낄 수 있었다.

　그렇다면 실제 재택근무를 경험해본 사람들은 '재택근무'를 어떻게 생각하고 있을까? 기대했던 것처럼 환상적이고 이상적인 근무 환경으로 바라보고 있을까? 일단, 조사 결과로만 본다면 평가는 가히 나쁘지 않은 것으로 보인다. 단도직입적으로 회사라는 공간에 '굳이' 출근을 하지 않아도, 예전보다 회의를 '적게' 하고 커뮤니케이션을 '덜' 하더라도 충분히 업무가 가능하다는 사실을 깨달은 '기업'과 '직장인'이 많았던 것이다. 재택근무 경험자의 41.3%는 재택근무 시행으로 이전보다 총근로시간이 줄었으며, 야근 및 철야의 비중이나 회의 빈도가 모두 감소한 편이라고 밝히고 있었다. 직장 동료와의 '커뮤니케이션 총량'이나 '친목 및 교류'도 눈에 띄게 줄어들었다. 하지만 그럼에도 업무 환경의 효율성을 나름 긍정적으로 평가하고 있다는 점은 그간의 직장 생활이 상당히 '형식적'이고 '의례적'이었음을 예상해볼 수 있는 결과이기도 하다.

　한편 재택근무로 인해 근무시간의 총량이 줄어들면서 직장인들의 '일상생활', 특히나 식생활과 취미 생활에도 큰 변화가 있는 것으로 나타났다. 우선 식습관이 많이 달라진 모습을 보였는데 이전 대비 집에서 요리를 해 먹는, 즉 직접 요리를 하는 비중(특히 30대는 73.6%)이 월등히 증가한 점이 눈에 띈다. 게다가 예전보다 끼니를 더 챙겨 먹거나 군것질을 하는 비중도 많이 증가해 기본적으로 '뭔가를 더 많이 먹고 있는' 상황임을 확인할 수 있었다(이러니 살이 찔 수밖…).

　더불어 가사 노동의 참여가 많아진 것도 눈에 띄는 변화 중 하나

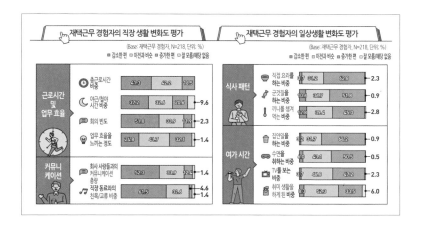

재택근무 경험자의 직장 생활 변화도 평가
(Base: 재택근무 경험자, N=218, 단위: %)
■ 감소한 편 ■ 이전과 비슷 ■ 증가한 편 □ 잘 모름/해당 없음

근로시간 및 업무 효율		감소한 편	이전과 비슷	증가한 편	잘 모름/해당 없음
	총근로시간 비중	41.3	42.2	16.5	
	야근/철야 시간 비중	37.2	32.6	20.6	9.6
	회의 빈도	51.8	33.9	11.9	2.3
	업무 효율을 느끼는 정도	24.8	41.7	32.1	1.4

커뮤니케이션					
	회사 사람들과의 커뮤니케이션 총량	52.3	33.9	12.4	1.4
	직장 동료와의 친목/교류 비중	61.5	32.6	4.6 / 1.4	

재택근무 경험자의 일상생활 변화도 평가
(Base: 재택근무 경험자, N=218, 단위: %)
■ 감소한 편 ■ 이전과 비슷 ■ 증가한 편 □ 잘 모름/해당 없음

식사 패턴		감소한 편	이전과 비슷	증가한 편	잘 모름/해당 없음
	직접 요리를 하는 비중	3.7	31.2	62.8	2.3
	군것질을 하는 비중	10.6	36.7	51.8	0.9
	끼니를 챙겨 먹는 비중	12.6	39.4	45.0	2.8

여가 시간					
	집안일을 하는 비중	3.2	31.7	64.2	0.9
	수면을 취하는 비중	6.0	42.1	50.5	0.5
	TV를 보는 비중	7.7	42.8	47.2	2.3
	취미 생활을 하게 된 비중	8.8	52.3	33.5	6.0

였다. 재택근무 경험자의 64.2%가 재택근무 시행 이전보다 집안일을 하는 비중이 증가했다고 응답한 것인데, 그만큼 가사 노동에 참여하는 정도가 전보다는 많아졌음을 보여주는 결과라 할 수 있겠다. 특히나 앞선 '요리(식습관)'의 경우와 마찬가지로 집안일을 하는 비중 역시 30대(77.4%)에서 가장 높아진 모습을 보여 재택근무 시행으로 30대 직장인들이 가장 달라진 일상생활을 보내고 있음을 예상해볼 수 있었다.

하지만 다양한 변화들 중 단연 고무적인 변화는 재택근무로 인해 '심리적 안정감'을 느끼는 사람들이 많아졌다는 점을 꼽을 수 있다. 업무 성과나 근무 태도 등과 관련해 상사나 주변 사람들의 눈치를 보지 않게 된 점이 좋았다는 응답이 높게 나타난 것이다. 특히나 젊은 층일수록 심리적 편안함을 더더욱 많이 느끼고, 눈치를 보지 않아도 되는 일련의 변화에 만족해하는 모습이 뚜렷했다. 비록 직원들과의 커뮤니케이션은 줄어들었지만 재택근무로 심리적 해방감을

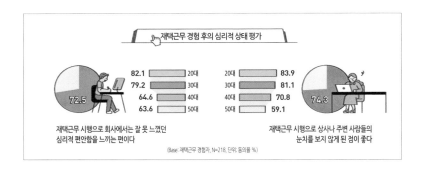

82.1 20대
79.2 30대
64.6 40대
63.6 50대

20대 83.9
30대 81.1
40대 70.8
50대 59.1

72.5

74.3

재택근무 시행으로 회사에서는 잘 못 느꼈던
심리적 편안함을 느끼는 편이다

재택근무 시행으로 상사나 주변 사람들의
눈치를 보지 않게 된 점이 좋다

(Base: 재택근무 경험자, N=218, 단위: 동의율 %)

느끼는 사람들이 생각보다 꽤 많을 것이란 예상을 해볼 수가 있다.
이렇듯 코로나19로 의도치 않게 재택근무를 경험하게 된 직장인이
많아지면서 그동안 재택근무에 가지고 있던 여러 가지 의문은 확신
으로 바뀌고 있는 것으로 보인다.

그렇다면 앞으로 재택근무가 본격화될 경우 사회 전반적으로는
어떤 변화가 도래하게 될까? 일단은 그동안 피상적으로만 들렸던
우리 사회의 '워라밸Work & Life Balance 문화'가 정착될 것 같다는 예상을
가장 먼저 해볼 수 있다. 더불어 재택근무로 효율적인 시간 관리가
가능해진다면 보다 짜임새 있게 개인적인 시간을 사용할 수 있게
될 것이므로 여가 활동이나 자기 계발에 상당한 도움이 될 것이란
전망도 많다. 무엇보다 가장 크게 반길 만한 변화는 재택근무를 하
게 됨으로써 집안일의 고됨을 새삼 느끼고 가사 노동의 분담이 자
연스럽게 이뤄질 수 있을 것 같다는 전망이다. 사실 집안일을 함에
있어서 누가 더 많이 가사 노동을 하는가를 따지는 것은 별로 중요
하지 않을 수 있다. 하지만 재택근무 경험을 통해 나 아닌 그 누군

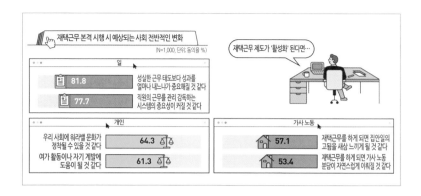

재택근무 본격 시행 시 예상되는 사회 전반적인 변화
(N=1,000, 단위: 동의율 %)

재택근무 제도가 '활성화' 된다면…

일

81.8 성실한 근무 태도보다 성과를 얼마나 내느냐가 중요해질 것 같다

77.7 직원의 근무를 관리 감독하는 시스템의 중요성이 커질 것 같다

개인

우리 사회에 워라밸 문화가 정착될 수 있을 것 같다 64.3

여가 활동이나 자기 계발에 도움이 될 것 같다 61.3

가사 노동

57.1 재택근무를 하게 되면 집안일의 고됨을 새삼 느끼게 될 것 같다

53.4 재택근무를 하게 되면 가사 노동 분담이 자연스럽게 이뤄질 것 같다

가가 '그동안 보이지(도) 않는 노동'을 '그렇게 많이' 해내고 있었음을 깨닫게 되는 일은 매우 중요하다고 할 수 있다. 단언할 순 없지만, 적어도 지금까지의 '가사 노동 = 여성의 일'이라는 한국 사회의 통념을 조금은 개선할 수 있는 단초가 되어줄 수 있기 때문이다.

'가사 활동에 대한 인식 변화'를 전망하는 의견과 함께 '일에 대한 태도' 역시 바뀌게 될 것이란 예상도 많다. 10명 중 8명이 재택근무가 활성화된 이후에는 '성실한 근무 태도'보다 '성과를 얼마나 내느냐'가 더 중요해질 것이라고 내다본 것이 그 예다. 타인에게 직접 노출되는 시간이 줄어든 만큼 결국 중요한 것은 '일의 성과'일 수밖에 없다는 예상이 많은 것으로, 특히 연령이 높을수록(20대 78%, 30대 79.2%, 40대 83.2%, 50대 86.8%) 이런 생각을 하고 있는 경우가 많은 편이었다. 아무래도 재택근무는 집에서 쉬엄쉬엄 일을 한다는 인식(66.2%)을 줄 수밖에 없기 때문에 '직장에서 성과를 내는 것' 자체가 더욱 중요해질 것이란 전망이 나오게 된 것으로 보인다.

다만 아직까지 재택근무가 사회 전체적으로 활성화되기에는 업종과 직종, 기업 규모에 따른 편차가 크고, 집에서는 일을 대충 한다는 사회적 편견을 극복해야 하는 등 여러 가지 해결해야 할 과제가 많다. 그래서 이미 다양한 형태의 근무 제도 도입에 대한 사회적 논의가 지속적으로 이뤄지고 있고, 또 앞으로도 이뤄져야 할 필요가 있다.

현재 재택근무는 직장인들이 맞닥뜨린 그야말로 새로운 현실이 됐다. 그래서 코로나19가 종식되든 장기화되든 재택근무는 어느 정도 일상적인 근무 형태로 자리 잡을 것이 분명하다. 포스트 코로나를 대비하는, 아니 대비해야 하는 우리들에게 시사하는 바가 매우 큰 변화이니만큼, 2020년 재택근무 경험자들의 다양한 경험담은 훗날 일work과 관련한 거대 담론의 중요한 시발점이 될 것으로 보인다.

연관 검색어 ▼

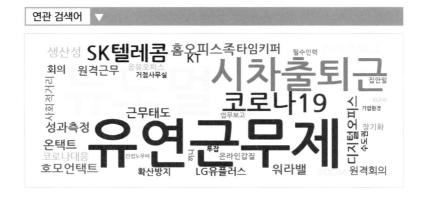

직장인 재택근무 ▼

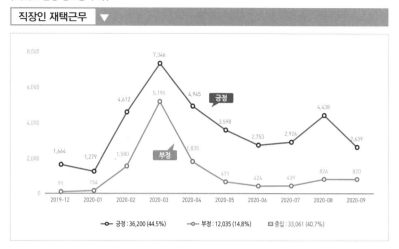

17 리더십 혁명:
사람을 움직이는 리더십

✎ 직무 환경 및 직장 내 리더십 관련 인식 조사
· 조사 대상: 전국의 만 19~59세 직장인 성인 남녀 1,000명 ②
· 조사 기간: 2020년 6월 11일~6월 23일

일의 성격과 업종, 조직의 분위기에 따라 직장 생활의 풍경은 조금씩 다르겠지만 사실 큰 틀에서 봤을 때 대부분 직장인들의 하루 모습은 그리 다를 것이 없다. 정해진 시간에 맞춰 출퇴근을 하고, 업무를 지시하거나 보고받고, 직장 상사와 동료, 후배들과 관계를 맺고 소통하는 것이 골자다. 하지만 2020년 내내 확산되던 '코로나19' 사태는 직장 생활 전반에 유례없는 변화를 가져왔다. 항상 논의에만 그쳤던 재택근무가 본격적으로 시행된 곳이 많아졌고, 직장인들의 출퇴근 시간도 부쩍 유연해졌다. 회의의 빈도와 시간이 줄어든 것은 물론이고 대면 접촉보다 이메일과 메신저 등 비대면 소통 방식을 지향하는 사업장들이 많아졌다. 기업 전문가들 사이에선 적어도 10년 이상 걸렸을 기업들의 '디지털 전환'이 불과 3, 4개월 만에 이뤄졌다는 평가까지 나오고 있는 상황이다. 물론 직장인 모두가 이러한 변화를 공감할 수 있는 건 아니겠지만, 어찌 됐건 회사라는 조직이 보수적인 성향이 강한 집단이란 것을 생각해봤을 때 이 정도의 변화는 꽤나 극적인 변화라고 말할 수 있을 것이다.

그런데 문득 실제 직장 생활의 모습에는 과연 어떤 변화들이 있었는지가 궁금해진다. 분명 출근이 아닌 재택을 했다면, 상대편의 얼굴을 보지 않고 다소 사무적(?)으로 일 처리를 했다면, 그 과정에서 몸소 체득한 변화들이 꽤나 많았을 법한 생각이 들기 때문이다. 실제 조사 결과를 통해서도 직장 생활 전반에 걸쳐 여러 가지 눈에 띄는 변화들이 있다는 것을 확인할 수 있었다.

가장 첫 번째로는 '업무 소통 방식의 변화'다. 이를테면 메신저와 이메일로 소통하는 비대면 업무 방식과 관련해 직장인들의 만족감이 꽤 긍정적으로 평가되고 있었다. 특히 재택근무 경험자가 직장 상사나 동료와의 소통이 비대면으로 이뤄지는 것에 만족감을 많이 느끼고, 업무의 명확성과 효율성이 높아졌다는 것을 더 많이 체감하는 모습을 보인 결과는 눈여겨볼 만하다. 그동안의 경영진, 조직 관리자의 우려와는 달리 재택근무가 오히려 효율적인 업무 성과를

가져오고 있다는 해석이 가능한 대목으로 볼 수 있기 때문이다. '업무 프로세스의 변화'에 따른 만족도도 비슷한 결과를 보였다. 재택근무 경험자가 회의 및 보고가 줄어든 것을 더 좋아하는 동시에 업무 내용이 이전보다 명확해지고, 직장 상사의 모호한 업무 지시가 줄어든 것을 더 많이 체감하는 모습을 보이고 있었다.

흥미로운 점은 이런 변화들을 겪게 되면서 그동안 지레짐작만 해왔던 직장 생활의 어두운 이면(?)이 조금씩 드러나게 됐다는 사실이다. 엄연히 직장은 일하는 곳이다. 열심히든 즐겁게든 성실함이나 노력을 다 떠나 맡은 일을 제대로 '해내야' 하는 곳이 직장이다. 하지만 사실 모두가 그 일을 다 제대로 해내지 못하는 곳도 아이러니하지만 또, 직장이다. 간혹 다른 사람들이 열심히 일궈낸 성과에 그냥 묻어가는 무임승차자Free Rider도 있고, 남들보다 덜 일하면서도 유난히 엄살을 떠는 사람도, 자신의 잘못을 다른 사람의 잘못인 양 은근슬쩍 책임을 전가하는 사람들도 있다. 그리고 신기하게도, 이런 사람들은 (내색을 잘 안 했을 뿐) 어느 조직에나 꼭 한두 명씩은 존재한다. 다행스러운 건 코로나19로 반강제적인 재택근무를 경험해보

(N=1,000, 단위: 동의율 %)

비대면 업무 확산으로 인한 업무의 투명성 및 리더에 대한 인식

58.3% 회사에는 단순히 상사에게 보고하는 것으로 일을 하는 것처럼 보이는 중간 관리자가 많다

73.3% 회사에는 실제로 일을 하는 사람과 일을 하는 척하는 사람이 나뉘어 있다

54.8% 온라인 중심의 업무가 확산이 되면 중간 보고과정은 생략될 가능성이 크다

64.0% 비대면 업무가 활성화되면 일을 하는 척하는 사람들은 회사 생활이 어려워질 것이다

78.7% 코로나 시대 이후 사람들은 정확한 정보를 제공해주는 리더를 더 잘 따르게 될 것 같다

76.7% 앞으로는 재미는 없어도 믿을 수 있는 리더가 존경을 받을 것이다

니 조직 내부의 비효율성이 부각되는 것은 물론이고 누가 진짜 일을 잘하고 열심히 하는지 보이기 시작했다는 것이다. 이제 업무 효율성이 낮고 제대로 일을 하지 않는, 다시 말해 딱히 중요하지 않은(?) 사람은 조직 구성원들의 차가운 시선을 피할 길이 없어 보인다. 최근 재택근무 시행과 함께 조직 내 (중간) 관리자, 리더의 역할과 관리 능력이 화두가 되고 있는 것도 바로 이 때문이다.

'코로나19'의 확산은 직장 생활에서 관리자 격인 리더의 역할과 리더십을 바라보는 시각에 상당한 변화를 가져다준 것으로 나타났다. 직장인 상당수가 부서나 팀 내 리더의 역할이 더욱 중요해진 것 같다고 느끼고 있었고, 회사 정책이 급변하는 상황에서 리더의 역량을 제대로 알 수 있게 된 계기로 평가하고 있었기 때문이다. 그 결과, 리더에 대한 이미지와 기준이 바뀌게 되었다는 직장인도 상당수다. 그만큼 코로나19의 감염 우려와 함께 유연 근무 제도 도입 등 회사 정책에 큰 변화가 생겨나면서 조직 내 리더의 역량을 직접 확인하고, 리더의 역할이 얼마나 중요한지를 몸소 깨달은 직장인들이 많아졌다는 것을 알 수 있다.

코로나19로 인한 업무 환경 변화 이후 조직 내 리더에 대한 인식

81.2 리더에게는 무엇보다 **커뮤니케이션 능력이** 중요하다는 것을 알게 되었다

73.9 리더에게는 무엇보다 **리스크 관리가** 중요하다는 것을 알게 되었다

64.6 **부서/팀 관리를 잘하는 리더와 그렇지 못한 리더가** 명확하게 나뉘는 것 같다

64.4 **일하는 리더와 일하지 않는 리더가** 누구인지 분명하게 드러나게 된 것 같다

59.6 회사 정책이 **급변하는 상황에서 리더의 역량을** 제대로 알 수 있게 되었다

55.8 회사 정책이 급변하는 **상황에 대처하는 모습을 보며** 리더에 대한 이미지, 기준이 바뀌게 된 것 같다

(N=1,000, 단위: 동의율 %)

일단 재택근무, 유연 근무제 등의 비대면 업무를 경험하면서 직장인들이 확인한 리더로서의 가장 중요한 덕목은 '소통의 중요성'이었다. 업무 환경 변화로 물리적 거리가 멀어지면서 조직 구성원들과 밀접하게 소통할 수 있는 리더의 역량이 전보다 더 중요하게 여겨지고 있는 것이다. 그리고 바로 이 과정에서 실제 어떤 리더가 능력이 있고, 좋은 리더인지를 알게 된 직장인들도 꽤 많은 모습을 보였다. 따라서 앞으로 비대면 근무가 한층 더 일상화되면 부서의 소통을 원활하게 하는 것이 리더의 가장 중요한 역량이고, 그렇게 함으로써 직장 구성원 간의 세대 차이와 부서 간 업무 협조의 어려움을 극복하는 것을 리더의 역할로 생각하는 경우가 더욱 많아질 것으로 예상된다. 다가오는 포스트 코로나 시대, 직장인들이 원하는 리더의 모습으로 새삼스레 '포용력'이 강조되고 있는 이유도 이러한 '소통의 필요성'이 중요해진 것과 관련이 깊다고 할 수 있겠다.

불안과 혼란이 커진 만큼 리더의 '위기관리 능력'이 시험대에 오른 점도 주목할 만한 결과 중 하나로 꼽힌다. 위기 상황이 발생했을 때 리더가 어떻게 리스크를 관리하고 통제하는지에 따라 조직의 성과가 달라질 수 있다는 것을 새삼스레 깨달은 직장인이 절반에 달한 것이다. 어떤 측면에서는 이번 코로나 사태가 회사 내에서 '좋은 리더'가 누구인지 구별할 수 있는 기회를 제공한 것으로도 생각해볼 수 있는 결과다.

불확실성이 고조되고 전례 없는 위기감이 퍼질 때 중요하게 느껴지는 것이 바로 이 '리더'의 역할이라고 할 수 있다. 그래서 지금처럼 코로나발 복합 위기가 불어닥친 현실에서의 조직의 리더라면 책

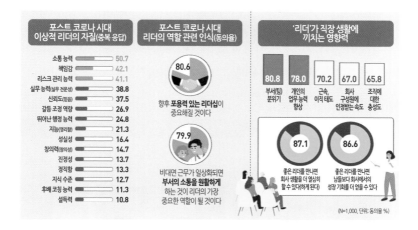

임감과 신뢰, 소통 능력과 위기관리 능력이 모두 절실하게 요구될 수밖에 없다. 물론 이것은 정부와 단체, 가정 등 모든 조직에 해당 하는 사안이지만, 조직 구성원들이 서로 다른 이해관계로 얽혀 있고 위계질서가 명확한 '회사'는 어느 곳보다도 리더의 역할이 중요한 조직이라고 할 수 있겠다. 그래서 향후 포스트 코로나 시대에는 직장에서의 리더의 역할이 더욱 중요해질 것이라는 예상이 지배적이다. 특히나 조직의 리더 역량이 '부서 및 팀 분위기'와 '개인의 업무 능력 향상', '근속 및 이직' 등 여러 측면에서 조직 구성원들에게 지대한 영향을 끼친다는 점에서 더더욱 그 중요성은 강조될 수밖에 없어 보인다.

앞으로 경영 환경의 변화는 더욱 가팔라지고, 그로 인한 조직 관리의 어려움은 훨씬 더 커질 것이며, 코로나와 같은 대외 변수는 언제든 다시 찾아올 가능성이 매우 높다. 때문에 리더의 위기관리 능력과 책임감, 소통 능력은 앞으로 더 많이 요구될 수밖에 없을 것이며, 이러한 역량을 갖춘 리더가 존재하는지, 그렇지 않은지에 따라 장기적으로 기업과 조직의 성패는 매우 크게 달라질 것으로 예상된다.

연관 검색어 ▼

| 키워드 감성 정보량 추이 |

팀장급 필요(성) ▼

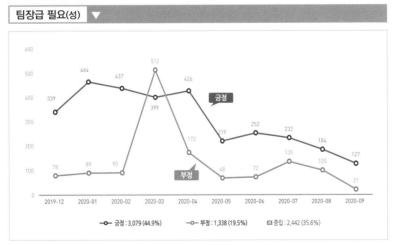

18 데스크테리어:
직장인들이 사무실 공간을 꾸미는 진짜 이유

✎ **직장인 감정 노동 관련 인식 조사**
· 조사 대상: 전국의 만 19~59세 직장인 성인 남녀 1,000명 ②
· 조사 기간: 2020년 6월 9일~6월 15일

직장인들이 하루 중 가장 많은 시간을 보내는 '회사'는 일의 성과와 개인의 성장, 사람들과의 관계에 따라 수만 가지 감정이 수시로 교차하는 곳이다. 다만 본인이 사장이 아닌 이상 누구도 자신이 원하는 대로 회사 생활을 할 수 없고 조직의 규칙과 질서에 순응해야 하기에, 회사에서 직장인들이 느끼는 감정은 주로 긍정적이기보다 부정적 감정이 앞서는 경우가 많다. 게다가 위계질서가 강한 조직 문화의 특성상 직장 상사나 동료의 눈치도 봐야 해서 사실상 하루 중 상당한 시간을 감정 노동에 쏟아붓는 수고까지 견뎌내야만 한다. 철저히 '을'의 입장에 있는 대다수 직장인들은 그래서 자신의 부정적인 감정을 드러내지 않는 차원을 넘어 조직 내에서 바람직하다고 여기는 '감정만'을 드러내는 '감정 노동자'라 할 수 있다.

기본적으로 직장 생활을 하는 데 있어 어느 정도의 '감정 노동'은 필연적이다. 하지만 이러한 감정 노동은 그 정도가 커질수록 정신적 스트레스와 화병을 불러일으킬 수도 있다는 점에서 매우 우려되는 부분이 아닐 수 없다. 게다가 회사에서 얻게 되는 부정적 감정들이 일상생활에도 영향을 끼칠 수밖에 없다는 점을 고려했을 때 직장인들의 감정 관리는 매우 중요한 부분이라 할 수 있겠다. 이런 점을 감안하면, 최근 '재택근무' 경험자가 직장 생활에서 느끼는 부정적 감정이 많이 해소되고 있다는 여러 보고들은 주목할 필요가 있어 보인다.

일단 재택근무 경험을 배제하면, 상당수 직장인들은 감정 노동으

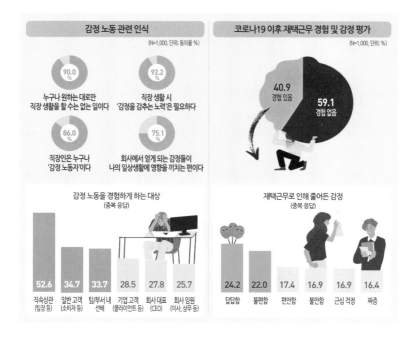

로 인한 스트레스를 여가 생활(51.6%, 중복 응답)을 통해 해소하려는 모습을 많이 보였다. 자신이 좋아하는 취미 활동을 통해 감정 노동에 의해 쌓인 스트레스를 풀고자 하는 태도가 강한 것으로, 점점 더 많은 직장인들이 자신만의 시간을 갖고 싶어 하고, 여가 생활을 즐기고자 하는 이유를 엿볼 수 있는 결과라 할 수 있겠다.

한 가지 독특한 점은 회사에서 '나만의 공간'이라고 할 수 있는 사무실 책상을 정리 정돈하고 꾸미는 것도 직장인들에게는 '감정 노동'을 해소할 수 있는 방법으로 여겨지고 있다는 점이다. 사무실 책상을 마치 본인의 방처럼 취향에 맞게 꾸미는 것을 '데스크테리어 Deskterior'라고 표현하는데, 이런 행위가 업무 스트레스를 줄여주고 심리적 위안을 주는 등의 긍정적인 효과를 줄 수 있다고 생각하는 직장인들이 상당히 많았던 것이다. 특히나 젊은 층보다 오히려 중장년층이 자신의 책상을 직장 생활의 감정 노동을 피할 수 있는 안식처로 생각하는 등 책상 정리로 인한 효과를 더 많이 느끼고 있는 점은 주목할 만한 결과 중 하나였다(어쩐지 우리 부장님이 내 책상까지 닦아주더라니…).

다만, 직장 내 감정 노동이 가져다주는 스트레스를 '근본적으로'

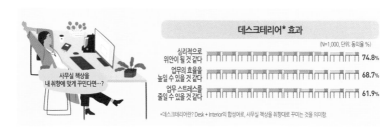

다스리기 위해서는 무엇보다 직장 내 '인간관계'가 중요하다는 의견이 많은 점에 주목해야 할 것 같다. 전체 응답자의 83.9%가 감정 노동을 해소하기 위해서라도 직장 생활에서 좋은 인간관계를 가지는 것이 중요하다고 바라봤으며, 마음이 잘 통하는 동료들이 많다면 감정적으로도 쉽게 빠져나올 수 있을 것 같다는 응답이 10명 중 8명(79%)에 달한 것이다. 자신의 상황과 입장을 잘 이해해줄 수 있는 가까운 동료가 곁에 있는지 여부가 감정적으로 힘든 상황이 많을 수밖에 없는 직장 생활에 그나마 도움이 된다고 생각하는 직장인들이 그만큼 많은 것이다.

사실 이러한 결과는 코로나19로 시행된 재택근무가 (인간관계로 인한) 직장인들의 감정 노동을 해소해주고 있다는 평가와는 사뭇 대조적이라 할 수 있다. 하지만 자세히 들여다보면 직장인들의 업무 환경 변화가 스스로에게 진짜 도움이 되는 직장 내 인간관계를 돌아볼 시간도 제공해줬음을 알 수 있다. 새삼 강조되고 있는 직장 생활 내 인간관계가 직장 생활 스트레스를 극복하는 중요한 동력이 될 수도 있다는 것을 다시금 주목해봐야 할 이유일 것이다.

|키워드 감성 정보량 추이|

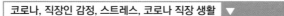

코로나, 직장인 감정, 스트레스, 코로나 직장 생활 ▼

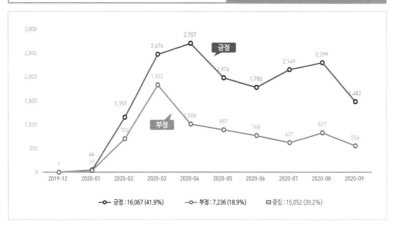

19 1인 1쟁반:
코로나19가 직장인에게 던져준 뜻밖의 선물

✎ 직장인 점심 식사 및 회식 문화 관련 인식 조사
· 조사 대상: 전국의 만 19~59세 직장인 성인 남녀 1,000명 ②
· 조사 기간: 2020년 5월 12일~5월 25일

직장인들에게 회사는 집과 함께 일상생활에서 가장 많은 시간을 보내는 공간이다. 다만 집과는 달리 회사는 업무 성과의 압박이나 감정 노동 등에 의해 상당히 불편하고 불안정한 장소일 수밖에 없다. 그래서 많은 직장인들은 이러한 불편한 감정에서 잠시나마 벗어날 수 있는 '점심시간'을 무척이나 중요하게 생각한다. 물론 자율성이 보장되지 않는다면 이 점심시간 또한 업무의 연장으로 느껴질 수밖에 없겠지만, 그래도 요즘은 예전과 비교해서 점심시간을 휴식을 취하거나 감정 노동을 피할 수 있는 귀한(?) 시간으로 여기는 직장인들이 꽤나 많아진 모습이다. 특히나 점심시간에 직장에서 쌓인 감정을 해소한다는 응답(20대 35.2%, 30대 34.0%, 40대 25.2%, 50대 28.8%)이 20~30대 젊은 직장인일수록 높게 나타난 점은 이들이 느끼는 감정 노동의 수위가 예상했던 것보다 좀 더 높은 것은 아닌지 생각해보게 한다. 그저 요즘 젊은 직장인들이 직장 상사나 동료의 간섭을 받지 않고 혼자 점심시간을 보내려 하는 것을 치기 어린 행동으로만 볼 문제는 아니란 것이다.

이전과는 다소 달라진 점심시간에 대한 직장인들의 생각과 함께 코로나19로 인한 취식 문화의 변화도 주목해볼 필요가 있다. '사회적 거리두기'의 일환으로 출퇴근 시간, 점심시간을 탄력적으로 운영하는 회사가 많아지면서 점심시간의 풍경이 크게 달라질 것으로 예상됐던 한 해였기 때문이다. 실제로도 직장인들의 점심 식사 풍경에는 많은 변화가 있었고, 그중 가장 두드러진 변화는 '직장인의 점심 메뉴 선택'에서 찾아볼 수 있었다. 코로나바이러스에 감염될 우려가 커지다 보니 음식을 함께 나눠 먹는 문화에 근본적인 변화가 찾아온 것으로, 특히 김치찌개와 된장찌개 등 같이 먹으면 침이 섞

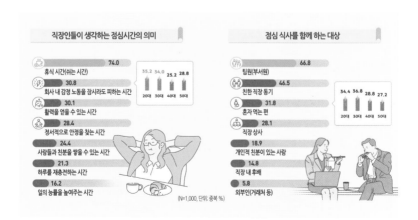

직장인들이 생각하는 점심시간의 의미

74.0 휴식 시간(쉬는 시간)
30.8 회사 내 감정 노동을 잠시라도 피하는 시간
30.1 활력을 얻을 수 있는 시간
28.4 정서적으로 안정을 찾는 시간
24.4 사람들과 친분을 쌓을 수 있는 시간
21.3 하루를 재충전하는 시간
16.2 일의 능률을 높여주는 시간

35.2 34.0 25.2 28.8
20대 30대 40대 50대

(N=1,000, 단위: 중복 %)

점심 식사를 함께 하는 대상

66.8 팀원(부서원)
46.5 친한 직장 동기
31.8 혼자 먹는 편
28.1 직장 상사
18.9 개인적 친분이 있는 사람
14.8 직장 내 후배
5.8 외부인(거래처 등)

34.4 36.8 28.8 27.2
20대 30대 40대 50대

이기 쉬운 메뉴를 기피하는 태도가 매우 뚜렷한 특징을 보였다. 주로 이런 메뉴를 더 많이 찾고 좋아하는 중장년층이 다 함께 먹는 메뉴를 기피하고, 설사 이런 메뉴를 먹을 때는 새 수저를 이용하려는 태도가 더욱 강하다는 점은 매우 흥미로운 결과가 아닐 수 없다. 예전부터 우리 사회는 음식을 공유하는 문화가 강했다는 것을 생각해 보면 더더욱 눈에 띄는 변화다. 실제로 최근 직장인들이 취식 빈도가 감소했다고 말하는 메뉴를 살펴보면 찌개류와 뷔페, 샤브샤브 등으로, 함께 음식을 나눠 먹는 메뉴들이 코로나19의 영향 때문에 기피되고 있는 현상을 확인할 수 있었다. 이제는 찌개처럼 다 함께 먹는 메뉴는 개인 스스로가 주의를 할 필요가 있다는 인식과 함께 직장인 10명 중 4명은 아예 점심 식사 때 1인 1쟁반을 제공하는 식당을 찾게 된다고 말할 정도로 직장인들의 점심 식사 메뉴 선택에 많은 변화가 나타나는 중이다. 아마도 코로나19가 완전히 종식되지 않는 한 지금 보이는 점심시간의 메뉴 선택 및 취식 문화는 앞으로 지속될 가능성이 상당히 높아 보인다.

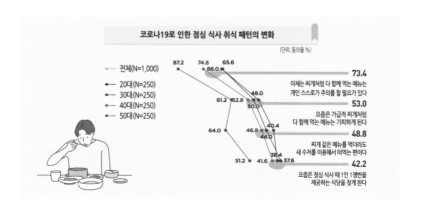

평소 회식 이미지	회식 참여의 스트레스 정도
(N=1,000, 단위: 중복 %)	(단위: %)

평소 회식 이미지
- 53.4 귀찮은
- 44.8 불편한
- 41.2 피하고 싶은
- 25.8 싫은
- 24.7 즐거운
- 24.7 재미있는
- 19.0 짜증 나는
- 17.0 기대하는
- 16.9 걱정되는
- 16.4 답답한
- 15.4 반가운
- 14.7 신나는
- 7.1 행복한
- 6.7 두려운
- 6.6 설레는

회식 참여의 스트레스 정도
- ▲ 스트레스 받는 편
- ▲ 스트레스 받지 않는 편
- 잘 모르겠다

	전체 (1,000)	사원 (334)	대리 (246)	과장/차장 (202)	부장/팀장 (168)	임원/대표 (50)
스트레스 받는 편	51.4	54.5	58.9	50.0	42.9	28.0
스트레스 받지 않는 편	47.5	44.0	39.8	48.5	57.1	72.0
잘 모르겠다	1.1	1.5	1.2	1.5	0.0	0.0

그렇다면 2020년 한 해 직장인들의 회식 문화에는 어떤 변화가 있었을까? 보통 회식이라 하면 부서원/팀원의 화합과 친목 도모를 꾀하거나 특정 성과나 인사를 축하하기 위해 만들어지는 자리지만, 결국은 회사 사람들과 '함께해야' 하는 감정 노동의 시간으로 본능적인 거부감을 갖게 만드는 대표적인 조직 문화이기도 하다. 상사나 회사 임원처럼 '불편한(?) 사람'과 함께해야 하고, 어쩔 수 없이 업무와 관련된 이야기가 나오면 본의 아닌 충성(?)을 다짐하며 술잔을 기울이게 되는 것이 우리들 머릿속에 존재하는 '회식 자리' 이미지이지 않은가. 그러다 보니 '회식 자리'는 늘 상급자일수록 만족도가 높고 스트레스는 부하 직원의 몫인 경우가 많다(나도 내가 임원이면 스뚜레스 안 받고 회식 참여할 수 있다).

그러나 불행인지 다행인지 2020년 한 해 사회 모든 분야에 영향을 끼친 코로나19의 확산은 이러한 회식 문화에도 변화를 가져온 것으로 보인다. 일단 코로나19로 인해 회식을 자제하는 분위기가 매우 뚜렷해지면서 예전만큼 회식이 자주 있지도 않고, 회식을 하더라도 일찍 파하거나 소규모 형태로 이뤄지는 경우가 많아진 모습을 보인 것이다. 직장인들이 생각하는 '적절한 회식 문화', 즉 가급적 연례행사처럼 가뭄에 콩 나듯 치르고, 짧게 끝나고, 술자리는 되도록 지양하는 회식 문화에 근접해진 것이다. 그래서 직장인 상당수는 최근 들어 회식 참여에 대한 스트레스가 감소한 편이라고 밝힐 만큼 코로나19로 회식이 줄어든 것을 내심 반기는 분위기를 엿볼 수 있었다. 반대로 중장년층 직장인은? '회식의 부재'에 아쉬움을 많이 토로하는 모습을 보였다.

물론 위계질서를 기반으로 하는 한국 사회 특유의 직장 문화가 근본적으로 바뀌지 않는 한 코로나19의 종식 이후에는 다시 회식을 중요하게 생각하는 기존의 모습으로 돌아가게 될 것이라는 의견도 만만치 않다. 실제로 직장인 상당수는 포스트 코로나 시대에도 한국 사회에서는 직장 내 회식이 여전히 중요하게 여겨질 것 같다고 바라봤다. 하지만 그럼에도, 코로나19로 직장인 회식의 '규모'와 '메

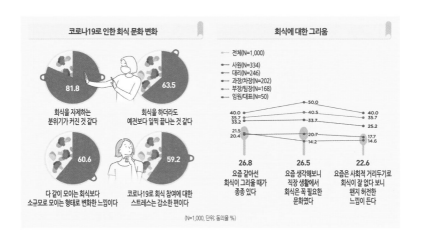

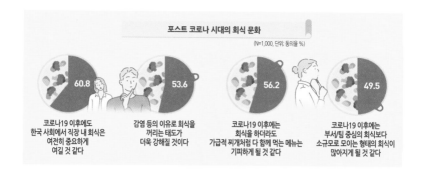

포스트 코로나 시대의 회식 문화

(N=1,000, 단위: 동의율 %)

60.8
코로나19 이후에도
한국 사회에서 직장 내 회식은
여전히 중요하게
여길 것 같다

53.6
감염 등의 이유로 회식을
꺼리는 태도가
더욱 강해질 것이다

56.2
코로나19 이후에는
회식을 하더라도
가급적 찌개처럼 다 함께 먹는
메뉴는 기피하게 될 것 같다

49.5
코로나19 이후에는
부서/팀 중심의 회식보다
소규모로 모이는 형태의 회식이
많아지게 될 것 같다

뉴'에는 변화가 있을 것이란 의견이 적지 않다. 앞서 점심 식사의 문화를 언급한 것처럼 회식을 하더라도 가급적 찌개처럼 다 함께 먹는 메뉴는 기피하게 될 것 같다는 의견과 코로나19 이후에는 부서와 팀 중심의 회식보다 아예 소규모 형태의 회식이 좀 더 많아지게될 것 같다는 전망이 많은 것이 그 예다.

앞으로 직장인들의 점심 식사 문화, 회식 문화가 포스트 코로나시대 이전으로 다시 돌아가게 될지, 아니면 이전과 완전히 달라진형태로 변화할지는 누구도 명확한 답을 내리기 어렵다. 다만 코로나19라는 특수한 상황으로 직장인들이 이전에는 느끼지 못했던 특별한 회식 문화를 경험해본 이상 과거의 방식으로 되돌아가기는 상당히 어려울 것으로 보인다.

2020년 사회 모든 분야에 영향을 끼쳤던 코로나19의 확산은 다가오는 포스트 코로나 시대를 맞이하는 직장인들의 회사 생활에도 다양한 변화를 가져다줄 것으로 예상된다.

| 키워드 감성 정보량 추이 |

코로나 직장인, 코로나 직장 생활, 코로나 회식, 코로나 식사 ▼

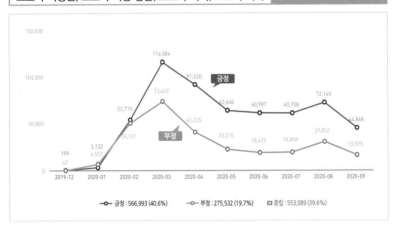

엠브레인 패널 빅데이터®

INSIGHT III

➔ 코로나19 확산으로 사회적 거리두기가 본격 시행된 2020년 3월 이후 재택근무자의 오전 시간대 배달앱 이용율은 비재택 근무자 대비 월등히 높은 특징을 보임

➔ 재택근무자의 경우 아침 겸 점심으로 배달앱 이용이 증가한 결과일 수도 있으나, 이는 출퇴근 근무 시 제때 식사를 챙기지 못했던 것에 대한 보상 심리도 어느 정도 반영된 결과로 해석해볼 수 있음

재택 VS 비재택 근무자의 일평균 배달앱 이용 빈도

PART 4

코로나 리더십,
대중이 아닌
개개인을 소중히 대하는 능력

PART 1　　PART 2　　PART 3　　PART 4　　PART 5

PART 4
코로나 리더십,
대중이 아닌 개개인을
소중히 대하는 능력

2021 Trend Monitor

PART 4

카리스마적 권위의 종말,
그리고 권력 이동

정직한 소통, 투명하고 정확한 정보, 신비주의의 종말, 일대일 소통

2015년 5월의 회상 "

2015년 4월 24일, 중동 지역 거주 경험이 있는 68세 남성이 귀국했다. 이 남성은 귀국 7일 후 몸살과 발열 증상이 나타나 평택성모병원에 입원한다. 이후 고열과 호흡곤란 증상이 다시 나타나 또 다른 의원에 방문했다가 5월 18일 삼성서울병원 1인실에 입원한다. 5월 20일, 국립보건연구원은 이 환자를 중동 호흡기 증후군(메르스MERS) 첫 확진자로 공표한다. 담당 의사가 첫 환자의 중동 지역 여행 경력을 파악하고 질병관리본부에 메르스 검사를 의뢰하기 전까지, 정부와 당국은 아무것도 알지 못했고, 어떤 것도 하지 않았다. 이 환자는 증상 발현 후 10일 동안 여러 병·의원을 다녔고, 가족과

다른 환자, 의료진과 접촉했으며, 그 결과 다수의 2차 감염자가 발생했다. 질병관리본부는 2015년 5월 20일 메르스 첫 환자가 확진된 이후 감염병 위기 경보를 '관심'에서 '주의' 단계로 격상했다.[1]

정부의 대응은 신속하지 않았다. 첫 확진자가 나온 지 무려 14일이 지난 뒤에야 첫 민관 합동 긴급 점검 회의를 주재했고, 보건복지부는 "낙타와의 밀접한 접촉을 피하세요"나 "멸균되지 않은 낙타유 또는 익히지 않은 낙타고기 섭취를 피하세요" 같은 황당한 대국민 메시지를 남겼다.[2] 더 심각한 것은 정보 통제였다. 당시 보건복지부와 질병관리본부는 병원들이 주요 감염 경로였음에도 병원뿐만 아니라 발병 지역도 공개하지 않았다. 시민들의 불안과 공포가 극에 달했고, 사람들은 자발적으로 SNS를 통해 자신이 알고 있는 메르스 발생 병원들을 공개해 공유하기 시작했다. 유언비어와 가짜 뉴스가 마구 뒤섞여 쏟아졌고, 이런 상황은 전혀 통제되지 않았다.[3] 그 결과, 메르스는 코로나19와는 비교가 되지 않는 수준의 감염병이었음에도, 2015년 9월 기준, 우리나라는 세계에서 두 번째로 많은 감염자(186명)와 사망자(36명)를 기록했다.[4]

5년 후 2020년 1월 20일, 국내에 코로나19 첫 확진자가 나왔다. 중국 우한에 거주하는 35세 중국인 여성이었다. 중앙방역대책본부는 감염병 위기 정보를 주의 단계로 상향했고, 곧바로 질병관리본부는 감염 위험이 있는 시장과 의료 기관 방문을 자제, 호흡기 유증상자(발열, 호흡곤란 등)와의 접촉 자제를 당부하면서 마스크 착용과 손 씻기를 포함한 대국민 감염 예방 행동 수칙을 발표한다.[5] 이어 첫 환자의 상태를 포함해 이후 확진 환자들의 동선과 정보를 실시간으로 다양한 매체를 통해 보도했다. 여기에는 긴급 재난 문자메시지도 포함됐다. 메르스 때와는 전혀 다른 감염병 초기의 대응. 사람들은 어떻게 느꼈을까?

정부 대응에 대한 사람들의 상이한 평가, 〃 그리고 연쇄적 신뢰 반응

2015년과 2020년의 상이한 초기 대응에 대한 사람들의 평가는 극명하게 달랐다. 2015년 메르스와 2020년 코로나19의 초기 대응에 대한 평가를 비교한 조사에서, 가장 큰 차이는 정부 발표를 얼마나 믿을 수 있는가에 있었다. 정부 발표에 대해 불신하는 사람들이 2015년 10명 중 7명 수준에 달했는데, 2020년 23%로 크게 줄어든 것이다(진행 상황을 보고하는 정부 발표에 대해 불신이 생겼다: 그렇다 69.8%(2015) vs 23.0%(2020), 불신하지 않는다 13.6%(2015) vs 49.8%(2020)).[6]

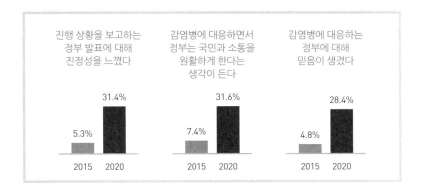

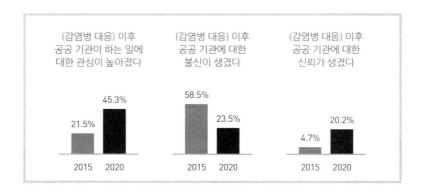

| (감염병 대응) 이후 공공 기관이 하는 일에 대한 관심이 높아졌다 | (감염병 대응) 이후 공공 기관에 대한 불신이 생겼다 | (감염병 대응) 이후 공공 기관에 대한 신뢰가 생겼다 |

또 절대 수치로만 보면 아주 높지는 않지만, 2015년에 비해 정부 발표에 진정성을 느끼는 사람들도 상대적으로 많아졌다(진행 상황을 보고하는 정부 발표에 대해 진정성을 느꼈다: 5.3%(2015) → 31.4%(2020)).[7] 이렇게 소통 과정에 진정성을 느끼는 사람들이 늘어나면서, 정부가 국민과 소통을 원활하게 한다거나 정부에 대한 믿음이 생겼다는 사람들도 함께 늘어났다(감염병에 대응하면서 정부는 국민과 소통을 원활하게 한다는 생각이 든다: 7.4%(2015) → 31.6%(2020), 감염병에 대응하는 정부에 대해 믿음이 생겼다: 4.8%(2015) → 28.4%(2020)).[8]

코로나19의 초기 대응에 대한 호의적인 평가는 공공 기관에 대한 관심과 평가도 근소하게 높이고 있는 것으로 보인다. 공공 기관에 대한 전체적인 관심은 높아졌고, 불신은 낮아졌으며, 신뢰는 높아지는 경향으로 나타난 것이다(이후 공공 기관이 하는 일에 대한 관심이 높아졌다: 21.5%(2015) → 45.3%(2020), 이후 공공 기관에 대한 불신이 생겼다: 58.5%(2015) → 23.5%(2020), 이후 공공 기관에 대한 신뢰가 생겼다: 4.7%(2015) → 20.2%(2020)).[9]

이런 불신을 낮춘 핵심은 빠르고 충분한 정보 제공에 있었다. 매일 정기적으로 하는 정부 발표와 함께 재난 문자 서비스도 큰 신뢰감을 주는 모습이다. 물론 수시로 날아오는 재난 문자 서비스에 약간의 불편함을 느끼는 사람들도 2명 중 1명꼴로 적지 않았지만(재난 문자가 너무 자주 발송되는 것 같다는 생각이 든다: 48.4%), 훨씬 더 많은 사람들이 재난 문자에 대해 가장 빠르고(81.4%), 효과적으로(76.3%), 국민들에게 경각심을 줄 수 있는 방법(74.4%)이라고 인식하고 있었고, 수많은 사람들이 이런 재난 문자를 상당히 신뢰하고 있었다(재난 문자에서 제공하는 정보에 대해 신뢰한다: 92.2%).[10] 너무 자주 날아오는 문자에 대한 불편함은, 정보 자체가 제공하는 신뢰도에 비하면 전혀 문제가 되지 않았던 것이다.

이와 같은 신속하고, 충분하고 믿을 수 있는 정보의 제공은 과거에 비해서 국가를 더 안전하게 느끼는 데 도움을 주고 있는 것으로 보인다(우리나라는 안전한 국가다: 21.3%(2015) → 47.5%(2020)).[11] 그리고 공공의 역할에 대해서도 연쇄적 신뢰 반응을 일으키고 있었다. 또한 공적인 시스템에 대한 신뢰뿐 아니라, 대한민국 국민으로서

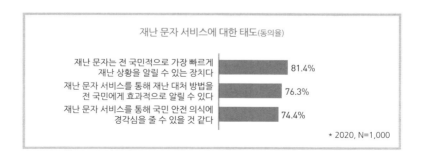

재난 문자 서비스에 대한 태도(동의율)

재난 문자는 전 국민적으로 가장 빠르게
재난 상황을 알릴 수 있는 장치다 — 81.4%
재난 문자 서비스를 통해 재난 대처 방법을
전 국민에게 효과적으로 알릴 수 있다 — 76.3%
재난 문자 서비스를 통해 국민 안전 의식에
경각심을 줄 수 있을 것 같다 — 74.4%

* 2020, N=1,000

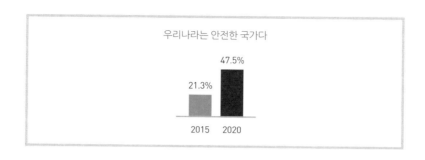

우리나라는 안전한 국가다

47.5%

21.3%

2015 2020

의 자부심에도 긍정적인 영향을 주고 있었기 때문이다(이번 코로나19
를 겪으면서 우리 사회 시스템이 다른 나라 못지않게 안정화됐다는 생각이 들
었다: 68.8%, 이번 코로나19를 겪으면서 우리 사회가 다른 나라보다 더 발전된
사회라는 것을 느꼈다: 65.1%).[12]

　기본적으로 이런 연쇄적 신뢰 반응은 불확실성을 줄였기에 가능
했다. 감염병이 급속하게 확산되는 초기, 치료제도 없고 백신도 없
는 시기에 국민들은 당연히 높은 불안감을 가질 수밖에 없다. 그런
데 이런 높은 수준의 불안감을, 현재 진행되고 있는 상황과 대응하
고 있는 과정과 발병 장소, 동선 등에 대한 정보를 명확하고 신속하
며 충분하게 제공하면서 떨어뜨렸던 것이다. 아주대학교 심리학과
김경일 교수도 정확하게 이 지점을 지적한다. 코로나19의 문제는
본질적으로 불확실성의 문제이기 때문에, 충분한 사실을 보여줌으
로써 불안감이 해소될 수 있다는 것이다.[13]

일상에서 체감한 공공의 역할, "
'정치권력에 대한 관심'으로 진화하다

정부의 코로나19에 대한 대응은 사람들로 하여금 공공의 역할이 일상생활에서 실제로 어떻게 안전을 담보하는가에 대한 관심을 높인 것으로 보인다. 그리고 이런 관심은 자연스럽게 '내 손으로 뽑은 공직자'에 대한 더 많은 관심을 불러일으킨 듯하다. 선출직 공무원(선거를 통해 당선된 공무원)이 국가나 개인에 끼치는 영향력을 4년 전인 2016년 20대 총선 때보다 훨씬 더 높게 평가한 것이다(선출직 공무원이 대한민국 경제에 끼치는 영향력: 61.6%(2016) → 70.4%(2020), 일상적 소비생활에 끼치는 영향력: 48.8%(2016) → 55.2%(2020), 나의 자산 증가에 끼치는 영향력: 33.3%(2016) → 40.6%(2020)).[14]

선거에 참여해 봤자 바뀌는 것이 없다는 비관적 견해는 4년 전에 비해 훨씬 줄어들었고(42.9%(2016) → 29.1%(2020)), 이전에 비해 정치에 관심을 갖는 사람들이 훨씬 많아졌다(나는 예전에 비해 정치에 대한

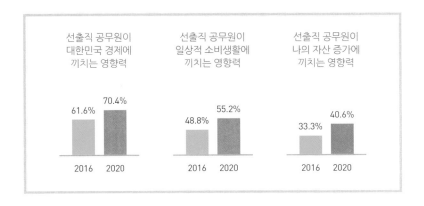

관심이 많아졌다: 44.8%(2016) → 57.0%(2020), 총선 관심도: 58.0%(2016) → 70.4%(2020)).[15] 선거 결과는 상당한 정도로 정부를 지지하는 쪽으로 결론이 났다.[16] 불확실성이 높은 시기, 표심은 '신속하고 충분한 정보 전달'이 주는 투명한 가치에 손을 들어주었던 것이다.

선거 이후 많은 전문가들이 지역의 정치나 정치적 판도 변화 등에 대해 논평하고 있다. 하지만 이 선거는 거시적 차원에서의 정치권력의 변화만을 의미하지는 않는다. 더 의미가 있는 것은 미시적 차원에서의 권력 변화, 즉 사람들의 일상적 행동에 변화를 주는 영향력(권력)의 형태가 바뀌고 있다는 것이다. 권력Power은 타인의 행동 변화에 끼치는 영향력을 의미한다. 그래서 권력이 있다는 것은 그만큼 타인의 행동 변화에 끼치는 영향력이 있다는 것을 뜻하는데, 사람들은 그 영향력의 크기와 영향력이 끼치는 방식에 따라 일정한 권위Authority를 부여해왔다. 그래서 전문적인 판단이 필요한 영역에는 전문가의 권위가, 대중적 인기가 필요한 영역에는 유명세라는 권위가 필요하다는 것을 당연하게 받아들인다. 사람들이 부여하는 사회적 권위에는 특정한 영역Area과 맥락Context이 있는 것이다. 직장에서 높은 직위에 있다고 해서 후배 직원들의 정치적 선택을 강제할 권위가 있거나, 교수나 의사, 박사라고 해서 모든 영역에서 지식이나 경험이 없이 전문적 권위를 주장할 수는 없다는 얘기다.

그런데 신기하게도 이런 권위들 중에서는 영역을 특정하기 힘든 전방위적인 영향력을 발휘하는 권위가 있다. 바로 '카리스마적 권위'다. 사회학자 막스 베버는 "평범한 인간과는 확연히 구분되는 초자연적인 권위"라고 정의하면서, 사람들에게 광범위하게 영향력을

행사하는 한가지 유형으로 바로 이 카리스마^{Charisma}적 권위를 설명

한다.[17] 카리스마적 권위는 그 권위의 기원이 되는 전문성이나 영향

력의 한계를 특정할 수 없다고 해서 '신비주의적·신비적 권위'라고

도 불린다. 딱 설명할 수는 없지만, '뭔가 있어 보인다'는 뜻이다. 문

제는 2020년의 코로나19가, 바로 이 '카리스마적 권위'에 직접적으

로 타격을 주고 있다는 것이다.

신비주의적 권위의 종말, ❞
그리고 권력 이동

카리스마적 권위가 가장 영향력을 끼치는 분야가 있다. 바로 종교

다. 조사에 따르면, 종교인들은 비종교인에 비해 영혼이나 사후 세

계, 천당과 지옥과 같이 보이지 않은 세계(신비주의적 세계)에 대한 믿

음을 강하게 가지고 있었다(영혼: 61.6%(종교인) vs 39.1%(비종교인), 사

후 세계: 60.6%(종교인) vs 26.2%(비종교인), 천당과 지옥: 61.9%(종교인) vs

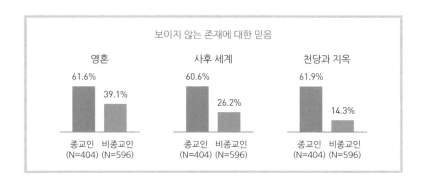

14.3%(비종교인)).[18] 과학과는 거리가 있는 이런 세계관들에 대해 종교인과 비종교인의 인식 차이는 상당히 컸다. 그리고 그만큼 논리적으로 설명하기 힘든 신비주의적 권위가 가지는 힘이 강하게 드러날 수밖에 없다. 그렇다면 불확실성이 커지고, 보이지 않는 사회적 불안이 커지는 시기, 사람들은 종교가 가지는 영적인 힘, 즉 카리스마의 역할에 큰 기대를 갖지 않을까? 조사 결과는 이런 기대를 배반했다. 불안감이 커지기는 했지만, 종교를 믿는 사람들이 늘어나고 있다고 생각하는 사람은 4년 전에 비해 줄었고(사회가 불안할수록 종교를 믿는 사람들이 늘어나는 것 같다: 66.4%(2016) → 60.4%(2020)), 종교의 역할을 중요하다고 생각하는 사람과 종교에 의지하려는 사람들도 함께 줄어들었으며(힘들고 지친 현실에서 종교의 역할은 더욱 중요해지고 있다: 57.1%(2016) → 52.2%(2020), 요즘은 종교에 의지하려는 사람들이 많아진 것 같다: 39.8%(2016) → 31.9%(2020)), 오히려 종교에 너무 빠져 사는 사람들이 이해 가지 않는다고 생각하는 사람들이 더 늘어난 것이다

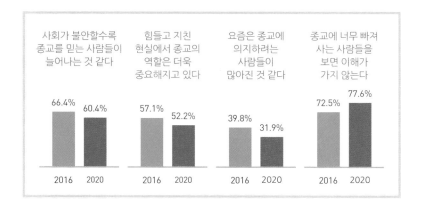

(72.5%(2016)→77.6%(2020)).¹⁹

가장 중요한 이유는 전문적 종교인(목사, 신부, 스님 등의 성직자)을 신비주의적 권위를 가진 대상이 아닌 일종의 직업으로 보는 경향이 더 커지고(종교인(성직자: 목사, 신부, 스님 등)도 일종의 직업이다: 76.0%(2016) → 83.1%(2020)), 더 직접적으로는 코로나19라는 팬데믹 상황에서 사람들은 종교가 문제 해결을 위해 어떤 역할을 했는지에 대해 강하게 의심하고 있기 때문으로 보인다(코로나 사태라는 중차대한 시국에 솔직히 종교가 한 역할이 없는 느낌이다: 71.6%).²⁰ 그래서 많은 사람들은 이번 코로나19를 계기로 종교계의 위상이 예전 같지 않을 것이라고 전망했으며(이번 코로나19로 우리나라 종교계의 위상은 앞으로 낮아질 것 같은 느낌이 든다: 56.8%), 비종교인들의 경우 앞으로 종교를 가지려는 의향이 4년 전에 비해 현저하게 줄어들었다(하나의 종교는 가져볼 생각이 있다: 25.6%(2016) → 17.6%(2020)).²¹ 종교가 가지는 카리스마적 권위는 과거에 비해 현저하게 줄어들고, 영향력은 제한되고 있는 것이다.

코로나19는 신속하고 충분한 소통을 중요시한다. 높은 불확실성

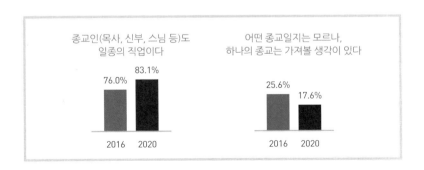

때문이다. 그래서 지금의 사람들은 높은 직급이나 직위에 자동적으로 부여하던 권위에 이전처럼 큰 영향력을 부여하지는 않는다. 권력의 유형이 바뀌고 있으며, 사람들에게 영향을 주는 리더십의 형태도 달라지고 있는 것이다. 조사에서도 이런 경향성을 확인할 수가 있었다.

사람들은 당연하게도 코로나19의 과정에서 리더는 리스크 관리를 잘해야 하는 사람이라고는 알고 있었다(73.9%).[22] 다만, 이번 코로나19로 인해 무엇보다도 커뮤니케이션 능력이 중요하다는 것을 알게 되었다고 말하고 있었다(81.2%).[23] 이렇게 소통 능력을 중시하는 사람들의 태도는 선호하는 리더십의 형태도 바꾸고 있었다. 압도적으로 많은 사람들이 앞으로 '정확한 정보'를 제공해주는 리더가 영향력이 매우 강할 것(78.7%)으로 예상했던 것이다.[24] 그리고 뭔가 지루하고 재미는 없어도 '믿을 수 있는 리더'가 존경받을 것(76.7%)이라고 생각했다.[25] 왠지 자신감 있어 보이고, (직접 확인은 못 해봤지만) 능력과 언변이 출중할 것 같은(?) 카리스마 있는 리더(46.9%)와 재미있

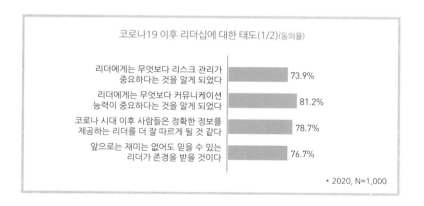

코로나19 이후 리더십에 대한 태도(1/2)(동의율)

리더에게는 무엇보다 리스크 관리가 중요하다는 것을 알게 되었다	73.9%
리더에게는 무엇보다 커뮤니케이션 능력이 중요하다는 것을 알게 되었다	81.2%
코로나 시대 이후 사람들은 정확한 정보를 제공하는 리더를 더 잘 따르게 될 것 같다	78.7%
앞으로는 재미는 없어도 믿을 수 있는 리더가 존경을 받을 것이다	76.7%

* 2020, N=1,000

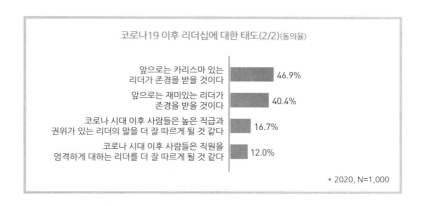

코로나19 이후 리더십에 대한 태도(2/2)(동의율)

앞으로는 카리스마 있는
리더가 존경을 받을 것이다 ■ 46.9%

앞으로는 재미있는 리더가
존경을 받을 것이다 ■ 40.4%

코로나 시대 이후 사람들은 높은 직급과
권위가 있는 리더의 말을 더 잘 따르게 될 것 같다 ■ 16.7%

코로나 시대 이후 사람들은 직원을
엄격하게 대하는 리더를 더 잘 따르게 될 것 같다 ■ 12.0%

* 2020, N=1,000

는 리더(40.4%)에 대한 존경심은 상대적으로 낮았다. [26] 가장 최악으로 꼽는 리더는 직급과 권위를 내세우는 리더(16.7%)나 엄격하게 대하는 리더(12.0%)였다. [27]

　대부분의 사람들은 지금과 같이 불확실성이 높은 시기에는 신비주의적 리더십(카리스마 리더십)이나 직급이나 권위를 내세운 리더십이 실질적인 문제 해결에 별 도움이 안 된다고 생각하는 것으로 보인다. 아무리 좋은 스펙의 권위가 있고, 카리스마가 있다고 해도 코로나19와 같은 문제를 직접적으로 해결할 수는 없기 때문이다. 불확실성이 높은 시기에는 문제 해결을 위해 노력하되, 충분히 소통하고, 투명하게 과정을 공개하는 것 이상의 리더십을 기대하기는 현실적으로 어려울 수 있다.

So what? 🔳
시사점 및 전망

조직 내 권력Power Management 분야에서 세계적 권위를 가지고 있는 스탠퍼드 경영대학원의 제프리 페퍼Jeffrey Pfeffer 석좌교수는 권력의 원천에 대해 크게 두 가지 형태를 언급한다. 조직에서의 위치와 개인적 자질이다. 이 중에서 조직의 구성원들에게 더 영향력이 있는 것은 조직에서의 '명시적 위치', 즉 직위나 직급이라고 설명한다.[28] 그런데 전통적으로 설명해오던 이 권력에 대한 설명은 앞서 제시한 것처럼 포스트 코로나 시대에는 그 영향력을 상당 부분 상실할 것으로 전망된다. 직급이나 직위로 후배 직원들에게 직접적으로 영향을 줄 수 없는 상황이 일상적으로 존재할 것으로 예상되기 때문이다. 직급이나 직위를 근거로 한 지시가 효과적으로 권위를 발휘하려면 다음 2가지 전제가 필요하다. '제한된 공간'과 '그 직위를 인정하는 다수의 존재'다. 이 배경에서 포스트 코로나 시대를 전망하는 중요한 시사점이 몇 가지 있다.

첫 번째는, 비대면 상황이 주는 '의무적 공간'의 해체와 이로 인한 권위의 축소다. 항상 같은 공간에서 일정 시간을 보내야 하는 의무적인 상황일 때 상급자의 지위는 강력한 권위를 갖는다. 무조건 의무적으로 그 공간에 '빼박'으로 머물러야 한다면, 상급자의 지시를 어긴다는 것은 상당히 곤혹스럽게 견뎌야 할 시간이 많음을 의미한다. 하지만 코로나19는 이 '의무적 공간'이라는 개념을 해체해버렸다. 커뮤니케이션 채널만 유지하면, 다양한 상황에서, 다양한 공간에 머물러도 된다. 심지어 권장된다. 업무뿐 아니라, 학습, 종교 행사까지 방역만 철저하게 관리되는 환경이라면 언제든 '의무적 공간'에 머무르지 않아도 된다. 이것은 기존의 권위에 상당한 영향을 끼친다. 권위자의 일방적 소통에 피할 수 있는 공간을 주거나, 반대로 권위자의 소통에서 내가 필요한 부분만 선택적으로 취할 수 있는 선택권을 주기 때문이다. 이러한 의무적 공간의 해체는 권위자의 지시에 무조건 따라야 하는 상황의 압력을, 개인이 선택할 수 있는 대안적 옵션으로 전환해준다.

두 번째 시사점은 타인의 존재가 주는 사회적 압력으로부터의 해방과 '대화식 커뮤니케이션'이 유행할 가능성에 대한 것이다. 다중이 이용하는 공간은 기존에 사회적 권위를 갖고 있었던 권위자들(종교인, 교수, 오프라인 중심 유명 강사, 학교 교사 등)이 권위를 유지하는 공간이었다. 이 권위의 기반이 비대면 커뮤니케이션의 확산으로 인해 흔들리고 있다. 건축학자인 홍익대학교 유현준 교수는 그의 책 《공간이 만든 공간》에서 의미심장한 통찰을 던진다. 그는 시선이 모이는 공간 구조는 참석자들의 마음을 하나로 모으는 역할을 하고, 그 시선을 받는 자리에 있는 사람은 자연스럽게 권력을 가지게 된다고 설명한다.[29] 그리고 그 권력의 크기는 바라보는 인원의 크기에 비례한다. 즉, 내 주변의 수많은 사람들이 같은 사람을 바라본다고 느낄 때, 그리고 그 주변 사람들의 수가 늘어날수록 시선을 받는 '그 사람'은 더욱더 '대단한 권력자'라고 느낀다는 뜻이다. 같은 맥락에서 세계적인 사회심리학자 로버트 치알디니[Robert B. Cialdini] 교수는 이와 같은 현상을 사회적 증거[Social Proof]의 법칙으로 설명한다. 사람들은 어떤 사건(또는 상황)을 볼 때, 그 사건(또는 상황)의 불확실성이 클수록 '타인의 행동'을 보고 어떤 문제나 상황을 평가한다는 것이다.[30]

정리하면, 이렇게 된다. 포스트 코로나 시대는 일상적으로 비대면 상황을 마주하게 될 가능성이 크다. 기본적인 소통은 '일대일'의 구조가 될 가능성이 크다는 얘기다. 이렇게 되면, 내가 보는 그 '(기존의) 권위자 또는 권력자'는 일대일 '대화'의 대상이 될 뿐이다. 그 사람을 보는 타인의 시선이 배제되기 때문이다. 이제 예배든, 어려운 강의든 '나만 모르고 있나?' 하고 위축될 필요가 없다. 그냥 '일대일'에서 질문하면 된다. 반대로 강사는 "이것도 모르니?" 하고 면박을 줄 수 없다. 감정적으로 반발을 일으킬 수 있는 소통은 피교육자의 '로그아웃'만을 남길 뿐이기 때문이다. 이런 관점에서, 청소년을 대상으로 수업을 주로 하는 학교 선생님들의 최대 경쟁자는 '파워 유튜버'일 수도 있다. 이제 더 이상 '뭔지 모르지만 있어 보이는' 권위는 존재하지 않는다. 이제 대중 강연이 아니라, '일대일의 대화형 강의'를 준비해야 할 때인 것이다.

세 번째는, 포스트 코로나 시대에 권위를 얻는 방법에 관한 것이다. 만약, 당신이 현재 리더의 지위에 있는 사람이라면, 앞서 언급한 것처럼 '신속하고 충분하고, 투명한 소통'은 기본이다. 하지만 이것만으로 관련된 사람들로부터 권위를 얻지는 못한다. 제프리 페퍼는 권력을 얻는 방법으로 "타인에 대한 감수성"을 언급한다. 타인에게 영향력을 행사하기 위해서는 사람들의 이해관계, 사람들의 생각, 이들에게 접근하는 방법을 알아야 하고 이들의 세세한 마음을  잘 읽는 것이 매우 중요하다는 것이다.[31] 즉, 이른바 전통적으로 권력의 문제에서 중시되어온 '큰판 읽는 능력'이 아니라, 개인 간의 관계에 대한 '민감한 더듬이'가 중요하다고 볼 수 있다. 이런 맥락에서 보면, 포스트 코로나 시대에 가장 중요한 소통 능력은 무엇보다 '한 사람 한 사람을 소중히 대하는 능력'일 수 있다. 사람들은 이런 세세한 인간관계에 권력을 줄 준비가 되어 있다.

20 지역화폐:
우리 동네 살리는 비장의 '머니'

✎ 지역경제 및 지역화폐 관련 인식 조사
· 조사 대상: 서울 및 경기 지역에 거주하는 만 16~65세 남녀 1,000명 ④
· 조사 기간: 2020년 4월 14일~4월 17일

'코로나19' 사태가 장기화되고 있다. 최전선에서 사투를 벌이고 있는 의료진을 포함한 대다수 국민들이 '거리두기'를 하며 기꺼이 고통을 감수하고 있지만, 코로나19의 확산으로 인한 경제적 어려움은 한층 가중되고 있는 모습이다. 특히 영세 자영업자와 소상공인들의 시름이 깊다. 자본 여력이 있고 규모의 경제를 실현할 수 있는 대기업 상권과 달리 이들은 국민들의 소비 심리 위축으로 인한 피해를 '고스란히' 그리고 '즉각적으로' 느낄 수밖에 없기 때문이다. 불행 중 다행인 것은 어려운 상황에서도 '사회적 연대'를 먼저 생각하는 사회 분위기 속에 이왕이면 동네 골목 상권 등 지역경제 활성화에 힘을 보태려는 소비자의 발길이 이어지고 있다는 점이다. 그동안 지역경제나 동네 상권에 다소 무심했던 소비자들이 코로나19 사태를 계기로 새삼 관심을 기울이게 된 것이다. 그리고 이러한 태도에 촉매제 역할을 해준 것이 바로 '지역화폐'다.

사실 지역화폐는 코로나 사태 이전에도 여러 지방자치단체에서 운영을 해온 일종의 대안 화폐로, 침체된 상권을 되살려 지역경제의 활성화를 도모할 수 있다는 이유로 각 지방자치 단체들의 관심이 높았던 정책 중 하나였다. 그러나 할인과 소득공제, 페이백 등의 여러 혜택에도 불구하고 발행 지역에서만 사용이 가능하고, 이용 가능한 가맹점이 제한적이라는 이유로 지역 소비자로부터 큰 관심은 받지 못해왔던 것이 사실이다.

그런데 최근 코로나19 사태로 지역경제 침체에 경각심을 느낀 각 지방자치단체가 '재난 지원금'을 지역화폐로 발행하기 시작하면서 지역화폐가 새롭게 관심을 받는 모습이다. 실제 지역화폐로 재난 지원금이 지급된 이후 지역경제에 활력이 되살아났다는 평가가 적지 않다. 코로나19 확산과 함께 주머니 사정이 어려워진 소비자에게는 소비의 여력이 생기고, 소비자의 구매를 통해 다시 지역경제가 활성화되는 선순환 구조가 이뤄진 것이다.

지역화폐* 인지도 및 지역경제 활성화 도움도

*지역화폐란?
각 지방자치단체가 지역경제 활성화를 도모하기 위해 발행하는 일종의 대안 화폐를 말하며, 카드나 상품권, QR 코드 등으로 사용할 수 있다. 지역화폐를 발행한 행정구역의 가맹점(재래시장, 소상공인 위주)에서만 사용 가능하며, 대다수 백화점, 대형 마트, 기업형 슈퍼(SSM), 대형 프랜차이즈 직영점(가맹점 제외)에서는 사용할 수 없다.

잘 모름 3%
잘 알고 있다 54.7%
들어본 적 있지만 내용은 잘 모름 42.3%

지역화폐 인지 여부

85%
지역화폐는 지역경제 활성화에 도움이 되는 편이다
(N=1,000, 단위: %)

소비자들 또한 지역화폐의 장점으로 지역경제 활성화는 물론 소상공인과 재래시장의 매출 증대 및 침체된 지역 상권의 부흥에 도움이 될 것이란 예상을 많이 하고 있었다. 특히, 이미 지역화폐가 많이 사용되고 있었던 경기 지역 거주자들이 지역화폐의 효용성을 더욱 긍정적으로 평가하고 있어, 경기 활성화 정책으로서 지역화폐 도입은 긍정적인 성과를 가져올 것으로 기대가 된다.

다만 '사용처가 지역 내로 제한적인 부분', '프랜차이즈 직영점과 대기업 매장에서 사용이 어렵고', '결제 시스템이 잘 구비되어 있지 않은 점' 등은 지역화폐의 큰 단점으로 평가되고 있는 모습이다. 더불어 '이용의 어려움을 겪는 계층이 존재'하고, '불법 현금화의 가능성'이 있다는 점도 지역화폐의 단점으로 많이 지적되고 있었다. 앞으로 지역화폐 사용과 지역경제 활성화를 위해서는 가맹점 확대, 불법 현금화 단속 등 제도의 지속 가능성과 관련한 고민이 필요할 것으로 보인다.

재난 지원금 '지역화폐 발행' 관련 관심도 및 시행 효용성 평가

관심 있는 편
76.2%

관심 없는 편
18.4%

잘 모른다
5.4%

69.0%
지역화폐를 통해 동네 골목 상권을 살릴 수 있을 것이다

65.7%
지역화폐를 통해 소상공인들의 어려움을 해소할 수 있을 것이다

64.5%
지역화폐를 이용하는 주민들이 앞으로 증가할 것 같다

83.0%
지역화폐를 이용할 수 있는 가맹점이 더욱 늘어날 필요가 있다

(N=1,000, 단위: %)

코로나19로 지역경제 활성화가 그 어느 때보다 시급해짐에 따라 각 지방정부의 역할과 중요성도 새롭게 강조되고 있다. 다행히 '코로나19' 사태를 겪으면서 지방정부와 지자체장 역할의 중요성을 체감하는 사람들이 많아지고, 각 지방정부의 업무와 활동을 예의 주시하게 된 대중들도 부쩍 많아진 모습이다.

이유야 어찌 됐든, 어떤 계기로든, 소비자들이 지역경제에 관심을 가지기 시작했다는 점은 매우 고무적인 현상으로 평가할 만하다. 지방정부의 역할을 새롭게 강조하기 위해서라도 각 지역마다 특색 있는 제도와 정책을 운영할 가능성이 높고, 그래서 향후에는 지역화폐의 사용이 더욱 주목받게 될 가능성도 높기 때문이다. 어쩌면 향후 포스트 코로나 시대에는 지역화폐가 훨씬 대중적으로 사용되는 화폐 중 하나로 자리 잡게 될지도 모를 일이다.

연관 검색어 ▼

|키워드 감성 정보량 추이|

경기도, 긴급 지원금 ▼

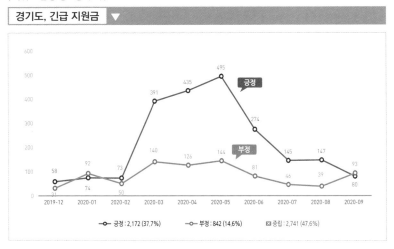

21 K방역:
우리가 미처 몰랐던
한국식 시스템의 힘

✐ 재난 문자 서비스 관련 인식 조사
· 조사 대상: (스마트폰을 사용하는) 전국의 만 16~65세 남녀 1,000명 ④
· 조사 기간: 2020년 3월 20일~3월 24일

2020년, 특정 지역 내에 위치한 모든 사람들의 휴대전화가 동시다발적으로 울렸다. '코로나19' 사태는 물론 기록적인 장마, 폭우로 인한 자연재해가 속출하면서 중앙재난안전대책본부, 각 지방자치단체가 잇달아 '재난 문자'를 보내면서 만들어진 풍경이다. 재난 문자는 국가가 재난 상황에서 국민을 지키기 위해 할 수 있는 가장 기본적인 수단이다. 재난 재해의 상황과 관련 정보를 가장 빠르고 효과적으로 알려주며 국민들의 안전 의식에 경각심을 심어주기 때문이다. 그만큼 일제히 전달되는 재난 문자가 많다는 것은 코로나19 사태나 자연재해 등의 피해가 매우 '빈번하고', '심각하다'는 것을 의미한다.

물론 동시다발적으로 전달되다 보니 삽시간에(?) 사람들을 공포와

이전 대비 재난 문자 수신 정도

5.5
이전 대비
감소

7.3
이전과
비슷

87.2
이전 대비
증가

BUT

20.6
재난 문자 서비스는
지금보다 좀 더
줄어들 필요가 있다

3.1
재난 문자 서비스는
불필요한 서비스라고
생각한다

(N=1,000, 단위: 동의율 %)

불안에 빠지게 만드는 측면도 있다. 게다가 너무 빈번하게 문자가 와서 다소 성가시게 여기거나(48.4%), 안일하게 생각하는 사람들도 있다(41.1%). 일부는 재난 문자를 받았을 때 정작 필요한 정보가 없는 경우가 있다(37.4%)며 재난 문자 서비스의 문제점을 지적하기도 한다. 그래서 재난 문자 서비스의 지나친 남발은 오히려 역효과를 유발할 수도 있다는 우려가 적지 않다. 하지만 그럼에도 거의 매일 쉬지 않고 울려대는 '재난 문자'에 대한 국민들의 신뢰도나 필요성은 매우 높다. 불과 몇 년 전까지만 해도 각종 재난 재해 상황에서 국가의 보호를 받지 못했던 경험이 있기에 위급한 재난 상황에서는 지나친 것이 차라리 낫다는 것을 체감적으로 이해하고 있기 때문으로 보인다. 그래서 재난 문자 서비스의 여러 문제점에도 불구하고 이를 더욱 확대 및 강화해야 한다는 의견이 지배적이다.

한편 서비스의 본질적인 이슈나 개선 여부, 문제점과는 별개로 코로나19 사태, 자연재해로 전례 없이 잦았던 재난 문자 서비스가 국민들에게 '사회 시스템'과 '국가'에 대한 인식을 변화시킨 계기가 되었다는 점은 주목할 필요가 있어 보인다. 국가가 직접 재난 상황을 관리하고 있다는 믿음을 주고, 국민들이 국가로부터 보호를 받고 있다는 위안을 받았다는 응답이 높았던 것이다. 그만큼 중앙정부와 지방정부가 위급한 상황에서 제대로 된 역할을 하고 있다는 시각이 많아진 것으로, 실제 우리 사회의 시스템과 국가를 바라보는 시선이 이전에 비해 눈에 띄게 달라진 모습을 확인할 수 있었다.

사실 국가의 역할은 평범한 일상에서보다 특수한 상황에서 가려지기 마련이다. 이번 코로나19 사태처럼 예기치 않은 국가적 재난 재해에 어떻게 대응하는지에 따라 정부와 국가 시스템에 대한 신뢰도는 얼마든지 달라질 수 있다는 뜻이다. 근본적으로 '예방'을 하는 것이 가장 좋겠지만, 예방의 차원을 넘는, 어쩔 수 없는 상황이 발생했을 경우 정부라는 '컨트롤 타워'의 역할과 능력에 따라 국민들의 인명 및 재산 피해는 달라질 수밖에 없다. 다행히 코로나19 사태를 겪으면서 우리 사회의 시스템이 비교적 안정적이고 시민들의 국

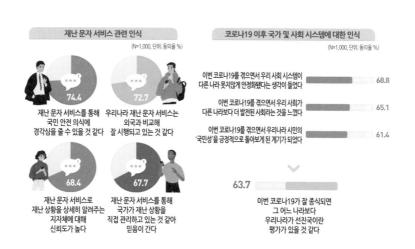

재난 문자 서비스 관련 인식

(N=1,000, 단위: 동의율 %)

74.4 재난 문자 서비스를 통해 국민 안전 의식에 경각심을 줄 수 있을 것 같다

72.7 우리나라 재난 문자 서비스는 외국과 비교해 잘 시행되고 있는 것 같다

68.4 재난 문자 서비스로 재난 상황을 상세히 알려주는 지자체에 대해 신뢰도가 높다

67.7 재난 문자 서비스를 통해 국가가 재난 상황을 직접 관리하고 있는 것 같아 믿음이 간다

코로나19 이후 국가 및 사회 시스템에 대한 인식

(N=1,000, 단위: 동의율 %)

이번 코로나19를 겪으면서 우리 사회 시스템이 다른 나라 못지않게 안정화됐다는 생각이 들었다 **68.8**

이번 코로나19를 겪으면서 우리 사회가 다른 나라보다 더 발전된 사회라는 것을 느꼈다 **65.1**

이번 코로나19를 겪으면서 우리나라 시민의 '국민성'을 긍정적으로 돌아보게 된 계기가 되었다 **61.4**

63.7 이번 코로나19가 잘 종식되면 그 어느 나라보다 우리나라가 선진국이란 평가가 있을 것 같다

민성은 예상외로 높은 수준이란 점을 깨달은 대중들이 많다. 심지어 다른 어떤 나라들보다 뛰어난 선진화된 시스템으로 자부심까지 가슴에 새긴 사람들도 상당수였다.

코로나19에 우리나라가 슬기롭게 대응하고 잘 극복해나가고 있다는 평가를 이른바 '국뽕(국가에 대한 자긍심에 과도하게 도취된 행태를 비꼬는 인터넷 신조어)'이란 용어로 평가절하할 필요는 없을 것이다. 과하다 싶은 긍정적 만족감에 경계심을 가질 필요는 있겠지만, 국가나 사회 시스템에 대한 이러한 생각은 '국뽕'의 차원을 넘어 사실상 (우리가 그동안 놓치고 있었던) '새삼스러운 깨달음'에 가깝기 때문이다. 코로나19에 대응하는 사회 시스템을 보기 전까지 '한국 국민'이라는 것이 참 다행이라는 생각을 얼마나 하며 살았을까?

코로나19는 아직 종식되지 않은 채 사회 곳곳에 경제적 어려움과 고통을 던져주고 있다. 하지만 국가나 사회 시스템에 대한 대중들의 이러한 깨달음은 암울할 것으로 전망되는 포스트 코로나 시대를 다시금 헤쳐 나갈 수 있는 원동력이 되어줄 것임을 기억할 필요가 있어 보인다. 우리에겐, 불안함과 불확실성을 기민하게 잘 견뎌낼 회복 탄력성Resilience이 있다.

| 키워드 감성 정보량 추이 |

긴급 재난 문자 확진자, 재난 알림 ▼

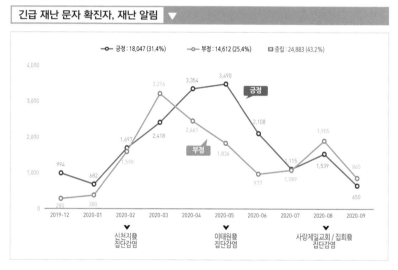

22 기본 소득제:
'일정치 않은' 불안한 미래의 안전장치

📎 기본 소득제 및 증세 관련 인식 조사
· 조사 대상: 전국의 만 19~59세 성인 남녀 1,000명 ①
· 조사 기간: 2020년 6월 26일~7월 1일

오늘날 한국 사회는 개인의 노력과 의지만으로 사회·경제적 지위를 올리는 것이 불가능하다고 생각하는 대중들이 많다. 반면 부유한 사람들은 주식과 부동산 투자 등 다양한 방법으로 더욱 많은 부를 누리는 상황이 점점 더 많아지고 있는 등 기회와 소득 불균형이 불러온 계층의 양극화 현상이 더욱 고착화되고 있다. 1인당 국민소득이 3만 달러가 넘는 사회에 살고 있어도 대다수 사람들은 스스로가 중산층의 삶을 살고 있다고 생각하기보다는 언제든 '가난'과 같은 예기치 않은 불행이 자신을 찾아올지 모른다는 두려움을 느끼며 살아가고 있다.

이러한 맥락에서 몇 년 전부터 조금씩 사회적 화두가 되고 있는 '기본 소득 제도'는 그 필요성이 더욱 강조되고 있는 분위기다. 국민 모두에게 조건 없이 최소 생활비를 지급하는 기본 소득제는 경제적 불확실성이 커지고 최근 코로나19 사태로 고용 안정성이 더욱 흔들리고 있는 현재, 최소한의 삶을 영위할 수 있도록 돕는 '사회 안전 핀'으로서 그 필요성에 대한 논의가 다시금 수면 위로 올려지고 있다. 사회 불평등과 빈부 격차를 해소하고, 사회 안전망을 강화하기 위해 정부의 적극적인 개입이 필요하다는 인식이 이전보다 좀 더 강해진 것이다.

기본 소득제 도입과 관련해서는 '삶의 여유', '미래에 대한 막연한 불안감 해소' 등을 이유로 도입 자체에 대한 기대감이 큰 모습이다. 특히 경제 살리기 차원에서 실시한 '긴급 재난 지원금'의 사용 경험은 기본 소득 제도의 존재를 새삼 환기시켜줌으로써 그 의미나 정책 효용성에 대한 이해도를 높여준 계기가 된 듯하다. 문제는 '예산'이다. 전 국민 대상의 복지 정책이라 막대한 예산이 필요한 만큼 '증세' 문제로부터 자유로울 수가 없기 때문이다. 게다가 기본 소득제 도입 시 타인의 도덕적 해이를 우려하는 목소리가 상당할 정도로

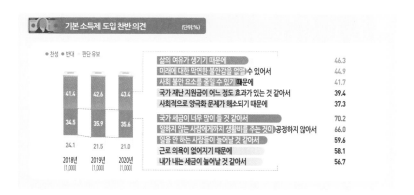

도입 자체를 부정적으로 바라보는 시선도 아직까지 많다. 그래서 (긴급 재난 지원금 사용 경험으로 이전보다 기본 소득 제도 관련 이해도는 높아졌지만) 기본 소득 제도가 본격적으로 수면 위로 떠오른 2018년보다는 기본 소득 제도 도입을 찬성하는 입장과 반대하는 입장의 주장이 보다 '분명하게', '나뉘는' 모습을 확인할 수 있다.

　복지 정책 강화가 필요하다는 사실에는 일단 대부분이 공감을 하며 그 필요성을 제기하고 있다. 하지만 정작 '증세'에 찬성하는 사람들은 찾아보기 어려운 것이 현실이다. 당장 주머니에서 빠져나가는 돈이 아쉽기도 하지만, 보다 근본적으로는 과세와 납세가 '공정'하지 않다고 생각하는 사람들이 많다는 데서 그 이유를 찾아볼 수가 있다. 세금이 공정하고 공평하게 부과된다는 인식이 드물뿐더러 권력과 부를 가진 사람들이 법망을 피해 세금을 덜 내고 있다는 의심이 매우 강한 모습을 드러내고 있었기 때문이다. 결국 증세에 대한 반감이 큰 이유는 '공정성'에 대한 의구심 때문으로, 특히 월급에서 꼬박꼬박 세금이 빠져나가는 직장인들이 느끼는 허탈감이 생각 이상으로 커 보였다. 국가가 복지 정책을 위해 투자해야 한다는 인식이 높지만 세금이 투명하게 관리되지도 않고, 효율적으로 사용되지도 않고 있다는 불신이 상당해 선뜻 '세금 인상'에는 찬성하지 못하는 태도를 보이고 있는 것이다.
　물론 상당수 대중들은 확실한 '복지 혜택'이 보장된다면 얼마든지 세금을 더 낼 의향이 있다며 '증세'를 무작정 반대만 하고 있지는 않은 모습이었다. 복지 예산을 위한 세수 확보가 절실한 현재 상황에

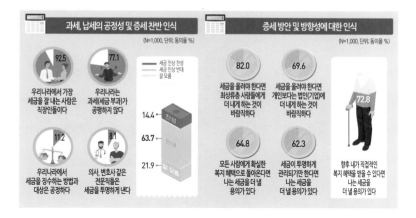

서 염두해야 할 부분이 아닐 수 없다. 일단, 대중들의 입장은 확고하다. 불가피하게 세금을 올려야 한다면 가장 먼저 '부유세'나 '법인세'를 인상해야 한다는 것. 세금을 올려야 한다면 '최상류층 사람들'에게, 개인보다는 '법인'에게 더 내게 하는 것이 바람직하고 바라보는 것이다. 어찌 됐든 세수 확보를 위한 증세가 이슈화될 때 대중들의 저항을 최소화하기 위해서는 기본적으로 '보다 형평성 있는 과세 징수'에 대한 논의 및 대책 마련이 필요할 것으로 보인다.

'증세' 이슈에 대한 입장 차이는 뚜렷하지만, 불확실성이 커지는 경제 상황에서 사회적 안전장치가 필요하다는 생각만큼은 대부분 일치하는 모습이다. 고로 기본 소득제 도입에 대해 찬성하는 사람들의 주장이 아직은 좀 더 힘을 받고 있는 모양새다. 물론 기본 소득제 시행이 사회 갈등과 불평등, 일자리 문제 등 현재 한국 사회가 마주하고 있는 다양한 문제들을 근본적으로 해결해줄 것이란 기

기본 소득제 관련 기대감 및 우려도 (N=1,000, 단위: 동의율 %)

72.0%
기본 소득제가 시행되면
세금이 폭증하게 될 것이다

24.6%
기본 소득제는 사회적 갈등을
해소하는 해결책이다

24.1%
기본 소득제가 시행되면
양극화 문제가 해결될 것이다

16.4%
기본 소득제가 시행되면
일자리 문제가 해결될 것이다

but

46.5%
기본 소득제가 시행되면
막연한 미래에 대한 불안은 없어질 것이다

대감은 크지 않다. 또한 기존 사회복지 제도와의 충돌로 예산 낭비를 우려하는 목소리도 많다. 하지만 타인의 경제적 불행이 결코 남의 일 같지 않은 요즘 상황에서 '기본 소득 제도'와 같은 복지 정책이 사회 구성원 모두에게 하나의 안전망으로 받아들여지고 있는 '현실'은 주목할 필요가 있다. 우리 사회의 '미래' 또한 초고령 사회로의 진입과 인구 절벽 현상의 도래로 녹록지 않을 것이 예상되고 있다.

'노후'와 '자녀 세대 미래'를 함께 준비해야 하는 절체절명의 순간을 맞이하게 될 가능성이 높은 만큼 기본 소득제를 비롯해 체계적인 사회복지 시스템의 구축을 위한 국가적 노력이 그 어느 때보다 필요한 시점이란 점을 기억할 필요가 있을 것 같다.

|키워드 감성 정보량 추이|

기본 소득 지원금, 복지, 세금 ▼

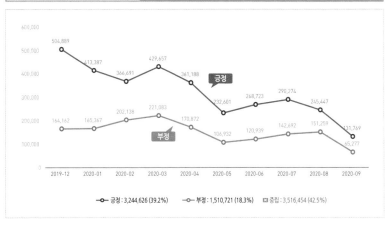

23 종교 없음:
코로나19로 가속화된 탈종교화

✎ 종교(종교인) 관련 인식 조사
· 조사 대상: 전국의 만 19~59세 성인 남녀 1,000명 ①
· 조사 기간: 2020년 6월 23일~6월 26일

일상이 힘들고 지치거나 불안한 일이 생길 때 우리는 자주 의지할 대상을 찾곤 한다. 그 대상은 가족과 친구 같은 주변 사람들일 수도 있고, 평소 좋아하거나 즐겨 하는 활동 또는 자신만의 공간일 수도 있다. 하지만 세상만사가 뜻대로 흘러가지 않고 원치 않는 삶을 어쩔 수 없이 살아가야 하는 나약한 존재라는 것을 우리는 본능적으로 잘 알고 있다. 그래서 스스로보다 더 우월하고, 더 위대하고, 더 강한 초개인적인 힘의 존재를 기대하게 된다. 인류가 언제나 '종교'를 곁에 둘 수밖에 없는 이유다.

실제로 종교는 오랫동안 인류에게 중요한 의지의 대상으로 존재해왔다. 개개인은 특정 종교와 그 교리를 믿으면서 좀 더 나은 존재가 되어간다는 위로를 받아왔고, 사랑과 나눔을 실천하려는 대부분의 종교들은 어렵고 소외된 이웃을 보살피며 사회 공동체에 선한 영향력을 행사해왔다. 때론 막강한 지위를 이용해 권세를 누린 오명의 역사도 있었지만, 기본적으로 종교는 인류에게 좀 더 나은 길을 안내해주고 위로해주는 가늠자 역할을 해온 것이 사실이다. 하지만 적어도 지금의 한국 사회에서는 종교의 위상이 예전 같지 않다는 인상을 받는다. 특정 종교와 관계없이 신자의 숫자가 감소하는 추세이며, 무엇보다 종교를 바라보는 사회적 시선이 상당히 부정적이다. 보통 사회가 불안할수록 종교에 의지하는 사람들이 많아지기 마련인데 사회적 혼란과 부정적 감정이 팽배한 지금 사람들이 종교를 찾지 않는다는 것이 이상하게 느껴질 정도다. 지금의 우리 사회는 종교에 기대기보다는 오히려 탈종교화 현상이 뚜렷해지고 있는 상황이다.

물론 종교의 역할이 '개인'과 '사회'에 중요한 영향을 끼친다는 인식은 여전히 유효하다. 하지만 일단 종교의 필요성 그 자체를 부인하는 대중들이 많다는 점은 곰곰이 생각해볼 필요가 있다. 종교인들이야 그렇다 치더라도 비종교인들이 종교의 역할이 축소되고 있다고 생각하는 것은 결국 종교계가 사회 전체를 아우를 정도의 신

종교, 종교계 관련 인식 평가 (N=1,000, 단위: 동의율 %)

74.7%
우리나라 종교계는
권위적인 면이 강하다

9.8%
현재 우리나라 종교계는 각자의 교리에
따라 제대로 운영되고 있다

8.7%
우리나라에는 믿고 의지할 만한
종교인이 많다

2.8%
우리나라 종교계는
청렴하다

뢰를 받지 못하고 있다는 해석이 가능하기 때문이다. 특히, 천주교와 불교 대비 개신교를 바라보는 사회적 시선이 호의적이지 않다. 불교와 천주교에 대해선 '온화한', '착한', '따뜻한', '믿을 수 있는' 등의 긍정적인 이미지를 연상하는 경우가 많았지만 개신교는 '거리를 두고 싶은', '이중적인', '비합리적인' 등의 부정적 인식이 유독 많았다. 눈치챘겠지만 이러한 인식의 결과는 아무래도 2020년의 코로나19 여파 때문일 가능성이 높다. 실제 조사에서도 많은 대중들은 사회적 불안도가 높은 상황에서 종교계가 보여준 모습이 너무도 실망스러울 때가 많았다고 토로한다. 불안한 시대에 사람들을 위로해주기보다 집단감염의 매개체로 부각되거나, 사회 분위기를 거스르는 행동을 하고 있다는 지적이 많은 것이다. 그 결과, 이번 코로나19로 우리나라 종교계의 위상은 한층 더 꺾일 것 같다는 목소리가 지배적이다.

이전부터 지속돼왔던 종교계의 정치화·기업화에 대한 부정적 목소리와 함께 코로나19 사태에서 종교계가 제 역할을 하지 못했다는

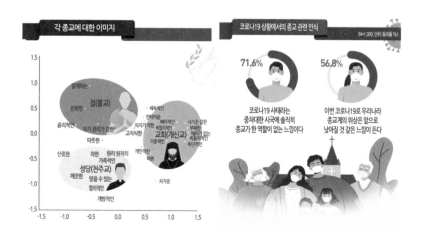

비판은 앞으로도 쉽사리 수그러들 것 같지 않다. 그 어느 때보다 불안하고 혼란한 시기를 지나고 있는 지금, 과연 종교가 본연의 자리로 돌아가 사람들에게 위로와 위안을 줄 수 있을지는 앞으로 좀 더 시간을 두고 지켜볼 필요가 있을 것으로 보인다.

연관 검색어 ▼

| 키워드 감성 정보량 추이 |

교회, 개신교 ▼

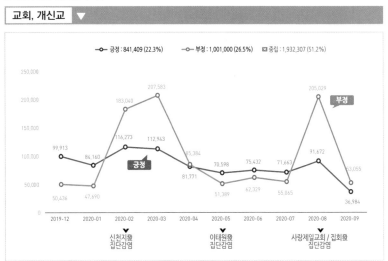

엠브레인 패널 빅데이터®

INSIGHT IV

➡ 2020년 지역화폐 관련 앱 설치자 수는 코로나19 확산 시기인 2020년 2월 이후 급격한 증가세를 보여, 재난지원금 지급 이전에도 [집 근처 상권에 대한] 관심도는 높았던 것으로 추정됨

➡ 1차 긴급재난지원금이 지급된 5월 이후 지역화폐 관련 앱 설치자 수는 꾸준한 유지세를 보임

➡ 5월 이후 소비는 주로 집 근처에서 이뤄지고 있는 모습이며, 특히 코로나19 방역 2.5 단계가 시행된 2020년 8월은 동네 소비 활동이 보다 더 증가한 특징을 보임

지역화폐 관련 앱 월별 설치자 수

1,000명당 설치자 수(명)

1월 2월 3월 4월 5월 6월 7월 8월

집 근처 결제 비중

○ 집2km 초과   ● 집2km 이내

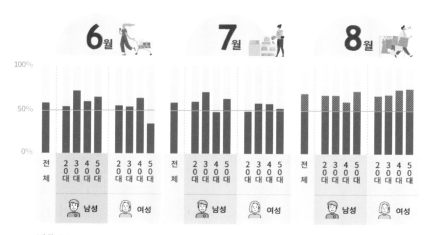

(단위: %)

이른바 전통적으로 권력의 문제에서 중시되어온
'큰판 읽는 능력'이 아니라,
개인 간의 관계에 대한 '민감한 더듬이'가 중요하다고 볼 수 있다.
이런 맥락에서 보면, 포스트 코로나 시대에 가장 중요한 소통 능력은
무엇보다 '한 사람 한 사람을 소중히 대하는 능력'일 수 있다.

PART 5

필터 버블,
과잉 신념의 사회

'내 주장이 항상 옳다'고
생각하는 이유

과도한 자신감, 극단화, 보수화

문제는 가짜 뉴스가 아니라 "
'자동 추천 알고리즘'이다

2016년 12월 4일. 미국 워싱턴에 있는 피자 가게에 한 남성이 들어섰다. 그의 손에는 AR−15 반자동 소총이 들려 있었다. 다행히 인명 피해는 없었다. 몇 발의 총을 난사하고 소동을 피운 그는 출동한 경찰에 곧바로 체포된다.[1] "뭔가를 확인하려고 들어갔다"고 답한 범인에게, 경찰은 뭘 확인하려고 들어갔는지 묻는다. 범인은 "소아 성애자들이요"라고 답한다.[2] 응? 소아 성애자? 무슨 일이 일어난 걸까? 이른

바 '피자게이트^{Pizzagate}'로 알려진 이 사건의 발단은, 당시 미국 민주당 대선 후보인 힐러리 클린턴 상원 의원이 워싱턴 인근의 피자 가게인 '코멧 핑퐁^{Comet Ping Pong}'의 지하실에서 아동 성매매 조직을 운영하고 있다는 소문이었다. 이 뉴스는 페이스북^{Facebook}과 트위터^{Twitter}를 통해 알려지면서 일파만파 퍼져나갔다. 그리고 이 사실을 철석같이 믿은 28세의 청년 에드거 윌치^{Edgar M. Welch}는 소아 성애자 '악당'들로부터 아이들을 '구출'하기 위해 총을 들고 코멧 핑퐁의 지하실을 급습했던 것이다. 하지만 안타깝게(?)도 이 청년의 선의^{善意}와는 관계없이 그곳에는 소아 성매매는커녕, '지하실'이라는 공간조차 없었다. 이 청년은 이듬해 열린 재판에서 징역 4년의 형을 선고받았다.[3] 어처구니없는 가짜 뉴스^{Fake News}로 밝혀진 이 사건은 2016년 미국 대선의 판도까지 뒤흔들었다. 힐러리 클린턴 후보에게 상당한 타격을 주었고, 결과적으로 트럼프 현 대통령의 당선에 기여한 것이다.

이 사건을 뉴스로만 접한 사람들은 '아니 땐 굴뚝에 연기 났을까? 뉴스에도 나왔는데?'라고 생각할지도 모르겠다. 하지만 이 피자게이트는 언론에서 공식적으로 취재한 사건이 아니었다. 소셜 미디어^{Social Media}가 자체적 알고리즘으로 전파한 사건이었다. 스탠퍼드대학교의 인터넷 감시단 기술연구 매니저인 르네 디레스타^{Renee DiResta}는 이 사건이 크게 확산된 것은 페이스북 '추천 엔진' 때문이라고 주장한다. 페이스북에서 관련 이슈의 그룹이 커지면서, 페이스북 추천 엔진이 일반적인 사용자들에게 '피자게이트'라는 그룹 가입을 권유하는 방식으로 확산되었다는 것이다. 페이스북에서 콘텐츠를 추천하는 엔진이, 음모론을 쉽게 믿는 사람들을 골라내고, 이 피자게이트라는 뉴스 그룹에 가입을 (그 사람들이 원한 뉴스가 아니어도) '알아서, 자동으로' 추천했다는 것이다.[4] 이런 방식의 가짜 뉴스가 미국만의 문제는 아니다. 2016년 1월, 독일에서는 베를린에 사는 러시아 소녀가 등굣길에 납치되었으며, 무슬림으로부터 강간을 당했다는 뉴스가 퍼졌다. 이후 독일 경찰에 의해 가짜 뉴스로 판명된 이 사건도 한때 독일과 러시아 사이를 일촉즉발의 상황으로 몰고 가기까지 했다.[5]

　이 가짜 뉴스들의 핵심에는 공통적으로 소셜 미디어의 '자동 추천 알고리즘'이 있다. 자동화된 SNS의 필터Filter는 당신이 좋아하는 것과 당신이 접속한 것, 또 무엇을 할 것인지를 알고, 당신의 취향에 맞는 것을 '자동으로' 추천해주는 일종의 프로그램인 것이다. 그런데 이렇게 추천받는 것에는 어떤 문제가 있을까? 누군가가 나의 취향에 맞춰 딱 맞는 서비스나 상품을 권해주는 것은 기분 좋은 일이다. 하지만 단순히 상품이나 서비스를 추천하는 차원을 넘어, 어떤 특정한 사상이나 왜곡된 뉴스를 '반복적으로, 과도하게' 추천받는다면 이것은 심각한 사회문제가 된다.

이렇게 내가 능동적으로 원하지 않아도, '과도하게Bubbling 걸러진Filtering' 편향된 정보를 받게 하는 알고리즘과 이것이 야기하는 현상을 통틀어 지칭하는 용어가 있다. 바로 '필터 버블Filter Bubble'이다.

FILTER BUBBLES

내 생각과 판단이 **99**
'항상 옳은(?)' 이유

'필터 버블'이라는 용어는, 미국의 온라인 정치 시민 단체인 무브온 Move On의 이사장이자 세계 최대의 시민 단체 아바즈Avazz.org의 창립자 엘리 프레이저Eli Pariser[6]가 그의 저서 《생각 조종자들(원제: The Filter Bubble)》에서 명명한 단어다. 기본적인 메커니즘은 '필터'로부터 시작한다. 소셜 미디어에서 개인화된 검색 결과와 사용자의 정보(위치, 과거의 클릭 동작, 검색 이력 등)를 결합하고, 이것에 기반해 사용자가 보고 싶어 할 것으로 추정되는 정보를 그렇지 않은 정보와 분리하는 시스템을 필터Filter라고 한다. 이 필터가 효율적으로 작동하면, 어느 시점을 넘어 자신의 관점과는 다른 정보를 '과도하게' 걸러내게 되는데, 이 과정을 반복하면서 그 사람의 문화적·이념적 생각을 거품Bubble(과잉)에 가두는 현상을 '필터 버블'이라고 한다는 것이다.[7]

이런 필터의 기능으로 보면, 그동안 페이스북이나 유튜브 같은 SNS 플랫폼이 나에게 추천하는 SNS 친구들이나 콘텐츠는 '이미 나와 비슷한 성향'의 친구들이었을 수 있다. 특히 정치적 이슈나 부동산과 같이 호오好惡가 뚜렷한 분야는 나와 비슷한 의견의 친구를 추천하는 필터를 잘 거치게 되기 때문에 더욱 그렇다. 실제 조사 결과도 이런 추론과 유사하게 나타났다.

조사 결과를 보면, 페이스북 이용자들 중에서 '페이스북 친구의 정치 성향'이 자신과 유사하다고 생각하는 사람들은 54.4%로 그렇지 않다고 생각하는 사람들(19.2%)에 비해 2.83배나 많았다.[8] 유튜브의 경우에도 마찬가지였다. 자신이 구독하는 유튜브 채널의 정치 성향이 나와 유사하다고 응답한 사람의 비율도 그렇지 않은 사람에 비해 2.55배나 많았던 것이다(내가 구독하는 유튜브 채널의 정치 성향은 나와 비슷하다: 동의 46.5%, 비동의 18.2%).[9] 이런 경향은 정치 성향 이외에 (투자 전망이 극명하게 엇갈리는) 부동산 시장 전망에도 그대로 나타났다. '내가 생각하는 부동산 시장의 전망'과 유사하게 생각하는 친구들은 페이스북에도, 유튜브에도 많이 있었던 것이다(부동산 시장 전망 나와의 유사도: 페이스북 친구 48.3%(유사도 2.76배) vs 17.5%(상이), 유튜브 구독 콘텐츠 43.6%(유사도 3.28배) vs 13.3%(상이)).[10]

한마디로 소셜 네트워크와 유튜브에는 '내 생각에 동의해주는 친구들'이 엄청 많이 있다는 것이다. 필터는 분명 작동하고 있었다. 하지만 일단 기분은 좋다. 정치적으로나 부동산 시장 전망에 있어서

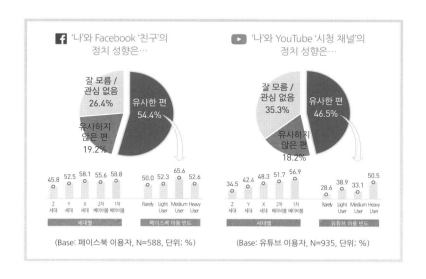

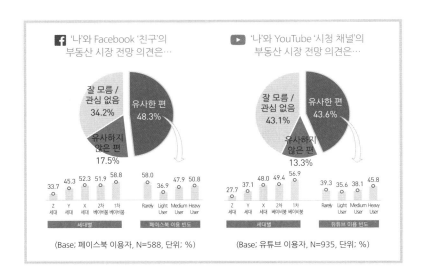

'나'와 Facebook '친구'의 부동산 시장 전망 의견은…

잘 모름 / 관심 없음 34.2%
유사한 편 48.3%
유사하지 않은 편 17.5%

	Z 세대	Y 세대	X 세대	2차 베이비붐	1차 베이비붐	Rarely	Light User	Medium User	Heavy User
	33.7	45.3	52.3	51.9	58.8	58.0	36.9	47.9	50.8
	세대별					페이스북 이용 빈도			

(Base; 페이스북 이용자, N=588, 단위; %)

'나'와 YouTube '시청 채널'의 부동산 시장 전망 의견은…

잘 모름 / 관심 없음 43.1%
유사한 편 43.6%
유사하지 않은 편 13.3%

	Z 세대	Y 세대	X 세대	2차 베이비붐	1차 베이비붐	Rarely	Light User	Medium User	Heavy User
	27.7	37.1	48.0	49.4	56.9	39.3	35.6	38.1	45.8
	세대별					유튜브 이용 빈도			

(Base; 유튜브 이용자, N=935, 단위; %)

내 생각과 판단은 항상 지지를 받는다는 자신감이 생기기 때문이다. 언제나 내 생각을 응원해주는 친구들이 그렇지 않은 사람들에 비해 훨씬 많이 있다고 생각하니 든든하다. 그런데 살짝 고민은 된다. 문제는 없을까? 당연히 있다. 이 과정은 몇 가지 문제를 유발한다. 하지만 우선 확인해야 하는 부분은 이런 자신의 의사 결정에 대해 '과도한 자신감'을 지지해주는 사회적 상황이다.

'나'를 중심으로 돌아가는 세상을 *"*
만들어준 몇 가지

일단 필터 버블이 작동하면, 사람들은 자신의 지지자만을 끊임없이 양산한다. 내 의견에 대한 객관적 평가와 비판을 받을 수 있는 가능성 자체가 줄어드는 것이다. 그런데 소셜 미디어 내에서 작동하는 필터 버블의 문제 이외에도 자신의 의사 결정을 강화하는 개인적·사회적 단서들은 이미 산재해 있었다. 언제부터인가 사람들은 '자기 확신이 필요한 시대'를 사는 것처럼 보이고 있다. 압도적으로 많은 사람들이 자신이 무엇을 좋아하고 싫어하는지에 대한 뚜렷한 견해를 가지고 있었고(80.5%), 상당수의 사람들이 자신에게 무엇이 중요하고 의미 있는 일인지를 알고 있다고(73.9%) 응답했으며, 자신이 무엇을 잘하고 무엇을 잘 못하는지에 대한 이해가 있다고 말하고 있었다(71.1%).[11] 사람들은 스스로 자신의 기호嗜好와 취향에 대한 뚜렷한 판단과 확신을 가지고 있는 것이다. 이러한 태도는 자신에 대한 투자를 아끼지 않고, 인생의 중심을 자신에게 두는 경향에서 비롯된 듯하다(내가 좋아하는 것에 돈을 쓰는 것은 전혀 아깝지 않다: 63.0%, 나 자신을 위해 사는 것이 인생에서 가장 중요하다: 66.4%).[12] 이렇게 자기

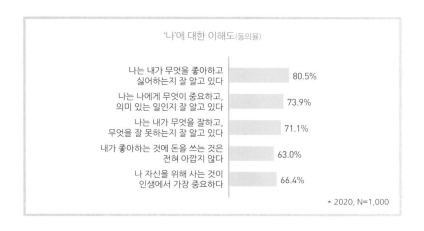

'나'에 대한 이해도(동의율)

나는 내가 무엇을 좋아하고 싫어하는지 잘 알고 있다	80.5%
나는 나에게 무엇이 중요하고, 의미 있는 일인지 잘 알고 있다	73.9%
나는 내가 무엇을 잘하고, 무엇을 잘 못하는지 잘 알고 있다	71.1%
내가 좋아하는 것에 돈을 쓰는 것은 전혀 아깝지 않다	63.0%
나 자신을 위해 사는 것이 인생에서 가장 중요하다	66.4%

* 2020, N=1,000

중심적 사고가 크게 지지를 받는 상황은 '자신의 의사 결정이 언제나 옳다'는 판단으로 유도하기 마련이다.

그리고 이렇게 자신의 기호를 잘 알고, 뚜렷한 관점을 가지게 된 데에는 '개인의 취향'을 적극적으로 지지해온 사회적 분위기도 한몫을 한 것으로 보인다. 개인의 취향을 본격적으로 드러내고, 존중해주어야 한다는 시대정신이 실제 있어왔기 때문이다(개인의 취향은 존중되어야 한다: 93.4%).[13]

여기에 코로나19로 인해, 이런 자기중심적 사고가 강화되는 물리적 상황 요인도 존재한다. 집에서 혼자 밥 먹고, 영화 보고, 강의 듣고, 유튜브 보며 지내는 시간이 이전에 비해 훨씬 늘어났기 때문이다(집에서 개인적으로 혼자 보내는 시간 증가: 28.2%(2015) → 41.6%(2020. 4.) → 42.8%(2020. 8.)).[14] 비대면 접촉이 늘면서, 자신의 생각과 판단을 검증받고 평가받을 만한 상황이 희소해진 것이다.

이제 '나를 중심으로 돌아가는 세상'을 구축하기 위한 준비는 끝났다. 나는 분명한 취향과 관심사가 있고, 나에 대해 깊은 이해가 있으며(그렇다고 생각하고 있으며), 이런 '나 중심의 취향'을 유지하게 해주는 시대정신이 존재하고(그래서 별도로 내 취향을 유지하기 위해 크게

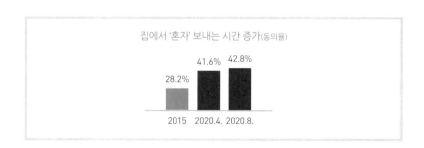

집에서 '혼자' 보내는 시간 증가(동의율)

28.2% 41.6% 42.8%
2015   2020.4. 2020.8.

저항을 할 필요도 없다), 물리적 환경도 조성되었다. 코로나19로 '혼자 집에 있게 되는 상황'이 더욱 잦아진 것이다. 이제 나와 이해관계가 없는 사람들 중 내 생각과 조금이라도 다른 사람은 '언팔'하거나, '로그아웃'하거나, '전번'을 삭제하면 된다.

피할 수 없는 면 대 면의 만남에서, 나와 다른 의견을 꾹 참고 듣고 있어야 할 상황은 이제 더 이상 내가 선택하지 않을 것이기 때문이다. 내 생각에 동의하거나 취향이 비슷한 친구들은 언제나, 어디에나 있고 찾을 수 있으며,[15] 심지어 손쉽게 필터로 '자동 추천'된다.

언뜻, 별문제 없어 보이는 '나를 중심으로 돌아가는 세상'에 대한 인식은 의사 결정에 대한 '과도한 자신감'을 낳는다. 그런데 이런 과도한 자신감은 상황 판단을 객관적으로 해야 하는 장면에서는 치명적일 수 있다. 대표적인 것이 부동산이나 주식 같은 투자를 할 때다.

투자의 리스크는 빚이 아니라, 의사 결정에 대한 '과도한 자신감'이다

30대의 투자 바람이 거세다. 과거에 비해 부동산과 주식시장에 청년 세대가 적극적으로 뛰어드는 경향이 매우 강해졌기 때문이다. 2020년 1월 한국감정원 자료에 따르면, 2019년 한 해 동안(1~12월) 서울 아파트를 가장 많이 매입한 세대가 바로 30대였다. 2019년 한 해 동안 서울의 전체 매매 건수 7만 1,724건 중 30대의 구매 비중은 2만 691건, 28.8%를 차지해, 전통적으로 부동산 큰손이었던 40대

(2만 562건, 28.6%)와 50대(1 만 3,911건, 19.4%)를 제치고, 30대가 서울 아파트를 가장 많이 구입한 세대가 되었다.[16] 주식 투자 분야도 이  와 유사한 경향을 보인다. 한 언론사의 발표에 따르면, 2020년 8월까지 주요 6개 증권사(NH투자증권, 한국투자증권, 삼성증권, KB증권, 키움증권 등)에 개설된 420만 개의 계좌를 분석한 결과, 2030세대의 비중이 57%에 달했는데, 그중에서도 30대는 신규 계좌의 30%를 차지할 정도로 다른 세대에 비해(20대 27%, 40대 24%, 50대 13% 등) 월등히 앞섰다.[17] 30대는 최근 부동산과 주식 투자의 중심이 된 세대다. 현재 30대의 이러한 과감한 투자에 대해서는 여러 가지 설명이 있다. 치솟는 집값과 일상적 불안, 그런데도 각종 금융과 주거 안정에 대한 혜택은 매우 희박한 상황. 이것이 30대를 주식과 부동산에 대한 높은 관심으로 몰아가고 있다는 것이다.[18]

하지만 이 30대의 최근 적극적인 투자에 대해 우려의 목소리가 많다. 투자 행위는 최소한의 목돈을 필요로 한다. 그런데 생애 주기상 투자에 필요한 자금을 마련하는 기간을 고려해보았을 때 30대는 너무 짧다는 것이고, 그래서 이들 30대의 투자에는 '상당한 빚'이 포함되어 있다는 것이다.[19] 빚으로 투자한다는 것은, 만에 하나 투자 관련 의사 결정이 빗나가는 것이라고 판단되는 경우, 미래의 상당한 시간을 저당 잡혀야 하는 심각한 고통이 수반될 수도 있기 때문에 우려된다. 하지만 30대는 상당한 자신감으로 이 빚을 통제할 수 있다고 생각하는 듯 보인다.

조사 결과에 따르면, 30대는 주식 투자가 일종의 '공부하는 만큼의 수익'이 보장된다는 것에 큰 의미를 부여했으며, 자신감을 내비쳤다(주식 투자 이유: 공부하는 만큼 수익이 보장돼서—1순위 30대(37.3%), 2순위 20대(36.0%), 3순위 50대(33.7%), 4순위 40대(31.6%)).[20] 부동산 시장에 대한 관심도 매우 많았고(부동산 시장 관심도: 1순위 30대(66.4%), 2순위 50대(65.2%), 3순위 40대(63.6%), 4순위 20대(38.4%)), 스스로 부동산 시장에 대한 지식도 40대 선배를 넘어서고, 50대 선배들에 비해 적지 않다는 자신감이 있었다(부동산 시장 지식 수준 자기평가: 1순위 50대(24.8%), 2순위 30대(22.4%), 3순위 40대(19.2%), 4순위 20대(7.6%)).[21]

이런 자신감은 부동산에 대한 정보를 이해하고, 수익을 기대하는 과정에서도 그대로 나타났다. 부동산 전문가들의 주장을 주관 있게 꼼꼼히 살펴야 한다고 생각하면서도(부동산 전문가들의 주장은 근거를 꼼꼼하게 확인하지 않으면 속기 쉽다(동의율): 1순위 30대(80.0%), 2순위 50대(79.2%), 3순위 40대(68.8%), 4순위 20대(63.6%)), 부동산 하락론보다는

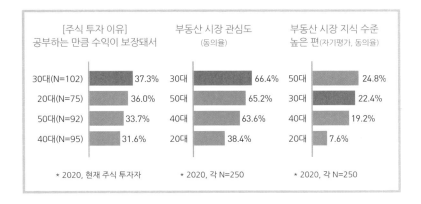

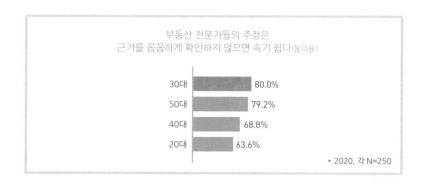

부동산 전문가들의 주장은
근거를 꼼꼼하게 확인하지 않으면 속기 쉽다(동의율)

30대	80.0%
50대	79.2%
40대	68.8%
20대	63.6%

* 2020, 각 N=250

상승론 쪽에 무게를 두고 있었기 때문이다(부동산 하락론 비동의: 1순위 30대(35.2%), 2순위 50대(33.6%), 3순위 40대(28.4%), 4순위 20대(26.4%), 부동산 상승론 비동의: 1순위 50대(23.2%), 2순위 40대(16.0%), 3순위 30대(15.2%), 4순위 20대(12.4%), 부동산 장기 상승론 동의: 1순위 30대(65.2%), 2순위 50대(52.4%), 3순위 40대(44.8%), 4순위 20대(42.0%)). [22]

30대는 투자 의사 결정을 하는 데 있어서, 비록 많은 빚을 내서 투자하고는 있지만, 자신들은 상당한 지식이 있다고 자부하고 있었고, 전문가들의 의견을 비판적으로 수용하고 있었으며, 이와 동시에 자신들의 투자 의사 결정에 자신감이 있어 보인다. '내가 공부를 많이 하고 있으니, 투자에 대한 상황을 충분히 통제할 수 있다'는 믿음을 가지고 있는 것이다. 하지만 역설적으로 이런 과도한 자신감은 정보를 객관적으로 해석하는 데 방해가 될 수도 있다.

2013년 노벨 경제학상을 수상한 예일대학교의 로버트 실러[Robert J. Shiller] 교수는 이런 '자신감의 과잉'은 야성적 충동[Animal Spirit]의 하나라고 주장한다. 그리고 이 낙관적 편향은 기본적으로 어떤 식의 정보

부동산 '하락론' (비동의율)		부동산 '상승론' (비동의율)		부동산 '장기 상승론' (동의율)	
30대	35.2%	50대	23.2%	30대	65.2%
50대	33.6%	40대	16.0%	50대	52.4%
40대	28.4%	30대	15.2%	40대	44.8%
20대	26.4%	20대	12.4%	20대	42.0%
* 2020, 각 N=250		* 2020, 각 N=250		* 2020, 각 N=250	

든지 편향적으로 해석하게 하는데, 예를 들면 투자자들(투자를 한 사람들이나 투자를 마음먹은 사람)은 하락하는 시장은 '몇 년 안에 회복될 것'이라고 믿고, 성장하는 시장은 '쉽게 하락하지 않을 것'이라고 믿는다는 것이다.[23] 이렇게 자신들이 보고 싶어 하는 세계만을 믿는 경향성에 대해 세계적인 심리학자 대니얼 카너먼Daniel Kahneman은 "당신에게 보이는 것이 세상의 전부"라는 법칙WYSIATI, What You See Is All There Is으로 설명한다.[24] 이 법칙의 핵심은 사람들이 자신들에게 유용한 증거에만 기초해 판단하는 경향이 있다는 것이다. 이 주장은 서두에서 언급한 '필터 버블'이 양산해내는 확증 편향Confirmation Bias(자신의 견해에 도움이 되는 정보만 취하고, 자신이 믿고 싶지 않은 정보에는

신경을 쓰지 않거나 외면하는 성향)과 이에 따른 자신의 판단에 대한 과도한 자신감의 이유를 정확하게 설명한다. 객관적 정보를 균형 있게 해석하기 위해서는 '자신이 속해 있는 세상'에서 빠져나와야 한다. 물론 30대를 포함한 모든 사람들에게 해당하는 이야기다.

필터 버블이 양산하는 "
또 하나의 문제, '극단화'

자신이 속해 있는 세상에서 빠져나오지 않는 한, 필터 버블은 자연스럽게 개인의 신념을 강화한다. 집단 극단화 이론에 따르면, 비슷한 신념을 가진 사람들로 구성된 집단이 모여서 소통이 쌓이면 기존의 신념은 극단화 Polarization된다.[25] 예를 들면, 본래 페미니즘에 호의적인 태도를 가졌던 사람들은 그들끼리 모여 의견을 교환하는 과정에서 페미니스트 경향이 더 강해진다거나, 부동산에 투자하는 게 최고라는 생각을 가진 사람들은 그들끼리 의견을 교환한 다음 부동산에 투자하겠다는 의사가 더 강해진다는 뜻이다.[26] 내 페이스북 친구들 중 특정한 성향의 사람들이 많거나, 내가 보는 구독 유튜브 콘텐츠가 특정한 분야에 많으면 유사한 분야를 더 자주 추천받게 되고, 자연히 그쪽의 경향성이 더 강화될 수도 있다는 것이다. 사회심리학자 김태형 소장은 이런 집단 극단화 현상의 심리적 기제 Mechanism는 집단의 구성원들이 서로 편향적인 정보를 주고받는 행위의 과정에서 서로에게 긍정적인 피드백을 줌으로써 '기존의 성향'

을 더욱 강하게 만들어주는 반향실 효과Echo Chamber Effect(어떤 소리를 내도 똑같은 소리가 되돌아오는 효과)를 유발하기 때문이라고 설명한다. [27] 비슷한 생각을 가진 사람들이 함께 모여 있으면 그들의 사고방식이 돌고 돌면서 서로의 신념과 믿음이 증폭되고 강화된다는 것이다.

이 설명은 현재 세계적으로 나타나고 있는 정치적·사회적 극단주의를 잘 설명한다. 자신의 생각이 옳고 그른지에 대한 비판적 의견이 거의 없는 상태에서의 소통은 기존의 신념을 강화할 뿐이라는 것이다. 이런 경향은 세계적으로 나타난다. 비교적 안정적인 국가로 평가받고 있는 독일에서도 극우파가 주축이 된 '노마스크' 시위대가 베를린 거리를 뒤덮은 데 이어, 일부 극우 성향의 경찰관들이 신나치新Nazi의 이미지를 주고받은 것이 드러나면서 정직 처분을 받았다. [28] 미국에서는 한 백인 우월주의자 남성이 유대교 회당, 무슬림 사원, 흑인 아이들이 많은 초등학교를 폭파하기 위해 사제 폭탄을 만들다가 연방수사국FBI 요원들과 총격전을 벌인 끝에 사살되기도 했다. [29] 이런 극단주의적 경향은 정도의 문제는 있지만, 우리나라에서도 극우적 성향을 가진 단체나 모임을 중심으로 유사하게 나타나고 있다. [30] 그래서 상당수의 사람들은 결과적으로 한국 사회의 갈등 수준이 심각하다고 보았는데(77.1%), 사람들은 이 사회적 갈등의 경향이 2019년에 비해 더 많아졌다고 체감하고 있었다(예전에 비해 사회적 갈등이 더 많아진 것 같다: 70.3%(2019)

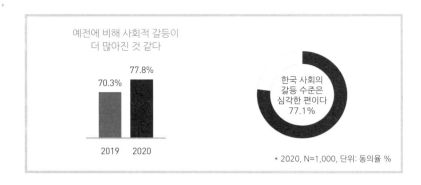

예전에 비해 사회적 갈등이
더 많아진 것 같다

70.3%   77.8%

2019   2020

한국 사회의
갈등 수준은
심각한 편이다
77.1%

* 2020, N=1,000, 단위: 동의율 %

→77.8%(2020)).[31] 그리고 사람들은 이런 갈등의 원인 중 상당 부분이 '자기 입장을 주장'하는 경향과 '상대방의 의견을 듣지 않는 경향' 때문이라고 생각하는 것 같았다(사회적 갈등은 자기 입장만을 주장하기 때문에 생긴다: 81.2%, 우리나라의 사회적 갈등은 서로 의견을 들어보려고 하지도 않기 때문에 생긴다: 77.0%).[32] 필터 버블의 알고리즘을 고려하면, 이것은 단순히 '소통의 부재'만을 의미하지는 않는 것으로 보인다. 오히려 그들끼리는 '과잉 소통'을 하고 있을 수도 있다. 문제는 내 생각과는 반대되는 의견을 듣지 않는 데서 생긴다.

갈등을 일으키는 상당수의 당사자들은 이렇게 생각할지도 모른다. '내 편은 충분하고, 내 생각은 충분히 지지를 받고 있으니, 당연히 옳다. 봐라. 내 페이스북에는 내 생각을 지지하는 친구들이 이렇게나 많지 않은가 말이다'라고. 하지만 결과적으로 다수의 시민들은 이것을 폐쇄적인 소통이라고 지적한다.

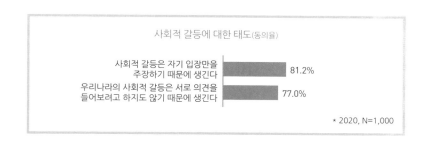

사회적 갈등에 대한 태도(동의율)

사회적 갈등은 자기 입장만을 주장하기 때문에 생긴다	81.2%
우리나라의 사회적 갈등은 서로 의견을 들어보려고 하지도 않기 때문에 생긴다	77.0%

* 2020, N=1,000

필터 버블로 인한 ""
암울한 미래를 예측하는 단서, '보수화'

필터 버블의 알고리즘은 기본적으로 그 개인의 과거 데이터를 기반으로 미래를 제안한다. 한 개인이 미래에 원하는 취향을 예상해서 추천해주지만, 기본적으로 필터가 분석하는 데이터는 그 사람이 이미 과거에 만들어왔거나 남겨두었던 디지털상의 데이터다. 따라서 어떤 사람이 과거의 선택과는 다른 새로운 무엇인가를 선택하고 싶거나, 또는 과거에는 존재하지 않았던 새로운 현상에 대한 판단을 할 때, 이 과거의 데이터에 기반한 추천 알고리즘은 '보수화'된다. '과거의 생각과 태도'가 현재의 판단의 연장선에서 작용하는 것이다. 여기에, 코로나19는 혼자 머물게 되는 상황을 가속화함으로써 소통상에서의 고립을 더욱 극대화한다. 이런 상황은 사회적 이슈에 대한 사람들의 태도에 어떤 영향을 줄까?

2018년 6월, 서울 장애인차별철폐연대 회원들이 장애인 이동권 보장과 신길역 리프트 사망 사고에 대한 서울교통공사의 사과를 촉구하며, 지하철 1호선 신길역에서 시청역까지 열차에 줄지어 타고

내리기를 반복하는 시위를 벌였다.[33] 이 시위는 장애인 휠체어의 탑승으로 인해 출입문이 열리고 출발하기까지 꼭 10분 11초가 걸렸다. 평소 같으면 45초밖에 걸리지 않던 지하철 승하차가 10분 넘게 지연되자, 시민들의 불만은 폭주했다. 휠체어와 장애인 단체 활동가들을 향해 욕설이 쏟아졌다.[34] 현장에 있지 않던 일반 시민들은 이 사건에 대해 어떤 생각을 가지고 있었을까? 2018년 8월에 진행한 조사에서 조사를 진행한 시점 이전까지 이 사건 자체를 잘 알고 있었던 사람들은 8.9%에 불과했다.[35] 한 번도 들어보지 못했던 사람들은 74.8%였다.[36] 전체적인 기사 자료를 제시하고 이 사안에 대해(지하철 내렸다 타기 운동/지하철 승하차 시위) 설명한 후 지지 여부를 물었는데, 응답자들의 42.8%가 지지 의사를 표했다.[37] 지지하는 이유는 시민으로서의 당연한 권리에 관한 것이었다(지지 이유: 1순위 장애인들의 당연한 보행권 보장(74.8%), 2순위 사회의 일원(66.4%) 등).[38] 보행권이라고 하는 기본적 권리를 보장해주어야 한다는 생각을 좀 더 많이 하는 것으로 보인다. 이런 시위를 지지하지 않는다는 의견은 20.5%였으며, 주된 반대 의견은 교통에서의 불편함, 즉 '정상적인 일상생활에서의 불편함'을 야기한다는 것이었다. 가장 많은 반대 이유는 다른 사람들의 불편함을 배려하지 않는다(68.3%)는 것이었으며, 지하철 시스템을 마비시키고(48.3%, 2순위), 교통 체증을 야기한다(45.9%, 3순위)는 불만도 많았다.[39] 한마디로, 전체적으로 너무 이기적인 행동이라고 생각(44.9%, 4순위)하는 것이다.[40]

2년여가 지난 2020년, 지금도 도심에서는 다양한 이슈와 명분으로 시위들이 벌어지고 있다. 타인에 대한 관용에는 어떤 변화가 있었을까? 일단 사람들은 '다양한 목소리' 자체에 대해서는 긍정적으로 평가하는 듯하다(사회에 다양한 목소리가 나오는 것은 그 사회가 건강하다는 것이다: 73.5%(2018)→78.8%(2020)).[41] 하지만 타인에 대한 관용은 점점 인색해지고 있는 것 같다. 시위가 있을 때 나름의 사정이 있다고 생각하거나(시위를 하면 나름의 사정과 이유가 있을 것이라고 생각한다: 81.6%(2018)→75.0%(2020)), 그래서 그 이유를 찾아본다거나 하는 경향이 감소했으며(시위를 하면 이유가 궁금해서 찾아본다: 52.4%(2018)→48.9%(2020)), 결정적으로는 시위로 인해 교통 체증이 생기면 짜증부터 내는 사람들이 많이 늘어났기 때문이다(시위로 인해 교통 체증이 생기면 원인을 궁금해하기보다 짜증부터 난다: 44.9%(2018)→51.4%(2020)).[42] 머리로는 상황을 이해하고, 당연한 권리라고 인식하지만, 당장 눈앞에 벌어지는 상황을 보면 짜증을 숨기지 못하는 것이다. 타인에 대한 관용은 내 눈앞에서 멀리 있을 때만 발휘되는 덕목이었다. 타인에 대한 관용이 줄어드는 이유를 추론하게 하는 중요한 결과가 하나 더 있다. '정상적'이지 않은 타인들에 대해 사람들의 거부감이 크게 증가한 것이다(나는 정상적이지 않은 사람들에 대해 왠지 모를 거부감

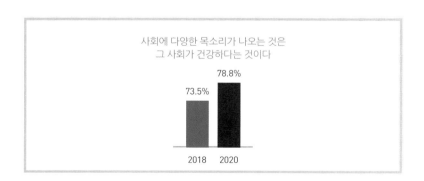

사회에 다양한 목소리가 나오는 것은
그 사회가 건강하다는 것이다

78.8%

73.5%

2018   2020

이 있다: 36.6%(2018) → 58.6%(2020)).[43] 여기서 '정상적'이라는 뜻은 뭘까? 결국 '나와는 다른 타인', 또는 '내 생각과는 다른 판단, 가치'를 뜻한다. 즉, 기존의 내 생활을 지배해온 '익숙한 틀'에 있는 것(정상)과 다른 것을 불편하게 느끼는 사람들이 크게 증가한 것을 의미한다. 2년이라는 짧은 사이를 두고 사람들의 타인에 대한 생각은 '보수화'되고 있었다. 내가 원하는 상품을 '자동으로 추천'받던 알고리즘이 단순히 상품에 대한 선택을 넘어 나의 생활, 나의 가치관을 '과거와 비슷한 어떤 것'으로 머물게 하고 있는 것이다.

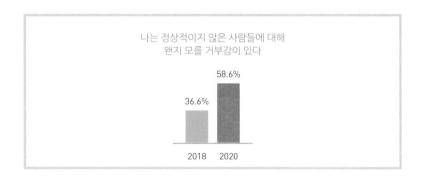

So what? "
시사점 및 전망

페이스북, 유튜브, 트위터, 구글 등 수많은 인터넷 기업과 소셜 미
디어가 수많은 정보를 '알기 쉽고, 간편하게' 대신 선택해주는^{Curation}
방법으로 고객의 과거를 분석하고, 이것에 근거해 미래를 제안한
다. 그런데 이 미래의 선택에 대한 제안은 상품이나 서비스에만 국
한되지 않는다. 일상생활이나 타인에 대한 신념, 가치관, 정치적 선
택, 사회적 이슈 등도 유사한 방식으로 추천한다. 이런 기본적인 디
지털 시대의 플랫폼이 이 필터의 과잉 효율화에 대한 문제를 '스스
로' 인식하지 않는 한 필터 버블 현상은 지속될 것이다. 이런 흐름
에, 코로나19라는 세계적인 대유행 감염병은 개인의 물리적 고립을
가속화하면서 필터 버블의 문제를 악화시킬 가능성이 더 커졌다.
이와 관련한 몇 가지 시사점이 있다.

첫째, 투자 장면에서 과도한 자신감을 유발하는 '투자의 개인화·
감정화'의 문제다. 선물^{Futures Investment} 산업에서 25년 동안 큰돈을 벌
었으며 세계적인 투자은행 모건스탠리의 총괄 부회장으로 있었던
투자자 짐 폴^{Jim Paul}은 자신의 실패담을 기록한 책《LOSS(로스), 투자
에 실패하는 사람들의 심리》에서 투자 실패의 이유를 "과도한 개인
화"로 설명한다. 그는 순식간에 자신의 경력이 무너지고 처절하게
실패한 자신의 투자 경험을 설명하면서, 그 핵심은 투자 행위를 개
인화하는 데 있었다고 주장한다. 투자에서 이익과 손실은 일상적으
로 나타날 수 있는 과정이지만, '개인화' 단계에 들어가면 이익과 손

실을 자신에 대한 평가로 전환한다. 투자에서 이익이 반복되면 시장을 통제할 수 있다는 믿음과 과도한 자신감이 쌓이고, 반대로 손실이 나면 자기 자신을 무능하다고 평가한다는 것이다. 이렇게 감정화되면, 손실이 크게 나는 경우 대부분 감정적 균형을 잃어버린다. 손실을 일종의 '자존감'의 문제라고 생각하게 된다는 것이다.[44] 이렇게 되면, 객관적인 시장의 흐름을 읽지 못하고, 빠져나와야 할 타이밍을 잡지 못한다. 짐 폴은 투자자의 내적 과정을 다음과 같이 설명한다.

> …시장에서 돈을 잃는 것을 '틀린 것'과 동일시하기가 쉽다. 그렇게 당신은 돈에 대해 내린 결정을 받아들이고(외적인 것) 이를 '명성'과 '자부심'의 문제로(내적인 것) 만들어버린다. 그런 식으로 당신의 자아가 (투자) 포지션에 개입한다. 당신은 시장을 사적私的인 감정으로 받아들이기 시작하고 로스LOSS(손실)를 객관적인 것이 아닌 주관적인 것으로 받아들인다. 이제 그것은 돈의 손실이 아니라 개인적 상실이 되어버린다.
>
> ─짐 폴, 브렌던 모이니핸, 《LOSS(로스), 투자에 실패하는 사람들의 심리》, 146p

짐 폴의 설명에 따르면, 투자의 개인화는 투자 행위를 개인 자존감의 상승과 하락으로 받아들이고, 그렇게 되면 투자 외적 상황을 객관적으로 보는 것을 방해한다는 것이다. 손실을 자기 인생이 실패하는 것으로 받아들여 최악의 상황이 올 때까지도 그냥 버틴다는 것이다. 대부분의 투자 실패가 바로 이 과정을 거친다고 설명한다. 손실을 피하기 위해서는 투자 행위에 객관적 판단이 선행되어야 한다. 주변에 조언을 구해야 하고, 끊임없이 반대 정보나 리스크를 예상하고 있어야 한다. 그러기 위해서 가장 피해야 할 적은 '과도한 자신감'일 수 있다. 그래서 수많은 투자 전문가들은 '목표 수익률'을 반복적으로 강조해왔다. 그것이 달성되면, '더 벌 수 있다'는 생각이 들어도 (기대라는 감정이 들어서기 전에) 과감한 의사 결정을 해야 한다는 것이다. 이 조언은 코로나19로 인해 비대면 상황에서 고립되어 있는 많은 개인 투자자들이 곱씹어봐야 할 대목이다.

둘째, 필터 버블의 이슈는 사람들로 하여금 역설적이게도 '차별화'의 욕구를 불러일으키고 이 경향은 극단화를 더욱 부추길 가능성이 크다. 그리고 이 과정은 '극단적인 팬덤(문화 예술계뿐만 아니라, 정치, 사회, 경제활동 등 모든 분야에서)'을 유발할 가능성이 크다는 것이다.

필터 버블은 기본적으로 '나와 비슷한 성향과 취향'을 추천한다. 하지만 인간은 기본적으로 자신의 정체성Identity을 끊임없이 확인해야 하는 존재다. 내 의견에 동조해주는 사람들과 함께 있으면 안전하게 느끼지만, 한편으로는 '그 속에서 나는 어떤 사람인가?'를 끊임없이 고민한다. 이 정체성에 대한 자각은 인간의 본능에 가깝다. 발달심리학자인 에릭 에릭슨Erik Erikson은 이런 정체성을 찾는 과정은 인간이 태어나서 죽을 때까지 지속된다고 주장한다.[45] '타인과 구분되는 나'를 확인할 수 있어야, 비로소 자신의 존재에 대한 느낌을 가질 수 있다는 것이다. 이런 주장을 근거로 하면, 나의 성

향은 필터 버블 속에서 더 '극단적'인 형태를 띨 가능성이 크다. 왜냐하면, 어차피 나와 비슷한 성향의 사람들 속에서 나를 드러내는 방식은 '더 세게, 더 과격하게' 주장하는 것이기 때문이다. 이렇게 되면, 현재의 비대면 상황과 맞물려 더욱더 비현실적이고 극단적인 주장들이 나올 가능성이 크다. 그리고 이 극단화된 경향은 필터 버블의 영향으로 더욱더 '끼리끼리' 모이게 한다. 배타적 형태의 팬덤이 등장하는 것이다. 여기에는 적절한 대비가 있어야 할 것으로 보인다.

이런 '극단적으로 구별되는 선택'이라는 데이터를 소비자들의 소비 취향으로 활용할지, 정치적 이해관계로 활용할지, 또는 '언제나 존재하는 내 편'으로 생각하고 나의 외로움을 달래는 데 활용할지는 당신의 '소셜 미디어'의 성향에 달려 있다. 하지만 만약 당신이 어떤 이슈에 대한 최소한의 '균형 감각'을 가지고 싶다면 이런 환경에서 개인이 할 수 있는 것은 거의 유일하게, '나와 반대되는 정보'를 적극적으로 또는 능동적으로 찾아보는 것밖에는 없다.

개인의 선택은 존중받아 마땅하다. 당연히 개인의 취향과 정치 성향도 차별의 대상이 되어서는 안 된다. 하지만 분명한 것은 당신이 '과거에 가졌던 신념과 태도'를 담아놓은 데이터가 미래에 새로운 선택을 하거나, 새로운 경험을 하는 데 방해물이 되어서는 안 된다는 것이다.

필터 버블이 가지고 있는 사회적 극단화에 대한 문제를 직접적으로 다루는 다큐멘

터리영화 〈소셜 딜레마The Social Dilemma〉(2020년)는 다음과 같이 끝을 맺는다. 수많은 유명 소셜 미디어의 기술자들은 이런 문제를 이미 인식하는 듯 보였다. 그리고 지금을 뭔가가 바뀌어야 하는 시대로 생각하고 있었다.

우리의 관심은 채굴될 수 있어요. 우리가 값진 인생을 사는 것보다 더 많은 것을 화면을 보는 데 쓰고, 광고를 본다면, 기업에 더 이익이 되는 거예요. 그리고 그 결과를 지금 보고 있죠. (중략) 기술이 작동하는 법은 물리법칙이 아니에요. 딱 정해진 게 없어요. 저 같은 인간의 선택입니다. 그리고 인간은 그 기술을 바꿀 수 있어요. (중략) 문제는 우리가 인정을 하든 안 하든 우리 일의 나쁜 결과가 직접적으로 나타난다는 겁니다. 우리가 만들었으니 우리가 바꿀 책임이 있습니다. 관심을 끄는 모델은 우리가 원하는 인간을 대하는 방식이 아닙니다. 이런 썩은 사업 모델을 없애는 것에 건강한 사회구조가 달려 있습니다. 우린 인간적으로 상품들을 디자인하라고 요구할 수 있습니다. 우리를 '채취' 가능한 자원으로 취급하지 말 것을 말이죠. '세상을 어떻게 더 좋게 만들까'가 목적이 되어야 합니다.

-다큐멘터리영화, 〈소셜 딜레마〉 중에서

24 디지털 디바이드:
편리함과 불편함,
이익과 불이익이란 경계

✎ **정보 격차 및 디지털 소외 현상 관련 조사**
· 조사 대상: (디지털 기기를 사용하는) 전국의 만 16~65세 남녀 1,000명 ④
· 조사 기간: 2020년 3월 13일~3월 17일

새로운 기술과 제품이 쉴 새 없이 쏟아져 나오는 현대사회는 그러한 기술과 제품들로 삶이 훨씬 더 편리해지고 윤택해지고 있다. 그래서 우리는 이러한 빠른 사회 변화에 뒤처지지 않기 위해 부단한 노력을 기울인다. 당연히, 새로운 기술과 제품을 얼마나 효과적으로 다루는지, 어떻게 정보를 활용하는지가 이제는 개인의 중요한 자산이자 경쟁력이 될 수밖에 없는 시대가 됐다.

문제는 개인의 환경과 여건에 따라 정보의 접근성, 활용 능력에 상당한 차이가 날 수밖에 없다는 사실이다. 전 국민이 사용할 것이라 여겨지는 스마트폰만 하더라도 여전히 어떤 이들에게는 쉽게 가지기 어려운 고가의 제품일 수 있다. 요즘 대부분의 활동이 스마트폰을 통해 이뤄진다는 것을 감안하면, 경제적으로 디지털 기기의

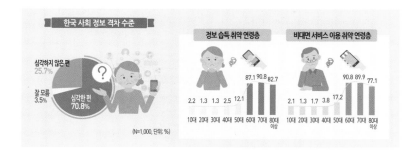

한국 사회 정보 격차 수준

심각하지 않은 편
25.7%

잘 모름
3.5%

심각한 편
70.8%

(N=1,000, 단위: %)

정보 습득 취약 연령층

2.2 1.3 1.3 2.5 12.1 | 87.1 90.8 82.7
10대 20대 30대 40대 50대 60대 70대 80대 이상

비대면 서비스 이용 취약 연령층

2.1 1.3 1.7 3.8 17.2 | 90.8 89.9 77.1
10대 20대 30대 40대 50대 60대 70대 80대 이상

구입이 어려운 저소득층, 디지털 기기의 사용에 제약이 많은 장애인과 아날로그에 익숙한 고령층은 남들보다 조금 뒤처지는 삶을 살고 있다 해도 과언이 아닐 것이다.

정보 취약 계층에게는 현대사회의 빠른 변화가 '편리함'보다는 '불편함'으로 느껴질 가능성이 매우 크다. 최근 코로나19 확산으로 유통업계가 빠르게 도입하고 있는 '비대면 서비스'가 이러한 모습을 확인시켜주는 대표적인 사례라 할 수 있다. 디지털 기기에 능숙한 사람들과는 달리 고령층과 장애인 등 디지털 취약 계층에게는 무인계산대와 같은 비대면 서비스가 기존의 주문/결제 시스템보다 훨씬 더 어렵고 불편하게 느껴질 수 있기 때문이다.

그래서 사회 전반적으로 정보 격차와 정보 소외 현상의 심각성을 염려하는 목소리가 상당하다. 실제 조사 결과를 보더라도 비대면 서비스와 같은 시스템 변화를 감지했을 때 자신이 시대에 뒤떨어지는 듯한 느낌을 받고 있는 사람들이 많을 만큼 일상생활에서 정보의 이해와 활용에 어려움을 느끼는 경우가 적지 않다. 비록 디지털 기기 이용이나 정보 활용 능력이 2018년 조사 때보다 전반적으

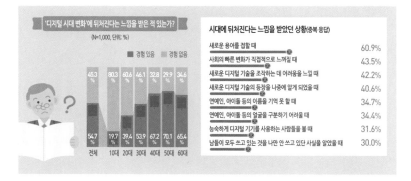

로 강해진 모습(20대: 2018년 46% → 2020년 70.6%, 30대: 2018년 40% → 2020년 63.7%, 40대: 2018년 32.4% → 2020년 55.1%, 50대: 2018년 29.6% → 2020년 54.2%)을 보이고는 있지만 여전히 상당수는 '사회 변화의 속도'에 버거움을 느끼고 있다는 것을 알 수 있다.

코로나19와 같은 감염병 이슈가 지속된다면 어쩔 수 없이 비대면 서비스 같은 시스템 변화가 필요하다는 주장이 제기될 것이다. 현

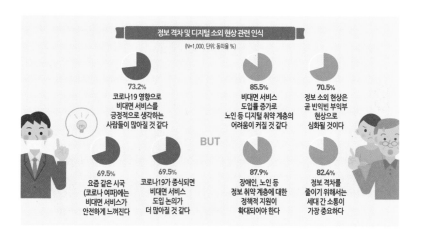

재 많은 대중 소비자가 금융(72.7%, 중복 응답)과 의료(62.6%), 외식 (56.4%), 유통(42.0%) 분야 등에서 디지털 취약 계층의 어려움이 더더욱 커질 것을 염려하는 목소리가 많은 이유이기도 하다. 때문에 이들의 서비스 접근을 용이하게 하기 위한 배려와 직접적인 노력이 필요하다는 주장에 공감대가 형성되는 중이다. 특히나 정보 소외 현상이 곧 부익부 빈익빈 현상으로 심화되는, 즉 정보가 그 자체로 힘과 권력, 돈이 되는 현대사회를 전망하는 의견이 많은 만큼 어느 때보다 '정부'의 역할이 중요하다는 의견에 힘이 실리고 있다.

디지털 시대의 혜택을 누리는 사람들이 많아질수록 아이러니하지만 정보 소외 현상이 심각해지고 있다는 사실이 쉽게 외면되는 경우가 많다. 하지만 다행스럽게도 정부 및 공공 기관, 기업 등에서 디지털 취약 계층의 디지털 소외를 방지하기 위한 포용책을 점진적으로 마련하고 있는 추세다. 디지털 대전환기를 마주하고 있는 현재, 디지털 환경에서 차별받거나 소외되는 취약 계층이 생겨나지 않도록 세심한 배려와 관심이 필요할 것으로 보인다.

연관 검색어 ▼

노인 무인 계산, 노인 무인점포, 노인 무인 계산대 ▼

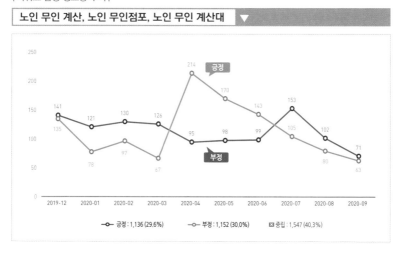

25 취향 연대:
브이로그,
취향과 관심사를 즐겨찾기하다

✎ 일상생활 기록, 브이로그 관련 인식 조사
· 조사 대상: 전국의 만 16~65세 남녀 1,000명 ④
· 조사 기간: 2020년 3월 6일~3월 11일

매일매일이 똑같이 반복되는 일상이지만 그 소소한 일상 속에서 우린 다양한 '희로애락'을 경험하며 살아간다. 그리고 제각기 이유는 다르겠지만 각자의 관점에 따라 그때 그 순간들의 경험과 감정을 기록으로 남겨놓으려 노력한다. 누군가는 특별한 일도 없는데 굳이 기록을 남겨 뭐하느냐는 핀잔을 주기도 하지만 "인생에 기록은 필연"이라는 얘기에 고개를 끄덕이는 사람들은, 여전히 많다. 그래서 아날로그에서 디지털로의 패러다임 전환이 이뤄진 지금도 다수의 사람들은 일상을 '습관적으로' 기록하곤 한다. 평범한 날이든, 특별한 날이든, 여행을 가서든.

일상적인 경험과 활동은 주로 '일기장'과 '다이어리', '사진'으로 남기거나 'SNS'에 스토리를 올리는 것으로 기록을 남기는 경우가 많다. 그런데 최근 이 기록의 습관, 보다 정확하게는 '기록의 방식'이 이전과는 달라지고 있는 모습이 눈에 띈다. 과거에는 주로 글과 사진으로 일상의 경험과 감정을 기록했다면, 요즘은 훨씬 생동감 있게, 그리고 사실 그대로 남길 수 있는 '동영상'의 형태로 기록의 저장 방법이 전환되고 있는 모습을 보이고 있다. 몇 년 사이 '텍스트' 콘텐츠 대신 '동영상' 콘텐츠가 모든 카테고리의 대세 포맷으로 자리 잡은 것처럼 일상의 기록물도 텍스트에서 동영상으로 옮겨 가는 모습이다.

이렇게 자신의 일상을 영상으로 기록한 콘텐츠를 가리켜 '브이로그Vlog'라고 부른다. 이미 상당수 대중들이 유튜브나 SNS에 개인의 일상을 담은 동영상물의 업로드가 많아지고 있음을 체감하고 있을 정도로 브이로그는 최근 핫한 트렌드로 떠오르고 있다. 특히나 젊은 세대는 관심 있는 내용의 브이로그를 직접 검색하거나 추천 영상 목록에 뜨면 바로 시청을 할 만큼 적극적으로 개인의 취향과 관심사를 좇는 태도까지 보이고 있다. 브이로그가 인기를 끌기 전 유

브이로그* 인지 여부 및 시청 경험

Z세대 82.5%
Y세대 67.0%

13.0	33.3	9.9	43.8
비인지	자세히는 모름	인지 ○ 시청 경험 X	인지 ○ 시청 경험 ○

*브이로그(Vlog)란?
비디오(Video)와 블로그(Blog)의 합성어로, 자신의 일상을 동영상으로 촬영한 영상 콘텐츠

브이로그 시청 이유 (중복 응답)

평소 관심 있던 분야(요리, 여행 등)의 내용이라서	37.4
삶에 소소한 힐링이 되는 것 같아서	30.6
비슷한 취향/관심사를 가지고 있어서	30.1
그냥 심심해서	28.1
그냥 호기심에	24.9

(단위: %)

튜브에 익숙했던 세대들이 짧고 빠른 호흡을 지닌 콘텐츠에서 10분 이상의 긴 흐름을 가진 일상 기록의 영상물로 옮겨 타고 있음을 예상해볼 수 있는 결과다.

브이로그 콘텐츠를 '특별하게' 느끼는 이유로는 브이로그를 통해 타인의 삶을 생생하게 공유할 수 있고, 타인과 공감대를 형성하며 소통할 수 있다는 점 등이 언급되고 있었다. 타인과 일상을 공유하는 채널로서 그 영향력을 높게 평가하고 있는 것이다. 평범한 일상을 특별하게 담아내는 것도 브이로그의 매력이겠지만, 브이로그를 통해 자신과 비슷한 취향이나 관심사를 확인하고, 인간관계에서 느낄 수 있는 외로움과 공허함을 해소하고 싶은 바람이 큰 대중들의 모습을 확인할 수 있는 결과이기도 하다. 물론 조회 수를 높이기 위해 일부러 자극적인 내용을 넣는다거나 거짓된 콘텐츠를 기획하는 등 브이로그가 타인의 관심을 받기 위한 수단으로 변질되는 것을 우려하는 목소리도 많다. 하지만 이런 문제점에도 대중들은 (젊은 세대를 중심으로) 향후 브이로그를 이용하는 사람들이 지금보다 더

브이로그(Vlog) 관련 인식 평가   (N=1,000, 단위, 동의율 %)

38.8% 브이로그를 통해 인간관계에서 느낄 수 있는 **외로움을 해소**할 수 있을 것 같다

69.2% 브이로그를 통해 타인의 삶도 **생생하게 공유**할 수 있을 것 같다

69.8% 브이로그를 통해 타인과 공감대를 **형성하고 소통**할 수 있을 것 같다

86.3% 영상의 조회 수를 위해 일부러 **자극적인 내용**을 넣는 경우가 많아질 것 같다

81.3% 요즘은 브이로그가 타인들의 **관심을 받기 위한 수단으로 이용**되는 듯한 느낌이 든다

73.3% 브이로그를 촬영하기 위해 **거짓된 정보**를 콘텐츠로 기획하는 경우가 많아진 것 같다

62%

향후 브이로그 (재)시청 의향

욱 많아질 것이란 예상을 하고 있었다. 화려한 기교나 편집 없이 자신의 일상을 담담하게 비추는 브이로그만의 일상의 즐거움을 그대로 받아들이고자 하는 대중들이 많은 것이다.

　기업들도 브이로그에 대한 대중들의 관심에 주목하는 모습이다. 최근에는 기업의 공식 채널을 이용해 자사의 홍보 영상을 브이로그 콘텐츠로 올리는 경우도 많아지고 있는데, 국내 1위 기업 '삼성'도 예외는 아닌 모습이다. 태어날 때부터 디지털 유목민으로 '동영상' 콘텐츠에 익숙해져 자라온 10~20대에게 친근한 기업 이미지를 줄 수도 있다는 점이 주요 매력 요인으로 꼽히고 있다.

　개인이든, 기업이든 앞으로 영상의 형태로 일상의 경험을 기록하는 것이 보다 자연스럽게 여겨질 가능성이 높아 보인다. 스마트폰 대중화로 누구나 손쉽게 동영상을 촬영하고 편집할 수 있는 환경이 된 만큼, 세대를 막론하고 '브이로그' 형태로 일상을 기록하고 공유하는 사람들은 향후 더욱 많아질 것으로 예상된다.

연관 검색어 ▼

| 키워드 감성 정보량 추이 |

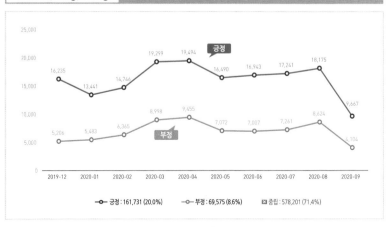

브이로그, Vlog, V-log ▼

긍정

16,235　13,441　14,746　19,299　19,494　16,490　16,943　17,241　18,175　9,667

부정

5,206　5,483　6,365　8,998　9,455　7,072　7,007　7,261　8,624　4,104

2019-12　2020-01　2020-02　2020-03　2020-04　2020-05　2020-06　2020-07　2020-08　2020-09

—●— 긍정 : 161,731 (20.0%)　—○— 부정 : 69,575 (8.6%)　▨ 중립 : 578,201 (71.4%)

26 주식 열풍:
취준생도, 직장인도 마지막 기회?

✎ 금(金)시장 및 주식 투자 관련 인식 조사
· 조사 대상: 전국의 만 19~59세 직장인 성인 남녀 1,000명 ②
· 조사 기간: 2020년 5월 29일~6월 2일

불확실성이 커져가던 세계경제가 '코로나19' 확산으로 더욱 위태롭게 흔들리고 있다. 소비 심리가 크게 위축되고 공장과 기업들이 문을 닫는 현상이 전 세계에서 동시다발적으로 일어나고 있다. 오늘날 모든 국가가 경제적으로 매우 긴밀하게 연결되어 있다는 점에서 세계경제의 위기는 상당 기간 지속되리라는 전망이 많다.

이처럼 경제의 불확실성이 큰 상황에서는 '투자 심리' 역시 위축될 수밖에 없다. 양적 완화 정책과 금리 인하 등으로 유동성이 커질 순 있어도 투자자들이 마땅한 투자처를 찾기가 어렵기 때문이다. 이럴 때 주목받는 것은 결국 '안전 자산'으로, '금金'의 가치가 지속적으로 상승한 이유이기도 하다. 세계 각국에서 통용되며, 언제나 현금화가 가능한 금의 가치는 쉽게 떨어지지 않고 오히려 지금 같은 경제

위기에서 더욱 빛을 발하는 경우가 많다. 소비자들 역시 금을 안정적인 재테크 수단으로 인식하는 경향이 강해서, 세계경제의 불확실성이 해소되지 않고 금값 상승세가 이어질수록 금 투자 상품에 대한 관심은 더 증가할 가능성이 높아 보인다.

한편 2020년은 안전 자산인 금 투자 방식과는 상당히 대조적인 투자 방식이 한 가지 눈에 띄는 해이기도 했다. 바로 주식 투자다. 최근 국내 주식시장은 일 평균 거래 대금이 사상 최고치를 기록하고 연일 상한가를 기록하는 종목이 속출할 정도로 강세장이 지속되고 있다. 경기 부양책으로 유동성이 풍부해졌다고는 하지만 코로나19로 경제적 불안감과 불확실성이 팽배해진 요즘을 생각해보면 사실 쉽사리 이해가 되진 않는 현상이다. 여전히 실물경제가 살아날 기미를 보이지 않고 있다는 점에서 더더욱 그러하다. 그래서 과연 주식시장의 강세가 경제 위기가 극복되어가고 있다는 신호일지, 아니면 주식시장에 상당한 거품이 껴 있다는 신호일지는 지금으로선 선뜻 예측하기가 힘들다.

하나 주목해야 할 점은 현재의 주식시장을 일종의 '기회'라고 생각

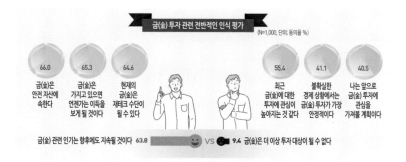

금(金) 투자 관련 전반적인 인식 평가

(N=1,000, 단위: 동의율 %)

66.0 금(金)은 안전 자산에 속한다

65.3 금(金)은 가지고 있으면 언젠가는 이득을 보게 될 것이다

64.6 현재의 금(金)은 재테크 수단이 될 수 있다

55.4 최근 금(金)에 대한 투자에 관심이 높아지는 것 같다

41.1 불확실한 경제 상황에서는 금(金) 투자가 가장 안정적이다

40.5 나는 앞으로 금(金) 투자에 관심을 가져볼 계획이다

금(金) 관련 인기는 향후에도 지속될 것이다 63.8 VS 9.4 금(金)은 더 이상 투자 대상이 될 수 없다

하며 뛰어드는 개인 투자자들이 많다는 사실이다. '동학 개미 운동'이라는 표현이 생겨날 정도로 2020년 국내 주식시장은 '개인 투자자'의 영향력이 그 어느 때보다 거센 한 해였다. 전문가들 역시 주식시장의 V 자 반등을 이끌어낸 것이 개인 투자자들의 힘이라는 평가가 지배적이다. 하지만 사실 주식시장에서는 개인 투자자가 성공하기 어렵다는 이야기가 불문율처럼 전해져 온다. 기관이나 전문가에 비해 정보가 제한적이라 전문적인 식견이 부족하고, 큰 수익을 기대할 정도의 자본도 부족하기 때문이다. 특히나 주식 투자는 개인의 '운(運)'만으로는 성공하지 못한다는 생각이 많기 때문에, 개인 투자자들은 앞서 언급한 다양한 리스크들과 함께 주식시장에서 큰 수익을 실현하기 어려울 것이란 시각이 많다. 기본적으로 주식 투자는 나름의 배움과 부단한 노력이 있어야만 성과를 낼 수 있는 재테크 수단이란 인식이 강하다는 뜻이다. 그래서 스스로가 주식 투자를 하더라도 수익을 낼 가능성은 극히 드물 것이라는 나름 합리적이면서도 이성적인 판단을 하는 모습을 어렵지 않게 찾아볼 수가 있다. 때문에 상당한 위험 부담에도 불구하고 2020년 주식시장에

뛰어든 많은 사람들에 대해 요행을 바라고 무작정 투자하는 경우가 많다거나, 투자를 쉽게만 생각하고 접근하는 사람이 많은 것 같다는 지적이 상당하다. 심지어 빚을 내서 주식시장에 뛰어드는 이른바 '빚투'까지 급증하고 있어 주식 투자를 재테크 수단이 아니라 '투기'로 바라보는 부정적인 시선이 많다.

이쯤 되면 뭔가 언밸런스하게 앞뒤가 안 맞는 듯한 느낌을 떨쳐버릴 수 없다. 개인 투자자는 주식시장에서 성공하기가 상당히 어렵고, 주식은 재테크보다는 투기 수단이며, 자칫 큰 손실을 볼 수도 있는 투자 방식임을 너무도 잘 알고 있단다. 그런데, 그럼에도 불구하고, '동학 개미 운동'이라는 신조어를 만들어낼 만큼 2020년 주식시장에는 왜 그렇게 많은 개인 투자자들이 몰렸던 것일까?

일단 직장인들 10명 중 7명은 주식시장에 개인 투자자가 급증한 현상에 대해 부의 상승이 어렵고(71.5%), 마땅한 재테크 수단이 없는(69.9%) 현실과 관련이 있다고 바라봤다. 수익을 기대할 수 있거나 재산을 증식할 수 있는 뾰족한 방법이 적다 보니 개인들이 주식시장에 몰릴 수밖에 없다고 생각하는 것이다. 현재의 주식시장(특히나 코로나19라는 희대의 위기 상황)을 천재일우의 기회로 생각하는 사람들이 많다는 해석이 가능한 부분이다. 특히나 사촌이 땅을 사면 배가 아프다는 말처럼 주식 투자에 성공했다는 사람의 이야기를 듣고 무작정 주식 투자에 욕심을 내는 경우도 많아 그야말로 '묻지마식' 주식 투자에 발을 내딛는 사람들이 많은 것 같다는 것이 대중들의 설명이다.

이처럼 주식 투자에 이성적으로 접근하려는 태도가 확고한 것과

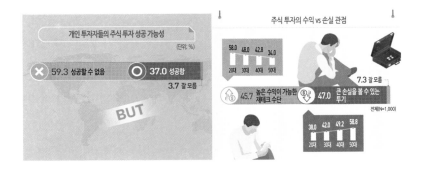

개인 투자자들의 주식 투자 성공 가능성
(단위: %)

❌ 59.3 성공할 수 없음   ⭕ 37.0 성공함

3.7 잘 모름

BUT

주식 투자의 수익 vs 손실 관점

58.0 48.0 42.8 34.0
20대 30대 40대 50대

7.3 잘 모름

🏠 45.7 높은 수익이 가능한 재테크 수단   ⚠️ 47.0 큰 손실을 볼 수 있는 투기

전체(N=1,000)

38.0 42.0 49.2 58.8
20대 30대 40대 50대

는 달리 실제 주식 투자를 바라보는 시각에는 '큰 손실 위험'이라는 우려와 '높은 수익'에 대한 기대감이 공존하는 모습을 엿볼 수 있다. 주로 젊은 세대는 주식 투자로 얻을 수 있는 '높은 수익'에 대한 기대감이 큰 반면 중장년층은 '큰 손실'을 볼 수도 있다는 우려의 태도가 강하다. 그리고 이러한 인식은 재테크 수단으로서 주식 투자를 바라보는 시각에서도 비슷한 경향을 보이고 있었다. 이례적으로 개인 투자자들이 극심하게 몰린 2020년의 주식시장은 높은 수익률을 기대하는 '젊은 세대'가 시장의 주축이 되었다는 점을 다시 한번 확인해볼 수 있는 결과로도 볼 수 있겠다.

다만 20~30대 젊은 층이 주도하는 이번 주식 투자 열풍은 예전과 성격이 다르다는 분석이 적지 않은 점도 눈여겨볼 만하다. 실제 주식 투자를 하고 있는 직장인 364명의 조사 결과를 보면 주식 투자의 성격은 '단기 투자'보다는 '장기 투자'에 좀 더 가까웠고, '소형주'보다는 '대형주' 종목의 주식을 보다 많이 보유하고 있는 모습을 보였던 것이다. 즉, 테마주 위주로 이른바 '단타'를 노리는, 한몫을 챙

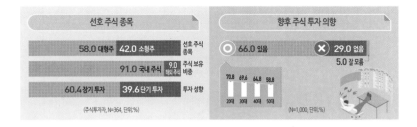

선호 주식 종목		향후 주식 투자 의향	

선호 주식 종목

58.0 대형주	42.0 소형주	선호 주식 종목
91.0 국내주식	9.0 해외주식	주식 보유 비중
60.4 장기 투자	39.6 단기 투자	투자 성향

(주식투자자, N=364, 단위:%)

향후 주식 투자 의향

○ 66.0 있음   ✕ 29.0 없음
5.0 잘모름

20대	30대	40대	50대
70.8	69.6	64.8	58.8

(N=1,000, 단위:%)

기려는 투기 심리가 강했던 과거와 달리 최근의 주식 투자는 대형주 중심의 장기 투자를 고려하는 개인 투자자가 많아지고 있는 것으로, 예전보다는 안정적이고 지혜롭게 접근을 하고 있다는 해석이 가능한 부분이다. 물론 개인 투자자란 한계 때문에 주식 투자의 성공 가능성까지 높게 평가되고 있지는 않았지만, 그럼에도 젊은 층을 중심으로 향후 주식 투자 의향은 상당히 높은 모습이다. 앞으로 이들 젊은 세대가 주축이 된 주식 투자 흐름이 당분간 지속될 것으로 예상되는 이유다.

세계경제에 대한 비관적 전망에도 국내를 비롯한 글로벌 주요국 증시는 비교적 안정세를 유지하고 있다. 하지만 2021년의 시장이 어떻게 될지는 그 누구도 단언할 수 없다. 확실한 건 이러한 '시장의 불확실성'에 만반의 대비가 필요하다는 점이다. 지금의 국내 주식시장은 '위기가 곧 기회'라는 격언이 들어맞기를 학수고대하는 사람들로 가득 차 있지만 국가나 사회, 기업, 개인 모두 위기에 더 잘 무너질 수 있다는 사실을 기억해야 할 것이다. 다가오는 포스트 코로나 시대, 개인 투자자들에게 2020년이 '위기'의 해보다 '위험하지만 기회'였던 해로 기억되기 위해선 그 어느 때보다 불확실성에 대처하기 위한 만반의 시나리오가 필요하다는 것을 절대 잊어선 안 될 것이다.

연관 검색어 ▼

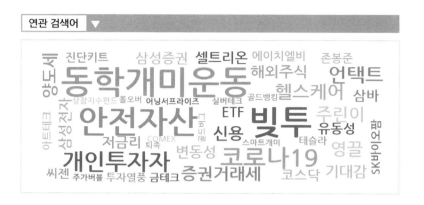

|키워드 감성 정보량 추이|

금, 골드, 투자 심리, 주식 투자, 동학 개미 ▼

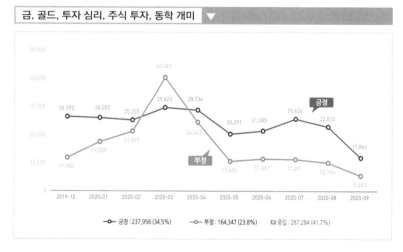

27 #지구살리기 챌린지:
호러가 된 환경 재앙

✎ **환경 이슈 및 환경 개선 부담금 정책 관련 인식 조사**
· 조사 대상: 전국의 만 19~59세 성인 남녀 1,000명 ①
· 조사 기간: 2020년 1월 16일~1월 21일

언제부터인가 환경 이슈는 지구촌 문제라는 거대 담론의 굴레에서 벗어나 누구나 일상생활에서 피부로 체감할 수 있는 '내 삶의 이슈'로 자리 잡은 듯한 느낌이다. 미세먼지의 폐해와 2018년 발생한 재활용 쓰레기 대란처럼 환경오염의 심각성을 직접 체감하는 사례가 많아지면서 더 이상 나와는 무관한 일로 치부하기가 어려워졌기 때문이다. 다행히 환경문제에 경각심을 갖고 머릿속에서만 맴돌던 환경보호 동참 의지를 일상생활에서 조금씩 행동으로 나타내는 사람들이 증가하는 모양새다. 일회용품의 사용을 줄이고, 장바구니를 사용하며, 이왕이면 환경에 도움이 되는 쪽으로 소비 활동을 고민하는 사람들이 많아진 것이다. 일련의 경험과 변화를 통해 환경문제에 책임을 느끼면서 친환경 소비를 하려는 움직임이 커진 것으

일회용품 사용 변화(쓰레기 대란 후)

서울 및 수도권 공동주택의 일부 민간 재활용 수거업체들이 비용 부담을 이유로 2018년 4월 1일부터 페비닐과 스티로폼류 수거를 중단해 수거되지 못한 쓰레기들이 쌓이는 쓰레기 대란 이슈가 발생함.

55.8%
재활용 쓰레기 대란이 꽤 심각한 사안임을 체감했다

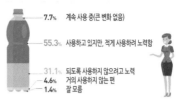

- 7.7% 계속 사용 중(큰 변화 없음)
- 55.3% 사용하고 있지만, 적게 사용하려 노력함
- 31.1% 되도록 사용하지 않으려고 노력
- 4.6% 거의 사용하지 않는 편
- 1.4% 잘 모름

로, 특히 일회용품을 사용하면 왠지 기분이 좋지 않다고 말하는 소비자가 증가한(2018년 48.3% → 2019년 56.6%) 점은 매우 고무적인 변화라 할 수 있겠다.

물론 여전히 커피 전문점에서 커피를 테이크아웃하고, 간편 가정식HMR 제품과 배달 음식을 즐겨 먹으며 넘쳐 나는 일회용품을 빈번하게 마주하고 있는 상황이기는 하다. 하지만 코로나19 사태가 발생하기 전만 하더라도 일상생활에서 환경보호를 실천하려는 다양한 노력들은 전보다 더욱 '구체화될 것'으로 전망되기도 했었다. 상당수 소비자들이 '환경보호'를 소비 활동의 중요한 기준으로 삼으며 세제와 같은 화학물질이나 음식물 쓰레기 배출량을 줄이려 했고, 환경보호에 필요한 비용(예: 종량제 봉투)을 기꺼이 부담하는 등 개인적 편의보다 환경을 위해 번거로움을 감수할 의지를 드러내고 있었기 때문이다. 특히, 일회용품 사용이 곧 환경오염의 주범이라는 인식이 90.8%에 달할 만큼 일회용품 사용에 상당한 죄의식을 갖고 있는 경우도 많았다. 비록 코로나19 사태로 비닐 등 다양한 플라스틱 포장재와 일회용품 사용이 다시금 늘어나고 있지만, '습관적인 행동이 환경오염에 영향을 끼치고 있음'을 스스로 자각한 소비자들이 많기에 소비생활 태도를 친환경적으로 바꾸기 위한 의식적이고 지속적인 노력은 계속 이어질 것으로 예상된다. 더욱이 2020년은 코로나19뿐만 아니라 동시다발적인 기상이변 현상으로 환경에 대한 경각심이 그 어느 때보다 높아진 해이기도 하다. 환경보호를 위한 소비 태도가 많은 대중들의 지지를 얻게 될 가능성이 높기 때문에 일회용품 제조업체나 기업들은 장기적 관점에서 이러한 소비 태도에 대응하기 위한 구체적인 방안, 이를테면 친환경 패키징이나 포장재 개발 또는 포장재 사용을 최소화할 수 있는 패키징 디자인 등을 신속하게 모색할 필요가 있을 것으로 보인다.

  호텔 이용 시 제공되는 일회용품 어메니티Amenity를 규제하자는 주장이 힘을 얻는 것도 이러한 소비 태도의 흐름과 밀접한 관련이 있다. 객실 내에 무료로 제공하는 샴푸, 로션 등의 어메니티 용품은 '자원 낭비'라는 지적과 함께 환경오염의 주범으로 꼽히고 있어 이

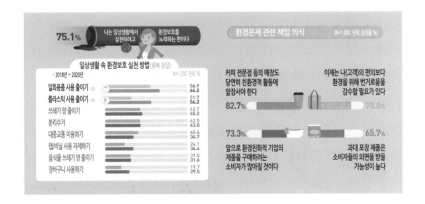

미 다수의 글로벌 숙박 체인들이 대용량 용기로 어메니티 서비스를 제공하기 시작했다. 물론 상당수 소비자들이 어메니티를 호텔이 추구하는 가치와 취향을 대변하는 제품으로 여기고 있을 만큼 호텔 어메니티 자체를 하나의 차별화된 혜택으로 여기는 것도 사실이다. 게다가 고급 호텔에서 대접받기를 원하는 여행객들이 많고, 이왕이면 새것을 바라는 마음도 크기 때문에 실제 정책이 적용될 경우 반발하는 소비자가 적지 않을 것이란 우려도 있다. 하지만 이미 사회 전반적으로 환경보호가 소비 활동의 중요한 기준으로 자리매김되고 있고, 여행 및 호텔 이용이 일상적인 풍경으로 여겨지고 있는 이상 일회용품 어메니티의 규제를 요구하는 목소리는 더욱 커질 수밖에 없어 보인다.

호텔, 숙박 등의 기업 차원에서 더 나아가 국가 차원의 강력한 규제가 필요하다는 의견도 상당하다. 환경문제의 근본적인 해결은 사회 구성원 모두의 적극적인 참여가 있어야 가능하지만, 이미 익숙해진 '편리함'을 쉽게 포기하지 않을 사람들도 다수 존재할 가능성

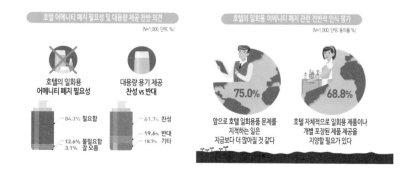

호텔 어메니티 폐지 필요성 및 대용량 제공 찬반 의견
(N=1,000, 단위; %)

호텔의 일회용
어메니티 폐지 필요성
━ 84.3% 필요함
━ 12.6% 불필요함
3.1% 잘 모름

대용량 용기 제공
찬성 vs 반대
━ 61.7% 찬성
━ 19.6% 반대
━ 18.7% 기타

호텔의 일회용 어메니티 폐지 관련 전반적 인식 평가
(N=1,000, 단위: 동의율 %)

75.0%
앞으로 호텔 일회용품 문제를
지적하는 일은
지금보다 더 많아질 것 같다

68.8%
호텔 자체적으로 일회용 제품이나
개별 포장된 제품 제공을
지양할 필요가 있다

이 있기 때문이다. 결국 어느 정도 '강제성'이 있는 제도가 필요할 수밖에 없는 것으로, 특히나 다른 국가에 비해 환경에 관한 엄격한 규제가 없는 편이라는 대중들의 지적(67.2%)은 되새겨봄직하다. 최근에는 경유 차량뿐만 아니라 휘발유 차량의 운행이나 일회용품 및 플라스틱의 사용에도 환경세를 적용해야 한다는 주장이 강해지는 등 '환경 개선 부담금'의 확대 필요성도 강조되고 있다. 환경문제가 개개인의 자발적 의지만으로는 개선이 어려울 정도로 심각해졌기에 보다 강력한 제도적 장치가 필요하다고 바라보는 것이다. 물론 환경 개선 부담금 제도가 생활 물가를 상승시킬 우려도 있지만 기본적으로 제도의 효용성을 높게 평가하는 경우가 아직까지는 지배적이다.

 2020년 한 해 우리나라는 코로나19 사태와 함께 폭염과 최장 장마, 빈번한 태풍과 폭우까지 극한의 이상기후 현상을 경험했다. 전문가들은 한반도의 기후 규칙성이 깨져 장기적인 기후 관측이 더 이상은 힘들어질 것이란 전망까지 하고 있는 상황이다. 불행 중 다행으로 이제는 대중들도 기후와 환경에 점점 더 주목하는 모양새다. 2018년 '기후 위기, 기후 비상 상황'이란 표현이 대중적 관심을 불러 모았을 때보다 더 큰 위기라는 경각심도 높다. 이럴 때일수록 가장 필요한 것은 국가 차원의 '강제성' 있는 정책과 편리한 생활을 일정 부분 포기하려는 소비자 스스로의 노력이다. 그렇게 해야 앞으로 무슨 일이 일어날지 모른다는 불안감보다 조금이나마 안전하고 안정된 내일을 꿈꿀 수 있게 될 것이다.

| 키워드 감성 정보량 추이 |

코로나, 환경보호 ▼

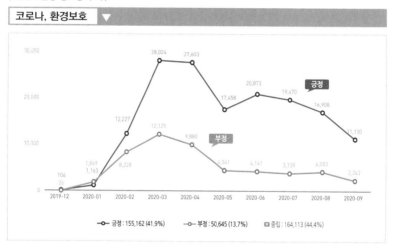

28 찐 착한 소비:
이제는 '신념'을 소비한다

✎ 착한 소비 활동 및 나눔 캠페인 관련 인식 조사
· 조사 대상: 전국의 만 16~65세 남녀 1,000명 ④
· 조사 기간: 2020년 7월 2일~7월 7일

착하다: 언행이나 마음씨가 곱고 바르며 상냥하다.

보통, 사람의 성격을 표현할 때 사용되는 이 단어가 요즘 들어 우리네 일상생활, 예를 들어 다양한 종류의 소비 활동이나 상품·서비스에 더 많이, 더 쉽게, 더 흔하게 사용되는 느낌이다. 하지만 자주 언급되는 것 대비 이 '착하다'의 의미가 뭔지 모르게 모호하고 불분명하게 느껴질 때가 많다. 느낌적으로야(?) 긍정적이고 좋은 의미를 부각하기 위해 강조하는 단어라는 것을 알고 있지만, 그 의미가 썩 명확하게 다가오진 않는다. 이를테면 최근 들어 사회적 화두가 되고 있는 '착한 소비'는 과연 어떤 측면에서, 그리고 누구의 입장에서 '착하다'고 말하는 것일까?

사실 소비자들이 실제로 이해하는 '착한 소비'는 친환경적인 소비를 비롯해 윤리적인 소비, 기부 활동, 가격을 제대로 지불하는 소비, 사회적 약자를 돕는 소비, 영세 소상공인을 위한 소비 등등 그 형태가 꽤 다양하다. 하지만 2020년의 착한 소비 활동은, 구체적으로 '누구'에게 '어떤 혜택'으로 돌아간 소비였는지를 따지기보다 그 소비 활동이 부여한다고 믿는 '의미'와 '가치'를 스스로 만족하는 데 방점이 찍혀 있을 가능성이 높아 보인다. 어느 때보다 우리들의 일상생활을 크게 뒤흔들었던 코로나19가 존재한 해였기 때문이다.

코로나19로 인해 2020년은 일상생활에서 착한 소비의 개념과 그 의미를 '직접적으로' 체감한 획기적인 해로 기억될 가능성이 높다. 모두가 힘들고 어려운 시기를 맞닥뜨리긴 했지만 이왕이면 지역의 소상공인과 자영업자들을 위해 소비를 하려 하거나, 자신의 소비 활동이 어려운 이웃들에게 직접적으로 혜택이 돌아가기를 기대하는 태도가 뚜렷했던 해였기 때문이다. 무엇보다도 코로나19 위기를 극복하기 위해 정부에서 지급한 '긴급 재난 지원금'은 소비자들로

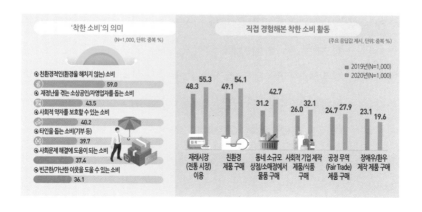

'착한 소비'의 의미
(N=1,000, 단위: 중복 %)

◎ 친환경적인(환경을 해치지 않는) 소비
59.0
◎ 재정난을 겪는 소상공인/자영업자를 돕는 소비
43.5
◎ 사회적 약자를 보호할 수 있는 소비
40.2
◎ 타인을 돕는 소비(기부 등)
39.7
◎ 사회문제 해결에 도움이 되는 소비
37.4
◎ 빈곤한/가난한 이웃을 도울 수 있는 소비
36.1

직접 경험해본 착한 소비 활동
(주요 응답값 제시, 단위: 중복 %)

■ 2019년(N=1,000)
■ 2020년(N=1,000)

	2019년	2020년
재래시장(전통 시장) 이용	55.3	48.3
친환경 제품 구매	49.1	54.1
동네 소규모 상점/소매점에서 물품 구매	31.2	42.7
사회적 기업 제작 제품/식품 구매	26.0	32.1
공정 무역(Fair Trade) 제품 구매	24.7	27.9
장애우/환우 제작 제품 구매	23.1	19.6

하여금 자신의 소비가 지역경제를 되살릴 수도, 어려운 소상공인들에게 도움을 줄 수도 있다는 것을 직접 피부로 체감하게 한 계기가 된 것으로 보인다. 실제로 소비자 대부분이 '착한 소비'를 했다며 언급한 다양한 활동들을 보면 긴급 재난 지원금 사용이 가능했던 재래시장 및 동네 소규모 상점의 이용이 가장 많았다. 긴급 재난 지원금이 슬기로운 소비생활, 착한 소비 활동의 원동력이 되었음을 확인할 수 있는 근거인 셈이다.

한편 SNS에서 이뤄진 다양한 캠페인 중 2020년의 대표적 사례로 꼽히는 '착한 선결제 캠페인'은 소비자들의 '착한 소비' 활동을 활성화하는 데 적지 않은 영향을 끼친 것으로 평가되고 있었다. 코로나로 침체된 경제 상황에서 소비 진작의 디딤돌이 될 수 있었다는 평가에서부터, 많은 사람들의 참여와 관심을 이끌어내 어려움에 처한 소상공인들을 실질적으로 도울 수 있는 계기가 되었다는 평가에 이르기까지 대체로 나눔의 의미를 제대로 전달했다는 의견이 많다.

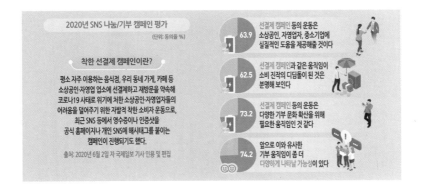

2020년 SNS 나눔/기부 캠페인 평가
(단위: 동의율 %)

착한 선결제 캠페인이란?

평소 자주 이용하는 음식점, 우리 동네 가게, 카페 등 소상공인·자영업 업소에 선결제하고 재방문을 약속해 코로나19 사태로 위기에 처한 소상공인·자영업자들의 어려움을 덜어주기 위한 자발적 착한 소비자 운동으로, 최근 SNS 등에서 영수증이나 인증샷을 공식 홈페이지나 개인 SNS에 해시태그를 붙이는 캠페인이 진행되기도 했다.

출처: 2020년 6월 2일 자 국제일보 기사 인용 및 편집

63.9 선결제 캠페인 등의 운동은 소상공인, 자영업자, 중소기업에 실질적인 도움을 제공해줄 것이다

62.5 선결제 캠페인과 같은 움직임이 소비 진작의 디딤돌이 된 것은 분명해 보인다

73.2 선결제 캠페인 등의 운동은 다양한 기부 문화 확산을 위해 필요한 움직임인 것 같다

74.2 앞으로 이와 유사한 기부 움직임이 좀 더 다양하게 나타날 가능성이 있다

그래서인지 그 어느 해보다 소비자들은 '착한 소비'의 필요성을 매우 뚜렷하게 공감하는 태도를 보이고 있는 중이다. 코로나 사태를 겪으면서 소비 활동에 의미를 부여하는 태도가 강해졌다는 해석을 가능케 하는 결과로, 실제 자신의 소비가 남을 돕는 데 쓰이는 것은 '뿌듯한 일'이고 누군가에게 도움을 줄 수 있다면 그것만으로 '행복하다'는 사람들이 예전에 비해 부쩍 많아진 모습도 확인할 수 있었다. 나아가 착한 소비를 위해서라면 평균적인 제품 가격에서 웃돈을 들일 의향이 있다는 마음도 2019년보다 강해졌다. 과거 막연하게 '착한 소비'의 의미와 가치를 어림짐작으로 이해했던 것과는 사뭇 달라진 모습으로, 직접 실천에 옮기는 소비자가 많아지고 의미와 가치를 되새겨보는 경우가 뚜렷해지고 있는 점은 매우 고무적인 변화라 할 수 있겠다.

물론, '착한 소비 활동'의 결과에 대해 의구심을 드러내는 경우도 적지 않다. 여전히 착한 소비 활동으로 도움을 받는 수혜자가 있는지를 의심하거나, 이러한 의심 때문에 착한 소비 활동 자체를 주저

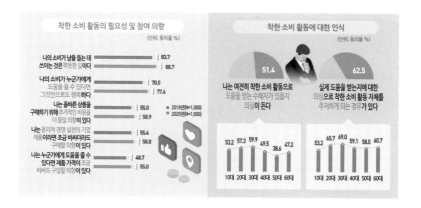

착한 소비 활동의 필요성 및 참여 의향
(단위: 동의율 %)

나의 소비가 남을 돕는 데 쓰이는 것은 뿌듯한 일이다 | 83.7 | 88.7
나의 소비가 누군가에게 도움을 줄 수 있다면 그것만으로도 행복하다 | 70.5 | 77.6
나는 올바른 상품을 구매하기 위해 추가적인 비용을 더 들일 의향이 있다 | 55.0 | 58.9
나는 윤리적 경영 실천의 기업 제품이라면 조금 비싸더라도 구매할 의향이 있다 | 55.4 | 58.8
나는 누군가에게 도움을 줄 수 있다면 제품 가격이 조금 비싸도 구입할 의향이 있다 | 48.7 | 55.0

■ 2019년(N=1,000) ■ 2020년(N=1,000)

착한 소비 활동에 대한 인식
(단위: 동의율 %)

51.4
나는 여전히 착한 소비 활동으로 도움을 받는 수혜자가 있을지 의심이 든다
10대 53.2 | 20대 57.3 | 30대 59.9 | 40대 49.5 | 50대 38.6 | 60대 47.2

62.5
실제 도움을 받는지에 대한 의심으로 착한 소비 활동 자체를 주저하게 되는 경우가 있다
10대 53.2 | 20대 65.7 | 30대 69.0 | 40대 59.1 | 50대 58.0 | 60대 60.7

하게 된다는 소비자가 상당히 많았던 것이다. 특히, 20~30대 젊은 세대들이 착한 소비로 인한 실제 수혜자가 있을지를 의심하고, 그로 인해 착한 소비 활동을 꺼리는 태도가 상대적으로 강한 특징을 보인 점이 주목할 만하다. 결국 한 점의 의혹 없이 전 세대의 지지를 받는 활동으로 거듭나기 위해선 착한 소비로 '어떤 혜택'을 '누가 받았는지'가 명확하게 알려질 필요가 있어 보인다. 향후 한국 사회에서 착한 소비를 활성화하기 위해 필요한 방안으로도 투명한 과정 공개(56.4%, 중복 응답)를 가장 많이 언급되고 있는 만큼, '착한 소비'가 지속 가능한 활동으로 그 동력을 유지하기 위해서는 무엇보다 '투명성'이 전제되어야 한다는 점을 다시 한번 기억할 필요가 있을 것으로 보인다.

연관 검색어 ▼

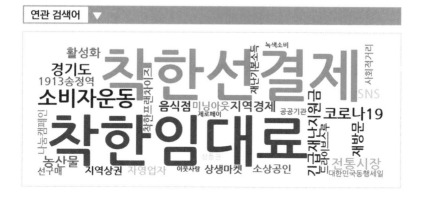

코로나, 임대료, 소비자 선결제 ▼

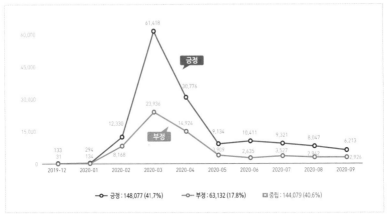

엠브레인 패널 빅데이터®

INSIGHT V

- ➡ '유튜브를 보지 않는 사람들'은 지상파TV(KBS, MBC, SBS)의 앱 이용경험도 현저하게 낮음
- ➡ 즉, 유튜브를 많이 이용하는 사람들은 다양한 채널을 통해 보다 적극적으로 정보를 탐색하고 있지만(정보량 多), 유튜브를 이용하지 않는 사람들은 유입 정보량 자체가 낮다(정보량 少)는 것을 의미함
- ➡ 이는 (연령, 문화경험 등의 변수 外) 개인별 정보 탐색 니즈(Needs) 수준에 따라 정보량의 격차가 더 커질 수도 있다는 것을 보여주는 결과로 해석해볼 수 있음

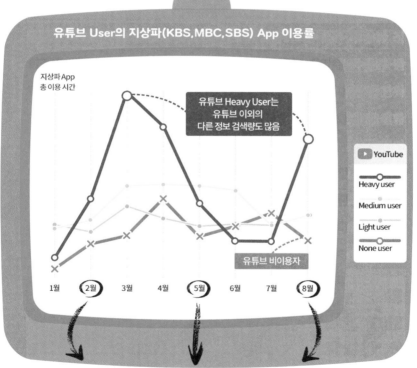

유튜브 User의 지상파(KBS,MBC,SBS) App 이용률

지상파 App
총 이용 시간

유튜브 Heavy User는
유튜브 이외의
다른 정보 검색량도 많음

▶ YouTube

Heavy user
Medium user
Light user
None user

유튜브 비이용자

1월 2월 3월 4월 5월 6월 7월 8월

신천지發
코로나 확산

이태원클럽發
코로나 확산

사랑제일교회發
코로나 확산

서문

1. 《삼국지》 소설 및 인물 관련 인식 평가(2020. 06.), 마크로밀 엠브레인 트렌드모니터

2. 나, 타인에 대한 관심도 및 평판 관련 조사(2020. 07.), 마크로밀 엠브레인 트렌드모니터

3. 이 조사들은 매년 6~7월 사이에 1,000명씩 나누어서 10회를 모아 진행되었으며, 20~50대까지의 인터넷 이용자 남녀가 동일하게 할당되어 진행되었다.

4. 이 조사는 2020년 6~7월에 20~50대까지의 남녀 10,000명(마크로밀 엠브레인의 공식 패널 100만 명 중에서 실사를 진행)을 연령별 분석을 위해 동일하게 할당해, 이메일을 통해 조사를 진행했다.

PART 1

1. 나무위키(https://namu.wiki/w/스페인 독감)

2. 나무위키(https://namu.wiki) + 스페인 독감(2016. 03. 04.), 서울경제

3. 《2016 대한민국 트렌드》, 한국경제신문(2015. 11.)

4. 《2017 대한민국 트렌드》, 한국경제신문(2016. 11.)

5. 코로나19로 인한 생활 패턴 변화 관련 조사(3차)(2020. 08.), 마크로밀 엠브레인 트렌드모니터 홈루덴스(Home Ludens)족 및 홈 인테리어 관련 조사(2020. 06.), 마크로밀 엠브레인 트렌드모니터

6. 홈루덴스(Home Ludens)족 및 홈 인테리어 관련 조사(2020. 06.), 마크로밀 엠브레인 트렌드모니터

7. 위와 같은 조사

8. 위와 같은 조사

9. 위와 같은 조사

10. 위와 같은 조사

11. 코로나19로 인한 생활 패턴 변화 관련 조사(3차)(2020. 08.), 마크로밀 엠브레인 트렌드모니터

12. 2020 프로야구 무관중 경기 관련 인식 조사(2020. 05.), 마크로밀 엠브레인 트렌드모니터

13. 포스트 코로나 시대의 여행에 대한 의미 및 인식 조사(2020. 06.), 마크로밀 엠브레인 트렌드모니터

14. 위와 같은 조사

15. 여름휴가 및 스테이케이션, 캠핑 관련 조사(2020. 06.), 마크로밀 엠브레인 트렌드모니터

16. 《설득의 심리학》(개정5판), 로버트 치알디니 저, 황혜숙 역(2013. 07.), 21세기북스, 346p

17. 코로나19로 인한 생활 패턴 변화 관련 조사(3차)(2020. 08.), 마크로밀 엠브레인 트렌드모니터

18. 위와 같은 조사

19. 위와 같은 조사

20. 위와 같은 조사

21. 코로나19 이후 라이프 스타일 관련 조사(1차)(2020. 04.), 마크로밀 엠브레인 트렌드모니터

22. SNS 이용, 음성 통화 및 인간관계 관련 조사(2020. 07.), 마크로밀 엠브레인 트렌드모니터

23. 코로나19로 인한 생활 패턴 변화 관련 조사(3차)(2020. 08.), 마크로밀 엠브레인 트렌드모니터

24. 외로움, 고독사 사회적 이슈 및 셰어하우스 관련 인식 조사(2020. 05.), 마크로밀 엠브레인 트렌드모니터

25. 위와 같은 조사

26. 코로나19 이후 라이프 스타일 관련 조사(1차)(2020. 04.), 마크로밀 엠브레인 트렌드모니터

27. 위와 같은 조사. 물론, 엄밀하게 보면 2019년과 2020년에 제시한 문항의 표현은 다르지만, 전체적인 경향성으로 평가하고 분석했다.

28. 《우리는 다시 연결되어야 한다》, 비벡 H. 머시 저, 이주영 역(2020. 07.), 한국 경제신문, 95p

29. 위의 책 96p

30. 운동 경험 및 애슬레저룩 관련 U&A 조사(2020. 02.), 마크로밀 엠브레인 트렌드모니터

31. 《집은 어떻게 우리를 인간으로 만들었나: 석기 시대부터 부동산 버블까지, 신경인류학이 말하는 우리의 집》, 존 S. 앨런 저, 이계순 역(2019. 04.), 반비, 49p

32. 위의 책 60p

33. 위의 책 61p

34. 브루노 베텔하임은 자폐증 분야의 세계적인 권위자로 알려졌으나, 그의 사후 허위 학력의 문제, 환자에 대한 학대 등 다양한 문제들이 제기되어 이전의 공신력은 추락했다(영문 위키백과사전). 다만, 제2차 세계대전 아우슈비츠 유대인 수용소에서의 경험은 그대로 인정이 되었기 때문에 이곳에 인용한다. (저자)

35. 《바닷가 작업실에서는 전혀 다른 시간이 흐른다》, 김정운 저(2019. 05.), 21세기북스, 10p

36. 데일리팝, 2020년 5월 19일 자 뉴스 인용.
http://www.dailypop.kr/news/articleView.html?idxno=44989

PART 2

1. 넷플릭스, 4분기 전 세계 가입자 876만 명 늘어…매출 31% 증가(2020. 01. 22.), 조선비즈

2. 코로나19: 전 세계 봉쇄 조치로 넷플릭스 가입자 1600만 명 늘어(2020. 04. 22.), BBC News 코리아

3. 600조 원 '구독 경제 시대'가 온다(2019. 09. 17.), 조선비즈

4. 본 조사에서는 구독 경제(Subscription Economy)를 '신문이나 잡지 구독과 같이 일정 기간 구독료를 지불하고 상품, 서비스 등을 받을 수 있는 경제활동'이라고 정의하고 질문했음.

5. 이 글에서 별도로 언급되지 않은 모든 조사의 수치는 '구독 서비스(구독 경제)

관련 조사(2020. 04.), 마크로밀 엠브레인 트렌드모니터'에서 인용함.

6. '구독 경제'가 대세…기업의 생존 방정식을 찾아라(2019. 09. 26.), 한국경제, 밀키트부터 술까지…구독 경제에 빠지다(2020. 05. 19.), 조선비즈

7. 《2017 대한민국 트렌드》와 《2018 대한민국 트렌드》에서 만성적인 개인 시간 부족에 대해 반복적으로 분석한 바 있다. 매년 10명 중 7명 이상이 시간 부족을 호소한다.

8. 웹 드라마 관련 인식 조사(2019. 07.), 마크로밀 엠브레인 트렌드모니터

9. 팟캐스트, 유튜브 이용 관련 조사(2019. 01.), 마크로밀 엠브레인 트렌드모니터

10. 취향 소비(취미, 드라마, 일본 불매운동) 관련 조사(2019. 07.), 마크로밀 엠브레인 트렌드모니터

11. 《2018 대한민국 트렌드》에서 저자가 정의한 용어, 혼자 의식주와 여가 생활, 전문적인 일 처리까지 모두 해결하고 수행하는 데 전혀 문제가 없는 시스템과 심리적인 상태를 의미함.

12. 《위대한 기업은 변화하는 고객 니즈에 집중한다》, 수만 사카르 저, 이경아 역(2020. 05.), 시크릿하우스, 145p

13. 위의 책 127p. 여기서 수만 사카르는 명품 시장 하락의 원인을 이것이라고 데이터와 함께 제시한다.

14. 코로나19 이후 라이프 스타일 관련 조사(2020. 04.), 마크로밀 엠브레인 트렌드모니터

15. 2016년 예능 新트렌드…집방·펫방이 뜬다고 전해라(2016 .01. 26), 중앙일보

16. 코로나19 이후 라이프 스타일 관련 조사(2차)(2020. 04.), 마크로밀 엠브레인 트렌드모니터

17. 위와 같은 조사

18. 위와 같은 조사

PART 3

1. 직장인의 점심 식사 관련 인식 조사(2020. 05.), 마크로밀 엠브레인 트렌드모니터

2. 포스트 코로나 시대 '일의 과정' 관련 조사(2020. 06.), 마크로밀 엠브레인 트렌드모니터

3. 위와 같은 조사

4. 직장인 재택근무 관련 인식 조사(2020. 05.), 마크로밀 엠브레인 트렌드모니터

5. 위와 같은 조사

6. 위와 같은 조사

7. 위와 같은 조사

8. 위와 같은 조사

9. "직장인, 하루 1시간 10분은 업무 외 딴짓"(2016. 06. 17.), CBS노컷뉴스. 직장인 80%, '딴짓'으로 시간 채우는 '공허 노동' 중!(2017. 12. 04.), 사람인(http://www.saramin.co.kr/)

10. 한국노동연구원(https://www.kli.re.kr), 해외 동향, "스웨덴 근로자들의 공허 노동(Empty Labor)"(2015. 01. 29.)

11. 직장인 재택근무 관련 인식 조사(2020. 05.), 마크로밀 엠브레인 트렌드모니터

12. 위와 같은 조사

13. 포스트 코로나 시대 '일의 과정' 관련 조사(2020. 06.), 마크로밀 엠브레인 트렌드모니터

14. 직장인 재택근무 관련 인식 조사(2020. 05.), 마크로밀 엠브레인 트렌드모니터

15. 위와 같은 조사

16. 번아웃 증후군 및 포스트 코로나 시대 리더상 관련 조사(2020. 06.), 마크로밀 엠브레인 트렌드모니터 / 이 조사에서 재택근무 여부로 배너를 재구성해 다시 계산함.

17. 직장인 재택근무 관련 인식 조사(2020. 05.), 마크로밀 엠브레인 트렌드모니터

18. 위와 같은 조사

19. 위와 같은 조사

20. 위와 같은 조사

21. 포스트 코로나 시대 '일의 과정' 관련 조사(2020. 06.), 마크로밀 엠브레인 트렌드모니터

22. 위와 같은 조사

23. 위와 같은 조사

24. 위와 같은 조사

25. 위와 같은 조사

26. 위와 같은 조사

27. 위와 같은 조사

28. 번아웃 증후군 및 포스트 코로나 시대 리더상 관련 조사(2020. 06.), 마크로밀 엠브레인 트렌드모니터

29. 이 구분은 막스 베버(Max Weber)의 구분에 따랐음.

30. 번아웃 증후군 및 포스트 코로나 시대 리더상 관련 조사(2020. 06.), 마크로밀 엠브레인 트렌드모니터

31. 위와 같은 조사

32. 위와 같은 조사

33. 《출퇴근의 역사》, 이언 게이틀리 저, 박중서 역(2016. 10. 28.), 책세상, 259p

34. 직장인 재택근무 관련 인식 조사(2020. 05.), 마크로밀 엠브레인 트렌드모니터

35. 관련 내용은 《2020 트렌드 모니터》(2019. 10.), 43p

36. 직장인의 회식 문화 관련 인식 조사(2020. 05.), 마크로밀 엠브레인 트렌드모니터

Part 4

1. 《2015 메르스 백서》, 한국보건사회연구원 백서연구팀 저(2016. 07.), 보건복지부, 5p

2. '낙타 접촉 자제' 메르스 예방법 안내했다가 조롱받는 보건복지부(2015. 06. 02.), 서울신문

3. 정보 공개는 재난 대응을 어떻게 바꾸나(2020. 02. 05.), 뉴스톱(http://www.newstof.com)

4. 《2015 메르스 백서》, 44p. 위키백과사전(www.wikipedia.org/wiki/중동호흡기증후군)

5. 중앙사고수습본부, 중앙방역대책본부 보도 자료(2020. 01. 20.)

6. 신종 코로나바이러스 관련 인식 조사(2015년 메르스 사태 비교)(2020. 02.), 마크로밀 엠브레인 트렌드모니터

7. 위와 같은 조사

8. 위와 같은 조사

9. 위와 같은 조사

10. 국가적 재난 상황 대처 및 재난 문자 서비스 관련 인식 조사(2020. 03.), 마크로밀 엠브레인 트렌드모니터

11. 신종 코로나바이러스 관련 인식 조사(2015년 메르스 사태 비교)(2020. 02.), 마크로밀 엠브레인 트렌드모니터

12. 국가적 재난 상황 대처 및 재난 문자 서비스 관련 인식 조사(2020. 03.), 마크로밀 엠브레인 트렌드모니터

13. 《코로나 사피엔스》, 최재천, 장하준, 최재붕, 홍기빈, 김누리, 김경일, 정관용 저(2020. 06. 10.), 인플루엔셜, 169p

14. 정치(인) 및 21대 총선 관련 인식 조사(2020. 03.), 마크로밀 엠브레인 트렌드모니터

15. 위와 같은 조사

16. 나무위키(namu.wiki/w/제21대 국회의원 선거/정당별 결과)

17. 나무위키(namu.wiki/w/카리스마)

18. 종교(인) 및 종교인 과세 관련 인식 조사(2020. 06.), 마크로밀 엠브레인 트렌드모니터

19. 위와 같은 조사

20. 위와 같은 조사

21. 위와 같은 조사

22. 포스트 코로나 시대 리더십 관련 인식 조사(2020. 07.), 마크로밀 엠브레인 트렌드모니터

23. 위와 같은 조사

24. 번아웃 증후군 및 포스트 코로나 시대 리더상 관련 조사(2020. 06.), 마크로밀 엠브레인 트렌드모니터

25. 위와 같은 조사

26. 위와 같은 조사

27. 위와 같은 조사

28. 《파워》, 제프리 페퍼 저, 안세민 역(2020. 06.), 시크릿하우스, 114p

29. 《공간이 만든 공간》, 유현준 저(2020. 04.), 을유문화사, 387p

30. 《설득의 심리학》(개정5판), 로버트 치알디니 저, 황혜숙 역(2013. 07.), 21세기
    북스, 212p

31. 《파워》, 제프리 페퍼 저, 안세민 역(2020. 06.), 시크릿하우스, 270p

Part 5

1. 지금 미국은 '피자 게이트'로 난리(2016. 12. 07.), 중앙일보

2. 다큐멘터리영화, 〈소셜 딜레마(The Social Dilemma)〉(2020. 08.), 넷플릭스

3. 美 대선 기간 '피자 게이트' 믿고 범행한 총격범에 4년 형 선고(2017. 06. 23.),
   KBS News

4. 다큐멘터리영화, 〈소셜 딜레마(The Social Dilemma)〉(2020. 08.), 넷플릭스

5. 클린턴이 성매매 포주? 메르켈은 히틀러 딸? 가짜 뉴스의 습격(2016. 12. 12.),
   한국일보. '독일서 난민이 러시아 소녀 성폭행' 괴담에 독일−러시아 설전(2016.
   01. 28.), 연합뉴스

6. '엘라이 팰리저'라고 읽기도 하나, 여기서는 그의 저서 《생각 조종자들》에 명기
   된 형태로 표기한다.

7. 위키백과사전(https://ko.wikipedia.org/wiki/필터 버블)

8. 필터 버블(Filter Bubble) 현상 관련 조사(2020. 06.), 마크로밀 엠브레인 트렌
   드모니터

9. 위와 같은 조사

10. 위와 같은 조사

11. 나, 타인에 대한 관심도 및 평판 관련 조사(2020. 07.), 마크로밀 엠브레인 트렌
    드모니터

12. 위와 같은 조사

13. 취향 소비(취미, 드라마, 일본 불매운동) 관련 조사(2019. 07.), 마크로밀 엠브레인 트렌드모니터

14. 코로나19로 인한 생활 패턴 변화 관련 조사(3차)(2020. 08.), 마크로밀 엠브레인 트렌드모니터

15. 《2020 트렌드 모니터》(2019. 10.), 118p

16. 30대, 서울 아파트 가장 많이 샀다(2020. 01. 22.), 서울경제

17. "월 200만 원 모아 집 살 수 있나?"…절박함이 부른 주식 투자(2020. 09. 13.), 한국경제

18. 동학 개미 이끄는 30대…그들은 왜 주식 투자에 나섰나(2020. 05. 05.), 뉴스1

19. 1주일에 1조씩…묻지마 주식 '빚투'(2020. 08. 24.), 조선일보. 우려되는 증시 '빚투 열풍'…금융 당국은 리스크 관리해야(2020. 09. 17.), 매일경제

20. 주식시장 및 주식 투자 경험 관련 인식 조사(2020. 06.), 마크로밀 엠브레인 트렌드모니터

21. 필터 버블(Filter Bubble) 현상 관련 조사(2020. 06.), 마크로밀 엠브레인 트렌드모니터

22. 위와 같은 조사

23. 《집은 어떻게 우리를 인간으로 만들었나》, 존 S. 앨런 저, 이계순 역(2019. 04.), 반비, 225p

24. 《생각에 관한 생각》, 대니얼 카너먼 저, 이창신 역(2012. 03.), 김영사, 131p

25. 《우리는 왜 극단에 끌리는가》, 캐스 R. 선스타인 저, 이정인 역(2011. 10.), 프리뷰, 12p

26. 《그들은 왜 극단적일까》, 김태형 저(2019. 01), 을유문화사, 91p

27. 위와 같은 책 104p

28. 독일 공권력에까지 침투한 '극우 망령'(2020. 09. 18.), 한국일보

29. 코로나 불안감 틈타 미국 극단 세력 활개(2020. 05. 09.), 경향신문

30. 개신교 청년 단체 "교회 오래전부터 위기…극우 세력과 결별해야"(2020. 09. 04.), 한겨레

31. 사회적 갈등 및 공동체 의식 관련 조사(2020. 07.), 마크로밀 엠브레인 트렌드모니터

32. 위와 같은 조사

33. "나가! XXX아" 장애인들이 욕먹을 각오하고 전철 탄 까닭(2018. 06. 14.), 오마이뉴스

34. 위와 같은 기사

35. 사회적 다양성 관련 인식 및 태도 조사(2018. 08.), 마크로밀 엠브레인 트렌드모니터

36. 위와 같은 조사

37. 위와 같은 조사

38. 위와 같은 조사

39. 위와 같은 조사

40. 위와 같은 조사

41. 사회적 다양성 및 성(性) 정체성 관련 인식 조사(2020. 04.), 마크로밀 엠브레인 트렌드모니터

42. 위와 같은 조사

43. 위와 같은 조사

44. 《LOSS(로스), 투자에 실패하는 사람들의 심리》, 짐 폴, 브렌던 모이니핸 저, 신예경 역(2018. 09.), 앳워크, 145p

45. 《인생의 아홉 단계》, 에릭 에릭슨, 조앤 에릭슨 저, 송제훈 역(2019. 09.), 교양인, 172p

조사 개요

① 조사 설계

조사 목적   On-line 조사
조사 대상   전국의 만 19~59세 성인 남녀
표본추출 방법   목적적 할당 표본 추출법(Purposive Quota Sampling)
표본 크기   총 1,000명

	20대	30대	40대	50대	TOTAL
남	125	125	125	125	500
여	125	125	125	125	500
TOTAL	250	250	250	250	1,000

② 조사 설계

조사 목적   On-line 조사
조사 대상   전국의 만 19~59세 직장인 성인 남녀
표본추출 방법   목적적 할당 표본 추출법(Purposive Quota Sampling)
표본 크기   총 1,000명

	20대	30대	40대	50대	TOTAL
남	125	125	125	125	500
여	125	125	125	125	500
TOTAL	250	250	250	250	1,000

③ 조사 설계

조사 목적   On-line 조사
조사 대상   수도권(서울, 인천/경기)에 거주하는 만 19~59세 성인 남녀
표본추출 방법   목적적 할당 표본 추출법(Purposive Quota Sampling)
표본 크기   총 1,000명

	20대	30대	40대	50대	TOTAL
남	125	125	125	125	500
여	125	125	125	125	500
TOTAL	250	250	250	250	1,000

④ 조사 설계

조사 목적	On-line 조사
조사 대상	전국의 만 16~65세 남녀 1,000명
표본추출 방법	목적적 할당 표본 추출법(Purposive Quota Sampling)
표본 크기	총 1,000명

	Z세대	Y세대	X세대	2차 베이비붐 세대	1차 베이비붐 세대	TOTAL
남	100	100	100	100	100	500
여	100	100	100	100	100	500
TOTAL	200	200	200	200	200	1,000

⑤ 조사 설계

조사 목적	On-line 조사
조사 대상	전국의 만 13~59세 남녀
표본추출 방법	목적적 할당 표본 추출법(Purposive Quota Sampling)
표본 크기	총 1,000명

	10대	20대	30대	40대	50대	TOTAL
남	100	100	100	100	100	500
여	100	100	100	100	100	500
TOTAL	200	200	200	200	200	1,000

대중을 읽고 기획하는 힘
2021 트렌드 모니터

초판 1쇄 발행 | 2020년 10월 26일
초판 3쇄 발행 | 2020년 12월 15일

지은이　　　 | 최인수·윤덕환·채선애·송으뜸
펴낸이　　　 | 전준석
펴낸곳　　　 | 시크릿하우스
주소　　　　 | 서울특별시 마포구 독막로3길 51, 402호
대표전화　　 | 02-6339-0117
팩스　　　　 | 02-304-9122
이메일　　　 | secret@jstone.biz
블로그　　　 | blog.naver.com/jstone2018
페이스북　　 | @secrethouse2018
인스타그램　 | @secrethouse_book
출판등록　　 | 2018년 10월 1일 제2019-000001호

ISBN 979-11-90259-39-2 03320